陕西区域

统计年鉴

SHAANXI REGIONAL
STATISTICAL YEARBOOK

2018

陕西省统计局 编

中国统计出版社
China Statistics Press

图书在版编目（CIP）数据

陕西区域统计年鉴 = Shaanxi Regional Statistical Yearbook. 2018 / 陕西省统计局编. -- 北京 : 中国统计出版社, 2018.11
ISBN 978-7-5037-8764-5

Ⅰ. ①陕… Ⅱ. ①陕… Ⅲ. ①统计资料－陕西－2018－年鉴 Ⅳ. ①C832.41-54

中国版本图书馆 CIP 数据核字(2018)第 286966 号

陕西区域统计年鉴—2018

作　者/陕西省统计局
责任编辑/郭　栋
封面设计/翟　竞
出版发行/中国统计出版社
通信地址/北京市丰台区西三环南路甲 6 号　邮政编码/100073
电　话/邮购（010）63376909　书店（010）68783171
网　址/http://www.zgtjcbs.com
印　刷/三河市双峰印刷装订有限公司
经　销/新华书店
开　本/880mm×1230mm　1/16
字　数/650 千字
印　张/22.25
版　别/2018 年 11 月第 1 版
版　次/2018 年 11 月第 1 次印刷
定　价/320.00 元

如有印装差错，由本社发行部调换。

《陕西区域统计年鉴—2018》

编委会和编辑工作人员

编 者 说 明

一、《陕西区域统计年鉴-2018》是一部全面、系统反映陕西区域经济社会发展状况的资料书，书中收集了2000-2017年陕西关中、陕南、陕北及各市、县（市、区）的主要社会经济统计数据。

二、本书有关指标统计口径变化说明如下：

1. 各市、县（市、区）年底总人口2005年以前为户籍人口数，2005年及以后为常住人口数。

2. 生产总值按当年价格计算，生产总值指数按不变价格计算。实施研发支出核算方法改革后，全省2016年起、市县2017年起包含研发支出新增GDP数据。

3. 2011年起固定资产投资统计起点由50万元以上项目调整为500万元以上。

4. 从2012年四季度起，国家统计局对分别进行的城乡住户调查实施了一体化改革，建立了城乡统一的一体化住户调查《住户收支与生活状况调查》。由于2013年调查样本为全新抽取样本，且与往年城镇居民、农村居民抽选总体、方法不同，调查范围更广，统计口径发生变化，与老口径数据存在差异。本年鉴全省2013年起，市（区）2014年起，县（区）2015年起为新口径的城乡居民人均可支配收入数据。

5. 规模以上工业2007年以前为全部国有和年主营业务收入500万元及以上的非国有企业，2007年调整为年主营业务收入500万元及以上的企业，2011年起为年主营业务收入2000万元及以上的企业。

6. 单位GDP能耗、邮电业务总量按不变价格计算。

7. 卫生机构数2011年起含诊所和村卫生室。

8、2017年西咸新区划归西安管理，2017年统计口径相应有所调整。

编 者

2018年11月

目　　录

九、延安市

十、汉中市

十一、榆林市

十二、安康市

十三、商洛市

十四、杨凌示范区

一、行政区划和面积

资料整理：孙士梅

1-1 陕西省行政区划(2017年)

单位：个

地区	地级市	县级市	县	市辖区	镇	乡	街道办事处
全省	**11**	**4**	**73**	**30**	**983**	**23**	**292**
西安市	1		2	11	52		118
铜川市	1		1	3	20	1	17
宝鸡市	1		9	3	99		17
咸阳市	1	1	10	2	99		37
渭南市	1	2	7	2	108		23
延安市	1		11	2	84	12	18
汉中市	1		9	2	152		24
榆林市	1	1	9	2	146	10	19
安康市	1		9	1	135		4
商洛市	1		6	1	86		12
杨凌示范区	1			1	2		3

1-2 陕西省行政区划一览(2017年)

单位：个

地　区	镇	乡	街道办事处	村民委员会	居民委员会
全　省	**983**	**23**	**292**	**18316**	**2909**
西 安 市	**52**		**118**	**2002**	**950**
新 城 区			9		101
碑 林 区			8		98
莲 湖 区			9		131
灞 桥 区			9	209	51
未 央 区			12	109	153
雁 塔 区			8	64	154
阎 良 区	2		5	74	25
临 潼 区			23	213	55
长 安 区			25	396	110
高 陵 区			7	86	17
鄠 邑 区	13		1	254	26
蓝 田 县	18		1	337	9
周 至 县	19		1	260	20
铜 川 市	**20**	**1**	**17**	**359**	**69**
王 益 区	1		6	26	20
印 台 区	5		4	72	24
耀 州 区	8		6	144	23
宜 君 县	6	1	1	117	2
宝 鸡 市	**99**		**17**	**1644**	**180**
渭 滨 区	5		5	104	61
金 台 区	4		7	102	52
陈 仓 区	15		3	330	16
凤 翔 县	12			233	4
岐 山 县	9			144	15
扶 风 县	7		1	157	9
眉　县	7		1	122	8
陇　县	10			158	3
千 阳 县	7			96	3
麟 游 县	7			66	3
凤　县	9			66	4
太 白 县	7			66	2
咸 阳 市	**99**		**37**	**2072**	**287**
秦 都 区			12	73	111
渭 城 区			10	102	66
三 原 县	9		1	172	9
泾 阳 县	12		1	214	9
乾　县	15		1	173	8

1-2 续表 1 单位：个

地 区	镇	乡	街道办事处	村民委员会	居民委员会
礼 泉 县	11		1	213	18
永 寿 县	6		1	157	7
彬 县	8		1	141	26
长 武 县	7		1	131	2
旬 邑 县	9		1	123	2
淳 化 县	7		1	204	2
武 功 县	7		1	190	6
兴 平 市	8		5	179	21
渭 南 市	**108**		**23**	**1956**	**350**
临 渭 区	14		10	312	85
华 州 区	9		1	121	29
潼 关 县	4		1	18	10
大 荔 县	15		1	272	26
合 阳 县	11		1	127	94
澄 城 县	9		1	163	12
蒲 城 县	15		2	273	16
白 水 县	7		1	124	11
富 平 县	14		1	268	13
韩 城 市	6		2	166	39
华 阴 市	4		2	112	15
延 安 市	**84**	**12**	**18**	**2045**	**149**
宝 塔 区	9	4	5	320	47
安 塞 区	8		3	117	17
延 长 县	7		1	159	6
延 川 县	7		1	163	14
子 长 县	8		1	188	8
志 丹 县	7		1	109	5
吴 起 县	8		1	91	3
甘 泉 县	3	2	1	62	9
富 县	6	1	1	114	22
洛 川 县	7	1	1	371	2
宜 川 县	4	2	1	112	5
黄 龙 县	5	2		47	3
黄 陵 县	5		1	192	8
汉 中 市	**152**		**24**	**1932**	**278**
汉 台 区	7		8	175	74
南 郑 区	20		1	292	21
城 固 县	15		2	232	36
洋 县	15		3	271	14
西 乡 县	15		2	179	36
勉 县	17		1	160	38
宁 强 县	16		2	200	13
略 阳 县	15		2	145	20
镇 巴 县	19		1	159	24
留 坝 县	7		1	75	1
佛 坪 县	6		1	44	1

1-2 续表 2 单位：个

地 区	镇	乡	街道办事处	村民委员会	居民委员会
榆 林 市	**146**	**10**	**19**	**3525**	**190**
榆 阳 区	14	5	12	317	79
横 山 区	13		1	361	6
府 谷 县	14			207	10
靖 边 县	16		1	213	14
定 边 县	14	4	1	227	6
绥 德 县	15			339	8
米 脂 县	8		1	206	5
佳 县	12		1	330	8
吴 堡 县	5		1	98	9
清 涧 县	9			351	4
子 洲 县	11	1	1	550	11
神 木 市	15			326	30
安 康 市	**135**		**4**	**1628**	**250**
汉 滨 区	24		4	423	101
汉 阴 县	10			141	8
石 泉 县	11			140	21
宁 陕 县	11			68	12
紫 阳 县	17			175	22
岚 皋 县	12			125	11
平 利 县	11			137	6
镇 坪 县	7			58	4
旬 阳 县	21			253	52
白 河 县	11			108	13
商 洛 市	**86**		**12**	**1098**	**183**
商 州 区	14		4	250	34
洛 南 县	14		2	205	39
丹 凤 县	11		1	132	23
商 南 县	9		1	101	23
山 阳 县	16		2	198	41
镇 安 县	14		1	147	7
柞 水 县	8		1	65	16
杨凌示范区	**2**		**3**	**55**	**23**
杨 陵 区	2		3	55	23

1-3 陕西省及各市、县（市、区）行政区划面积

单位：平方千米

地 区	行政区划面积	地 区	行政区划面积	地 区	行政区划面积
陕西省	**205624.3**	永寿县	887.9	宁强县	3256.0
西安市	**10106.2**	彬 县	1181.1	略阳县	2826.1
新城区	30.3	长武县	570.3	镇巴县	3406.7
碑林区	22.9	旬邑县	1774.4	留坝县	1951.3
莲湖区	38.5	淳化县	982.5	佛坪县	1268.7
灞桥区	324.3	武功县	392.1	**榆林市**	**42921.1**
未央区	263.2	兴平市	508.6	榆阳区	6796.5
雁塔区	152.0	**渭南市**	**13032.9**	神木县	7480.7
阎良区	244.4	临渭区	1262.1	府谷县	3201.8
临潼区	916.3	华 县	1127.9	横山县	4299.1
长安区	1594.1	潼关县	428.6	靖边县	4974.6
蓝田县	2005.9	大荔县	1696.2	定边县	6821.3
周至县	2945.6	合阳县	1308.3	绥德县	1852.8
户 县	1280.9	澄城县	1122.9	米脂县	1168.4
高陵县	287.8	蒲城县	1582.0	佳 县	2028.7
铜川市	**3881.1**	白水县	987.9	吴堡县	421.1
王益区	156.1	富平县	1245.9	清涧县	1849.5
印台区	608.7	韩城市	1595.9	子洲县	2026.6
耀州区	1608.4	华阴市	675.2	**安康市**	**23534.5**
宜君县	1507.9	**延安市**	**37031.3**	汉滨区	3643.6
宝鸡市	**18161.9**	宝塔区	3537.6	汉阴县	1365.0
渭滨区	842.4	延长县	2361.6	石泉县	1516.4
金台区	310.9	延川县	1986.5	宁陕县	3663.8
陈仓区	2471.8	子长县	2393.4	紫阳县	2244.2
凤翔县	1229.1	安塞县	2951.3	岚皋县	1956.6
岐山县	855.1	志丹县	3790.2	平利县	2648.3
扶风县	745.0	吴起县	3788.5	镇坪县	1502.2
眉 县	857.9	甘泉县	2276.1	旬阳县	3540.8
陇 县	2278.6	富 县	4179.9	白河县	1453.6
千阳县	998.6	洛川县	1791.3	**商洛市**	**19580.8**
麟游县	1707.9	宜川县	2937.2	商州区	2644.6
凤 县	3148.3	黄龙县	2751.0	洛南县	2832.5
太白县	2716.3	黄陵县	2286.7	丹凤县	2407.4
咸阳市	**10189.4**	**汉中市**	**27091.9**	商南县	2313.8
秦都区	259.4	汉台区	545.6	山阳县	3531.3
渭城区	268.8	南郑县	2807.5	镇安县	3487.9
三原县	576.6	城固县	2217.3	柞水县	2363.3
泾阳县	776.8	洋 县	3194.2	**杨凌示范区**	**93.2**
乾 县	999.6	西乡县	3229.0	杨陵区	93.2
礼泉县	1011.3	勉 县	2389.5		

注：本表数据来源于《陕西基本地理省情白皮书(2011)》。

二、经济区域

资料整理：孙士梅

2-1 关中经济

指　　标	单 位	2000年	2005年	2006年	2007年	2008年	2009年
年底常住人口	万人	2151.41	2326.88	2340.34	2347.53	2357.57	2335.06
城镇单位就业人员年末人数	万人						
城镇单位在岗职工人数	万人	226.12	229.36	230.41	235.70	236.96	240.72
生产总值	亿元	1282.15	2580.31	2997.68	3610.31	4523.39	5235.86
第一产业	亿元	164.56	265.36	289.77	354.00	439.44	467.34
第二产业	亿元	555.79	1168.05	1389.88	1676.84	2149.60	2478.63
第三产业	亿元	561.80	1146.90	1318.03	1579.47	1934.35	2289.89
# 工业增加值	亿元	448.82	942.72	1115.65	1342.25	1698.09	1911.64
人均生产总值	元	6010	11352	12846	15403	19228	22315
全社会固定资产投资总额	亿元	447.84	1314.40	1756.66	2430.20	3340.01	4560.57
# 房地产开发投资	亿元	67.18	271.06	357.92	484.93	684.67	869.75
地方财政收入	亿元	70.78	108.81	130.82	175.43	224.16	283.55
地方财政支出	亿元	95.50	193.89	253.30	353.65	500.69	642.66
农林牧渔业总产值	亿元	280.87	436.21	485.19	595.43	740.41	781.87
粮食产量	万吨	729.50	773.08	818.05	695.72	836.32	867.52
水果产量	万吨	424.32	524.54	615.35	627.00	748.26	911.10
# 苹果	万吨	339.82	376.03	445.98	453.98	534.07	654.92
规模以上工业总产值	亿元	915.30	2146.03	2686.52	3488.44	4626.35	5527.86
公路里程	公里	17073	21631	43988	55039	58844	62271
# 高速公路	公里	349	811	858	955	1104	1176
邮电业务总量	亿元	65.36	239.83	302.04	367.64	432.46	449.24
固定电话	万户	264.20	622.86	638.44	638.14	614.83	570.92
移动电话	万户	116.87	657.58	824.43	1088.89	1264.33	1604.54
社会消费品零售总额	亿元	576.75	1059.47	1225.75	1453.24	1824.12	2158.73
进出口总额	万美元		451982	530041	679598	817921	818188
# 出口	万美元		302288	357274	459495	525766	387702
实际利用外商直接投资额	万美元		61196	91533	116026	130171	134512
卫生机构数	个	3221	3188	3239	2830	2643	2599
卫生机构床位数	张	65521	72528	75316	79231	83289	89282
卫生技术人员	人	90509	91852	93700	94823	99627	110905
# 执业(助理)医师	人	40557	39617	39450	38227	38127	40603
注册护师、护士	人	26423	27927	29998	30748	33554	39008

社会主要指标

2010年	2011年	2012年	2013年	2014年	2015年	2016年	2017年
2341.81	2349.77	2358.20	2365.18	2372.86	2385.08	2401.74	2419.64
		303.23	355.59	351.86	347.11	346.04	342.02
243.92	260.70	286.71	332.53	327.10	331.40	321.87	316.94
6352.90	7722.10	8808.62	10061.86	11066.91	11585.17	12525.19	14092.03
594.42	737.35	827.41	878.15	934.29	957.91	1005.12	1031.39
3128.96	3888.10	4476.30	5048.77	5484.30	5420.98	5720.50	6359.17
2629.52	3096.65	3504.91	4134.94	4648.32	5206.27	5799.57	6701.46
2441.61	3055.20	3525.00	3958.61	4244.80	4077.90	4252.41	4685.02
27167	32919	37420	42604	46715	48698	52332	58456
6032.13	6737.16	8621.69	10677.86	12710.56	13432.49	14926.65	17209.46
1059.91	1283.18	1639.12	1995.33	2171.98	2243.26	2417.80	2762.23
374.38	495.28	611.94	748.53	844.77	925.33	894.25	916.61
875.46	1124.65	1367.98	1592.50	1725.52	1931.04	2038.39	2244.92
996.61	1229.78	1376.26	1532.03	1646.31	1700.40	1788.68	1849.39
911.70	745.67	798.06	755.54	735.40	766.38	745.86	731.82
991.17	1082.83	1115.05	1121.22	1158.35	1210.60	1243.28	1287.50
695.25	761.43	784.19	781.14	793.02	816.45	827.46	858.22
7201.50	8864.59	10522.55	11755.59	12333.18	12862.98	14001.19	13902.93
63268	63926	65682	66774	67257	68110	68905	69503
1291	1392	1491	1545	1649	1922	1935	2000
173.88	238.16	269.95	289.43	396.63	487.10	890.72	680.09
542.45	544.14	547.96	551.44	545.38	526.34	493.47	443.41
1727.85	2001.00	2270.28	2499.39	2526.34	2513.48	2625.41	2884.07
2579.35	3094.56	3630.81	4162.80	4713.97	5247.78	5883.66	6450.10
1161206	1408611	1453095	1982153	1639.75(亿元)	1859.36(亿元)	1941.68(亿元)	2665.95(亿元)
601277	683775	846159	994587	820.86(亿元)	887.28(亿元)	1023.32(亿元)	1623.38(亿元)
170967	221952	274134	336851	392609	414984	452459	552073
2779	18030	18098	18561	18682	18879	19048	18329
92677	99319	107989	117434	126762	134779	144742	153160
120963	134448	147090	161053	171344	180963	196631	207954
42159	44531	46998	50010	52103	55146	59029	63139
43722	49615	55583	61841	67289	72275	80871	86225

2–2 陕南经济

指　　标	单 位	2000年	2005年	2006年	2007年	2008年	2009年
年底常住人口	万人	898.08	851.18	852.36	854.18	856.00	839.94
城镇单位就业人员人数	万人						
城镇单位在岗职工人数	万人	47.70	44.69	44.37	44.62	44.37	44.71
生产总值	亿元	250.38	475.91	551.17	651.48	804.88	915.06
第一产业	亿元	70.83	110.21	126.39	149.33	196.00	203.95
第二产业	亿元	78.78	165.46	194.70	231.29	285.63	333.06
第三产业	亿元	100.77	200.24	230.08	270.86	323.25	378.05
# 工业增加值	亿元	47.40	110.82	128.91	154.54	185.20	209.03
人均生产总值	元	2797	5406	6471	7635	9413	10791
全社会固定资产投资总额	亿元	89.88	164.56	299.12	400.98	528.97	731.54
# 房地产开发投资	亿元	9.72	20.83	22.55	31.50	38.20	42.82
地方财政收入	亿元	11.34	12.32	15.13	20.99	26.65	33.07
地方财政支出	亿元	30.43	59.54	77.76	115.48	183.49	260.24
农林牧渔业总产值	亿元	123.94	188.89	214.15	254.98	334.73	353.30
粮食产量	万吨	297.46	282.19	287.52	218.60	243.70	265.98
水果产量	万吨	13.83	33.54	34.72	43.70	46.73	55.60
# 苹果	万吨	1.25	1.64	1.74	1.77	1.90	1.99
规模以上工业总产值	亿元	99.95	241.74	302.05	382.76	432.51	547.83
公路里程	公里	16722	19841	39964	38736	39552	45515
# 高速公路	公里		106	166	296	550	702
邮电业务总量	亿元	10.80	39.33	52.97	66.42	82.69	80.17
固定电话	万户	50.36	137.36	155.96	165.41	155.99	144.61
移动电话	万户	17.03	124.47	159.29	227.57	269.71	322.19
社会消费品零售总额	亿元	90.49	148.02	169.94	202.14	254.08	293.37
进出口总额	万美元		2508	2718	4176	7437	16438
# 出口	万美元		2153	2457	2869	5219	5386
实际利用外商直接投资额	万美元		541	732	3038	6484	8186
卫生机构数	个	1435	1295	1240	1093	1052	1032
卫生机构床位数	张	19813	19907	20792	21943	24024	25863
卫生技术人员	人	27417	26891	27343	27164	28375	29934
# 执业(助理)医师	人	15355	12177	12727	12372	11776	12137
注册护师、护士	人	5932	6203	6210	6793	7854	8626

社会主要指标

2010年	2011年	2012年	2013年	2014年	2015年	2016年	2017年
839.13	838.20	839.39	840.87	842.43	844.55	847.40	849.16
		55.86	66.03	67.66	68.09	68.56	70.53
46.06	48.75	50.56	59.63	60.57	61.08	60.94	61.79
1122.66	1417.60	1674.79	2005.74	2267.26	2433.18	2691.48	3065.02
235.51	284.91	319.85	345.45	367.81	379.34	402.51	412.79
448.27	613.74	759.03	965.97	1123.02	1181.01	1310.55	1544.11
438.88	518.95	595.91	694.32	776.43	872.83	978.42	1108.12
296.96	426.68	544.57	711.43	833.66	866.05	962.28	1141.81
13372	16903	19967	23874	26938	28847	31815	36132
962.92	1024.18	1306.73	1657.99	2075.76	2565.25	3071.82	3749.18
63.10	90.52	124.02	136.78	153.93	153.05	200.58	212.56
43.87	57.39	73.24	86.85	98.02	107.30	102.07	95.43
327.23	393.18	492.15	547.95	601.88	664.77	720.95	797.13
406.38	494.99	554.60	617.70	655.17	677.46	719.39	737.33
278.27	235.07	250.84	253.96	239.99	251.83	253.18	253.58
53.72	64.20	66.25	68.30	70.97	74.61	75.52	79.62
2.02	1.96	1.94	1.95	1.90	1.85	1.75	1.81
773.56	1119.72	1565.33	1970.85	2295.63	2660.48	3056.81	3621.88
46895	48940	53105	54241	55005	55697	56819	57350
1003	1245	1307	1344	1344	1450	1438	1471
36.43	49.06	50.65	56.20	77.34	98.35	150.03	130.33
141.66	133.23	127.25	123.54	116.96	111.85	105.60	97.04
356.26	411.75	458.52	487.59	529.07	567.48	611.30	683.93
347.48	406.35	474.82	541.69	611.76	692.86	803.91	911.93
36827	40001	15539	16485	31.01(亿元)	27.21(亿元)	23.47(亿元)	33.99(亿元)
9869	6082	8286	14206	25.03(亿元)	22.57(亿元)	16.49(亿元)	26.44(亿元)
8026	9875	14475	13112	7478	1206	2013	6430
1059	9756	9732	10113	10055	10046	9768	9499
28069	31176	35360	39836	43391	45940	46838	51591
32908	35866	39252	44111	46187	47013	51280	55864
11745	12607	13267	14271	14236	13733	15243	16371
9795	11020	12505	15062	16483	17158	19201	21255

2-3 陕北经济

指　　标	单 位	2000年	2005年	2006年	2007年	2008年	2009年
年底常住人口	万人	522.68	541.78	542.35	546.29	548.47	551.67
城镇单位就业人员人数	万人						
城镇单位在岗职工人数	万人	35.75	38.21	39.05	40.70	42.08	43.16
生产总值	亿元	235.68	842.28	1134.20	1443.44	1933.60	2030.57
第一产业	亿元	33.11	57.81	69.85	88.79	118.26	125.16
第二产业	亿元	125.29	546.96	773.82	1002.32	1374.30	1376.67
第三产业	亿元	77.28	237.51	290.53	352.33	441.04	528.74
# 工业增加值	亿元	114.90	527.31	750.02	973.79	1339.69	1334.55
人均生产总值	元	4557	15492	20924	26518	35325	36915
全社会固定资产投资总额	亿元	80.85	312.69	544.42	768.12	1006.87	1407.81
# 房地产开发投资	亿元	1.98	7.06	14.39	18.89	39.36	31.16
地方财政收入	亿元	15.03	68.92	96.03	122.81	150.06	181.64
地方财政支出	亿元	29.48	101.76	148.67	197.82	253.71	328.02
农林牧渔业总产值	亿元	59.24	100.83	117.73	152.44	201.10	216.42
粮食产量	万吨	137.50	180.72	182.44	153.62	203.10	229.93
水果产量	万吨	55.25	115.87	156.87	162.38	222.12	270.13
# 苹果	万吨	47.11	98.94	129.28	147.66	175.02	209.21
规模以上工业总产值	亿元	167.61	897.03	1292.27	1679.06	2323.37	2362.06
公路里程	公里	10210	13020	29350	27521	32642	36323
# 高速公路	公里		383	622	811	811	901
邮电业务总量	亿元	8.55	50.35	69.22	90.77	113.58	120.14
固定电话	万户	30.68	99.10	120.07	122.14	110.42	99.45
移动电话	万户	17.77	156.04	199.86	296.19	378.21	410.64
社会消费品零售总额	亿元	58.40	123.86	146.68	181.87	238.91	273.58
进出口总额	万美元		3204	3265	5030	7509	5915
# 出口	万美元		3143	3229	4880	7081	5727
实际利用外商直接投资额	万美元			43	434	272	834
卫生机构数	个	916	883	906	830	734	790
卫生机构床位数	张	11523	14270	15066	16671	17877	19319
卫生技术人员	人	14923	17792	18022	19700	20156	22022
# 执业(助理)医师	人	8343	8512	8389	8726	8177	8542
注册护师、护士	人	3291	4365	4495	4976	5496	6740

社会主要指标

2010年	2011年	2012年	2013年	2014年	2015年	2016年	2017年
554.29	554.64	555.50	557.64	559.82	563.24	563.48	566.64
		52.13	72.84	76.93	75.31	75.71	76.94
45.73	48.32	49.18	67.61	71.76	69.85	70.30	72.02
2642.09	3405.60	3940.90	4133.60	4306.67	3690.15	3855.96	4673.88
163.35	198.60	222.94	239.88	258.74	254.57	280.06	287.56
1841.26	2445.11	2863.38	2889.48	2935.67	2248.47	2258.89	2907.96
637.48	761.89	854.58	1004.24	1112.26	1187.11	1317.01	1478.36
1792.79	2387.41	2796.71	2821.84	2864.73	2183.85	2180.59	2792.95
47779	61422	70998	74269	77080	65716	68446	82715
1829.99	2193.94	2803.29	3148.95	3188.11	3021.54	2826.78	2860.75
36.46	37.20	72.80	108.06	100.59	97.97	118.38	127.19
230.73	300.97	388.32	416.12	435.96	456.75	363.24	453.35
429.89	539.95	663.12	716.90	733.73	780.96	798.47	908.42
278.04	339.35	379.41	420.55	453.24	447.71	492.08	506.31
247.17	210.50	230.61	229.12	236.78	215.11	238.09	242.60
284.26	326.68	344.76	315.70	330.82	354.22	397.36	433.63
235.52	258.74	276.79	260.38	281.45	292.43	324.19	350.35
3145.01	4118.39	4777.74	4733.14	5157.76	4623.61	4362.92	5445.48
37298	39120	42625	44233	44883	46262	46747	47542
1109	1166	1285	1473	1473	1721	1808	1808
44.99	61.03	64.94	71.87	92.69	116.83	163.06	141.89
97.77	98.12	96.86	94.31	88.45	85.08	80.79	82.35
434.12	494.43	535.97	525.48	551.80	568.69	576.58	652.61
330.71	399.66	476.00	540.55	592.98	637.50	680.00	751.81
10250	13731	11242	14209	10.07(亿元)	8.83(亿元)	11.15(亿元)	14.19(亿元)
9627	11228	10763	13792	9.69(亿元)	8.66(亿元)	5.25(亿元)	8.78(亿元)
2977	3656	5000	3853	8329	10653	4398	8556
800	8617	8440	8462	8510	8105	7782	7313
21625	23352	25881	27869	29219	31166	33820	33909
23813	27071	29962	33890	35080	37405	40920	43310
8870	8570	9219	10116	10121	10617	11462	12656
7802	9597	11302	12648	13449	14884	16836	18133

三、陕西省

资料整理：孙士梅

3-1 陕西省经济

指　　标	单 位	2000年	2005年	2006年	2007年	2008年	2009年
年底常住人口	万人	3644	3690	3699	3708	3718	3727
# 城镇人口	万人	1176	1374	1447	1506	1565	1621
人口自然增长率	‰		4.01	4.04	4.05	4.08	4.00
年底总户数	万户	948.06	1055.74	1081.88	1111.79	1140.38	1173.74
生产总值	亿元	1804.00	3933.72	4743.61	5757.29	7314.58	8169.80
第一产业	亿元	258.22	435.77	484.81	592.63	753.72	789.64
第二产业	亿元	782.58	1951.36	2452.44	2986.46	3861.12	4236.42
第三产业	亿元	763.20	1546.59	1806.36	2178.20	2699.74	3143.74
# 工业增加值	亿元	629.88	1650.63	2094.02	2544.42	3274.57	3501.25
人均生产总值	元	4968	10674	12840	15546	19700	21947
生产总值指数	上年=100	110.4	113.7	113.9	115.8	116.4	113.6
第一产业	上年=100	104.0	107.7	107.4	105.0	107.6	104.9
第二产业	上年=100	111.1	116.1	114.6	117.5	118.5	113.8
第三产业	上年=100	112.1	112.5	114.9	116.5	115.8	115.3
# 工业增加值	上年=100	111.3	115.9	114.5	118.1	118.7	111.6
人均生产总值指数	上年=100	109.6	113.5	113.7	115.6	116.1	113.3
非公有制经济增加值	亿元		1651.14	2059.16	2599.06	3462.21	3971.78
非公有制经济增加值比重	%		43.3	44.4	45.6	47.3	48.6
文化产业增加值	亿元						
文化产业增加值比重	%						
能源消费总量	万吨标准煤			6129.36	6774.86	7417.46	8043.60
单位GDP能耗比上年增长	%			-3.41	-4.55	-5.94	-4.56
就业人员	万人	1813	1976	1986	2013	2039	2060
城镇单位就业人员	万人	337.08	334.19	334.77	342.00	344.39	352.39
# 国有单位	万人	272.35	249.09	246.50	247.34	248.06	243.91
集体单位	万人	30.24	22.40	21.10	20.73	19.78	16.63
# 在岗职工人数	万人	327.60	323.23	323.74	330.86	332.06	335.28
城镇私营经济就业人员	万人		108.80	118.50	134.60	136.59	142.60
城镇个体经济就业人员	万人		62.44	108.60	122.80	138.60	139.70
城镇单位就业人员平均工资	元						
城镇单位在岗职工平均工资	元	7804	14796	16918	21296	25942	30185

社会主要指标

2010年	2011年	2012年	2013年	2014年	2015年	2016年	2017年
3735	3743	3753	3764	3775	3793	3813	3835
1707	1770	1877	1931	1985	2045	2110	2178
3.72	3.69	3.88	3.86	3.87	3.82	4.41	4.87
1198.37	1224.90	1244.46	1263.50	1265.65	1268.08	1281.55	1300.25
10123.48	12512.30	14453.68	16205.45	17689.94	18021.86	19399.59	21898.81
988.45	1220.90	1370.16	1460.97	1564.94	1597.63	1693.85	1741.45
5446.10	6935.59	8073.87	8912.34	9577.24	9082.13	9490.72	10882.88
3688.93	4355.81	5009.65	5832.14	6547.76	7342.10	8215.02	9274.48
4558.97	5857.92	6847.41	7507.34	7993.39	7344.62	7598.00	8691.79
27133	33464	38564	43117	46929	47626	51015	57266
114.6	113.9	112.9	111.0	109.7	107.9	107.6	108.0
105.8	105.9	106.0	104.6	105.1	105.1	104.0	104.6
118.0	116.4	114.8	112.6	110.9	106.6	107.3	107.8
112.1	112.5	111.6	110.1	108.9	110.5	108.8	108.9
118.7	117.1	115.7	112.7	110.8	105.9	106.8	108.1
114.4	113.7	112.6	110.7	109.4	107.5	107.1	107.3
5011.39	6318.20	7398.04	8459.01	9323.58	9630.16	10430.18	11845.07
49.5	50.5	51.2	52.2	52.7	53.4	53.8	54.1
				646.11	711.93	802.52	911.10
				3.7	4.0	4.1	4.2
8287.63	9107.48	9914.53	10610.48	11222.46	11715.85	12120.14	12536.51
-3.64	-3.56	-3.54	-3.55	-3.58	-3.21	-3.83	-4.19
2074	2059	2061	2058	2067	2071	2073	2072
364.81	393.70	411.22	505.33	516.52	511.84	511.39	510.39
253.20	263.52	271.56	237.05	244.42	237.68	237.77	231.49
15.00	15.24	15.18	18.89	18.60	16.17	16.68	15.79
342.77	371.28	386.46	470.64	479.40	474.13	474.08	471.56
190.28	206.72	216.53	144.80	170.16	177.00	197.90	227.01
142.50	151.90	134.83	151.90	184.69	271.50	295.90	323.20
		43073	47446	50535	54994	59637	65181
34299	39043	44330	48853	52119	56896	61626	67433

3–1　续表 1

指　　标	单 位	2000年	2005年	2006年	2007年	2008年	2009年
全社会固定资产投资	亿元	745.85	1982.04	2610.22	3642.13	4851.41	6553.39
# 房地产开发	亿元	78.89	298.95	394.86	535.32	762.23	943.73
房地产开发企业(单位)数	个	359	933	918	946	1366	1217
商品房销售面积	万平方米	402.81	892.01	1117.75	1460.17	1513.01	2086.92
# 住宅	万平方米	377.11	849.43	1061.12	1377.91	1426.06	1995.67
地方财政收入	亿元	114.97	275.32	362.13	475.24	591.48	735.27
# 税收收入	亿元	97.28	206.62	273.16	355.50	455.60	532.80
地方财政支出	亿元	271.76	638.96	821.55	1053.97	1428.52	1841.64
全省居民人均可支配收入	元						
全省居民人均生活消费支出	元						
农村居民人均可支配收入	元	1472	2162	2396	2824	3373	3722
工资性收入	元						
经营净收入	元						
财产净收入	元						
转移净收入	元						
农村居民人均生活消费支出	元	1251	1896	2181	2560	2979	3349
# 食品支出	元	544	813	850	942	1116	1175
城镇居民人均可支配收入	元	5098	8159	9125	10578	12613	13836
工资性收入	元						
经营净收入	元						
财产净收入	元						
转移净收入	元						
城镇居民人均生活消费支出	元	4277	6656	7553	8427	9772	10706
# 食品支出	元	1532	2402	2589	3064	3586	3989
年末人均现住房建筑面积	平方米						
农村居民	平方米						
城镇居民	平方米						
城市人均公园绿地面积	平方米			7.10	8.00	8.70	9.34
城市人均道路面积	平方米		8.19	9.92	11.58	12.67	12.86
城市用水普及率	%		93.24	94.10	95.70	96.65	98.06
城市燃气普及率	%		79.82	78.26	86.17	89.55	89.64
常用耕地面积	千公顷	3113.96	2788.45	2783.30	2840.73	2848.37	2860.04
农林牧渔业总产值	亿元	464.89	730.72	821.54	1002.85	1277.86	1337.22
农作物总播种面积	千公顷	4555.49	4391.24	3983.48	4044.74	4274.45	4154.10
# 粮食作物	千公顷	3821.59	3453.33	3081.27	3099.81	3234.70	3133.97

2010年	2011年	2012年	2013年	2014年	2015年	2016年	2017年
8561.24	10023.53	12840.15	15934.21	18709.49	20177.86	20825.25	23819.38
1159.47	1410.90	1835.93	2240.17	2426.49	2494.29	2736.75	3101.97
1274	1430	1646	1690	1941	2070	2177	2326
2590.18	3051.77	2755.59	3045.70	3093.64	2978.94	3262.70	3890.40
2471.95	2874.51	2530.84	2831.22	2836.69	2717.98	3012.61	3419.84
958.21	1500.18	1600.69	1748.33	1890.40	2059.95	1833.99	2006.69
710.57	933.84	1131.55	1256.24	1335.68	1290.33	1204.39	1485.58
2218.83	2930.81	3323.80	3665.07	3962.50	4376.06	4389.37	4833.19
			14372	15837	17395	18874	20635
			11217	12204	13087	13943	14900
4477	5484	6285	7092	7932	8689	9396	10265
			2887	3217	3548	3916	4272
			2530	2751	2909	3058	3242
			90	120	152	159	185
			1585	1844	2080	2263	2566
3794	4496	5115	6488	7252	7901	8568	9306
1299	1349	1520	1772	2112	2199	2307	2417
15343	17836	20269	22346	24366	26420	28440	30810
			13987	14926	15742	16877	18106
			1876	2031	2140	2014	2029
			1733	2019	2274	2056	2156
			4750	5390	6264	7493	8520
11822	13783	15333	16399	17546	18464	19369	20388
4381	5040	5551	4484	4800	5146	5422	5799
			35.0	36.0	37.0	38.7	39.3
			39.6	41.0	42.6	44.7	46.0
			29.9	30.6	31.3	32.6	32.7
10.67	11.41	11.58	11.77	12.58	12.57	12.30	12.66
13.38	13.72	14.71	14.74	15.47	15.67	15.42	16.51
99.39	95.72	96.15	96.52	96.25	97.12	95.61	97.90
90.39	92.09	94.11	93.75	95.77	94.73	94.66	93.60
2860.53	2860.98	2864.29	2870.98	2865.99	2904.11	2915.08	3014.38
1666.06	2058.60	2303.20	2562.51	2741.82	2813.50	2985.76	3070.45
4185.58	4181.04	4190.27	4183.48	4262.13	4284.22	4276.85	4286.33
3159.70	3134.87	3127.53	3105.13	3076.47	3073.50	3068.70	3045.26

3-1 续表 2

指 标	单 位	2000年	2005年	2006年	2007年	2008年	2009年
粮食产量	万吨	1089.10	1139.50	1041.90	1067.91	1150.90	1131.40
棉花产量	万吨	2.74	7.78	8.83	8.98	10.07	8.58
油料产量	万吨	38.76	45.35	41.36	39.15	49.46	54.38
蔬菜产量	万吨	556.53	869.93	848.48	928.10	1067.12	1257.59
水果产量	万吨	493.79	765.74	881.95	940.23	1067.67	1150.45
# 苹果	万吨	388.57	560.12	649.98	701.57	745.51	805.17
肉类产量	万吨	92.12	134.11	101.72	96.07	111.52	98.71
# 猪牛羊肉	万吨	83.01	120.91	91.00	84.80	100.18	90.10
奶类产量	万吨	63.88	141.73	157.41	180.26	197.65	185.83
# 牛奶	万吨	39.25	113.34	127.36	149.02	164.37	149.20
禽蛋产量	万吨	42.49	48.73	41.00	43.30	47.92	48.10
水产品产量	万吨	6.08	7.36	4.82	5.03	5.22	5.60
规模以上工业企业单位数	个	2553	2997	3375	3372	3526	4480
规模以上工业总产值	亿元	1268.43	3397.71	4442.81	5692.33	7480.79	8470.40
原煤产量	万吨	3493.00	10810.72	15457.62	18313.26	23981.47	29611.13
原油产量	万吨	746.44	1778.16	1988.89	2265.87	2463.60	2695.89
天然气产量	亿立方米	21.10	80.59	80.47	110.10	143.79	189.52
发电量	亿千瓦小时	272.28	504.94	577.31	698.76	840.74	899.22
粗钢产量	万吨	53.65	307.28	388.60	396.27	304.95	522.50
钢材产量	万吨	57.70	337.10	499.79	559.73	504.80	887.34
水泥产量	万吨	989.44	1972.13	2375.40	3026.12	3639.88	4464.66
汽车产量	万辆	1.93	4.26	10.81	17.06	26.82	50.68
建筑业企业单位数	个	912	830	846	905	1011	1026
建筑业企业年末从业人员	万人	39.51	42.40	50.30	57.57	71.68	88.48
建筑业总产值	亿元	242.30	658.64	830.70	1173.46	1655.62	2309.27
房屋建筑施工面积	万平方米	2396.54	4563.92	5445.81	6741.82	7843.73	9046.32
房屋建筑竣工面积	万平方米	1087.17	1900.78	2127.95	2351.47	3049.83	3128.20
公路里程	公里	44225	54492	113303	121297	131038	144109
# 等级公路	公里	38128	49273	60796	90829	107618	128487
# 高速公路	公里	348	1300	1645	2063	2466	2779
民用汽车拥有量	万辆	36.47	69.29	104.36	122.62	139.45	175.21
# 私人汽车	万辆	14.12	39.05	73.31	88.13	100.25	125.53
邮电业务总量	亿元	85.04	331.13	424.23	529.40	628.73	654.92
邮政业务总量	亿元	5.33	16.40	20.36	22.77	25.56	28.78
电信业务总量	亿元	79.71	314.73	403.87	506.63	603.17	626.14

2010年	2011年	2012年	2013年	2014年	2015年	2016年	2017年
1164.90	1194.70	1245.10	1215.80	1197.78	1226.80	1228.30	1216.20
6.92	6.74	6.72	5.79	4.22	3.86	3.38	2.33
56.08	58.97	60.33	59.52	62.30	62.66	63.80	66.88
1384.02	1432.50	1525.62	1629.36	1724.68	1822.53	1896.18	1974.75
1238.50	1332.68	1437.74	1487.38	1553.98	1630.62	1713.96	1801.02
856.01	902.93	965.09	942.82	988.01	1037.30	1100.78	1153.94
102.64	99.60	107.09	112.52	116.76	116.15	111.68	111.84
93.70	91.39	97.80	102.90	107.00	106.13	101.92	102.13
177.62	182.37	189.08	188.51	192.34	189.92	189.14	184.48
137.50	140.50	141.76	141.05	144.70	141.19	140.20	134.82
47.07	50.30	51.86	55.40	54.50	58.06	59.32	60.08
6.04	8.18	10.54	12.52	13.93	17.58	18.42	18.49
4564	3684	4284	4489	5017	5350	5799	6208
11199.84	14283.48	16926.49	18982.47	20015.88	20333.98	21837.61	23825.18
36115.50	41135.08	47904.12	50134.28	52008.20	52224.16	51151.37	56959.93
3017.28	3225.42	3527.56	3688.04	3767.81	3736.73	3502.43	3489.82
223.47	272.21	309.62	371.65	410.11	415.92	411.91	419.40
1101.91	1208.82	1330.50	1493.66	1600.88	1594.11	1734.79	1781.39
604.82	751.49	828.69	980.08	1038.26	1027.27	924.67	1184.26
994.89	1025.29	1283.55	1565.22	1683.92	1655.58	1233.79	1377.61
5463.79	6430.63	7552.71	8545.52	9083.49	8580.09	7555.86	7476.09
65.21	55.67	54.46	42.44	37.47	34.14	42.04	61.63
1026	1145	1343	1470	1752	2012	2289	2543
104.72	90.88	79.78	113.49	89.63	116.16	138.41	138.33
2863.73	3498.50	3540.75	4006.07	4566.37	4811.86	5345.80	6243.17
11490.67	13934.20	17065.69	20780.27	23031.28	23986.58	24528.29	26977.30
3781.25	5895.96	5386.66	6404.06	6917.76	7084.50	6758.89	6981.57
147461	151986	161411	165249	167145	170069	172471	174395
134498	139453	146290	148991	151189	153845	156844	159026
3403	3803	4083	4363	4466	5094	5181	5279
231.04	274.12	318.84	364.13	403.03	452.08	501.48	557.33
181.81	220.14	261.53	305.51	347.09	397.48	448.28	500.86
262.28	348.25	385.54	417.50	566.66	757.09	1203.81	952.31
24.03	28.89	31.34	37.02	45.94	61.48	92.03	116.31
238.24	319.37	354.20	380.48	520.72	695.61	1111.78	836.00

3-1 续表 3

指 标	单 位	2000年	2005年	2006年	2007年	2008年	2009年
固定电话用户	万户	345.24	859.32	914.47	925.69	881.24	814.97
移动电话用户	万户	151.67	938.10	1183.58	1612.66	1912.25	2337.37
互联网宽带用户	万户	19.87	236.90	161.36	193.63	235.17	255.05
限额以上企业数	个						2263
批发业	个						331
零售业	个						896
住宿业	个						441
餐饮业	个						595
社会消费品零售总额	亿元	725.64	1331.35	1542.37	1837.25	2317.11	2725.67
进出口总额	万美元	214009	457684	536025	688804	832867	840539
# 出口	万美元	131003	307581	362960	467244	538066	398815
实际外商直接投资额	万美元	28842	62839	92489	119516	136954	151053
入境旅游人数	万人次	71.28	92.84	106.11	123.13	125.73	145.08
# 外国人	万人次	58.48	74.57	83.17	98.15	93.67	114.43
国际旅游外汇收入	万美元	28025	44625	51000	61200	66011	77107
国内旅游人数	万人次	3060	5988	6950	8015	9056	11410
国内旅游收入	亿元	127.00	316.30	378.00	458.00	561.00	715.28
星级饭店数	个		221	221	309	311	347
金融机构人民币各项存款余额	亿元	2663.00	6446.48	7455.87	8523.79	10828.96	13924.80
金融机构人民币各项贷款余额	亿元	2193.12	3983.19	4489.68	5155.52	6096.09	8322.78
幼儿园数	所	2803	2433	2578	2448	2813	2902
在园儿童数	万人	60.36	49.36	50.49	49.08	55.09	57.36
普通小学学校数	所	33336	20711	18590	16316	14185	11583
普通小学专任教师数	人	182297	186644	184573	182940	180898	178320
普通小学在校学生数	万人	480.93	340.09	325.11	305.53	286.48	271.44
普通中学学校数	所	2599	2727	2688	2637	2583	2509
普通中学专任教师数	人	122279	159138	162876	166340	169126	170177
普通中学在校学生数	万人	230.52	304.56	307.93	300.09	288.87	274.68
普通高等学校数	所	39	72	76	76	76	77
普通高等学校专任教师数	人	20723	42864	47549	50741	53740	56171
普通高等学校在校学生数	万人	24.17	66.69	72.62	77.65	83.97	89.37
普通高等学校毕业生数	万人	3.51	14.06	16.23	19.55	21.73	21.20
卫生机构数	个	5572	5366	5385	4753	4429	4421
卫生机构床位数	万张	9.69	10.67	11.12	11.78	12.52	13.45
卫生技术人员	万人	13.34	13.66	13.91	14.17	14.82	16.29
# 执业(助理)医师	万人	6.43	6.03	6.06	5.93	5.81	6.13
注册护师、护士	万人	3.56	3.85	4.07	4.25	4.69	5.44

2010年	2011年	2012年	2013年	2014年	2015年	2016年	2017年
781.89	775.48	772.07	769.29	750.79	723.28	679.86	622.79
2518.23	2907.18	3264.77	3512.46	3607.21	3649.65	3813.29	4220.61
368.83	389.08	439.59	506.24	552.44	605.42	802.96	903.22
2751	3183	3782	4603	5092	5508	6327	7070
407	458	571	700	864	905	1047	1190
1162	1420	1754	2261	2542	2846	3354	3726
504	507	605	684	718	741	798	879
678	798	852	958	968	1016	1128	1275
3257.54	3900.58	4581.62	5245.04	5918.71	6578.14	7367.57	8113.84
1208283	1462344	1479854	2012881	1680.72(亿元)	1895.25(亿元)	1976.30(亿元)	2719.65(亿元)
620773	701085	865178	1022617	855.48(亿元)	918.47(亿元)	1045.07(亿元)	1659.73(亿元)
182006	235483	293609	367800	417557	462118	501178	589437
212.17	270.41	335.24	352.07	266.30	293.03	338.20	383.74
155.24	189.91	233.66	251.13	185.83	194.15	228.52	262.06
101596	129505	159747	167620	141630	200022	233855	270440
14354	18135	22941	28161	32953	38274	44575	51901
915.92	1240.00	1609.50	2031.10	2435.00	2904.00	3658.92	4603.26
358	369	376	376	375	380	341	350
16456.05	19227.09	22657.74	25577.19	28111.34	32415.24	35255.48	37784.01
10033.12	11865.26	13865.61	16219.84	18837.20	21760.61	23921.75	26679.06
3928	5310	5784	6356	6970	7438	7313	7810
70.48	102.78	117.46	127.10	132.76	139.70	143.13	145.05
9710	8867	7994	7356	6574	5851	5507	4752
175184	171011	166822	162841	147511	143064	142761	144065
261.04	253.60	234.62	227.33	226.41	233.11	241.78	252.31
2436	2363	2295	2252	2220	2215	2176	2094
170482	170878	168822	167457	164374	161752	159395	157291
259.91	246.80	225.70	210.13	196.83	187.57	183.42	180.63
78	78	79	80	80	80	81	81
58288	59171	61500	64171	64970	66506	66133	66930
92.78	96.48	102.63	107.76	109.96	109.97	107.63	106.94
23.55	25.89	26.53	25.38	27.74	29.97	32.13	30.51
4638	36403	36270	37136	37247	37030	36598	35863
14.24	15.38	16.92	18.51	19.94	21.19	22.54	24.14
17.77	19.73	21.63	23.91	25.26	26.54	28.88	31.03
6.28	6.57	6.95	7.44	7.65	7.95	8.57	9.32
6.13	7.02	7.94	8.96	9.72	10.43	11.69	12.70

四、西安市

资料整理：张彩琴　金文娟

4-1 西安市经济

指 标	单 位	2000年	2005年	2006年	2007年	2008年	2009年
年底总人口	万人	688.01	806.81	822.52	830.54	837.52	843.46
人口自然增长率	‰		4.42	4.52	4.52	4.58	4.45
年底总户数	万户	187.08	203.05	207.04	211.12	216.52	221.51
生产总值	亿元	646.13	1313.93	1538.94	1856.63	2318.14	2724.88
第一产业	亿元	44.65	66.01	70.44	82.51	103.45	110.38
第二产业	亿元	277.13	540.50	645.65	781.94	981.58	1144.75
第三产业	亿元	324.35	707.42	822.85	992.18	1233.11	1469.75
# 工业增加值	亿元	218.44	420.00	494.22	594.95	721.40	816.92
人均生产总值	元	9484	16406	18890	22463	27794	32420
生产总值指数	上年=100	113.0	114.0	114.0	115.6	116.3	114.5
第一产业	上年=100	103.5	107.5	107.1	104.5	107.6	106.3
第二产业	上年=100	115.1	112.3	113.7	115.7	116.4	112.8
第三产业	上年=100	111.5	116.3	114.9	116.4	116.9	116.3
# 工业增加值	上年=100	113.8	110.3	112.3	114.9	115.7	110.1
人均生产总值指数	上年=100	111.4	112.2	112.9	113.9	115.3	113.7
非公有制经济增加值	亿元		568.45	684.66	854.26	1103.95	1327.87
文化产业增加值	亿元						
能源消费总量	万吨标准煤						
单位GDP能耗比上年增长	%			-4.15	-5.75	-6.65	-5.56
就业人员	万人	389.10	415.83	422.15	436.36	448.05	462.52
城镇单位就业人员	万人	112.45	123.66	125.10	129.40	130.85	135.64
# 国有单位	万人	84.21	81.98	82.84	83.22	83.38	85.42
集体单位	万人	13.35	10.00	9.47	9.23	8.73	6.41
# 在岗职工人数	万人	105.56	119.73	121.06	125.56	126.89	129.61
城镇单位就业人员平均工资	元						
城镇单位在岗职工平均工资	元	9197	17728	20475	25012	29749	34032

社会主要指标

2010年	2011年	2012年	2013年	2014年	2015年	2016年	2017年
847.41	851.34	855.29	858.81	862.75	870.56	883.21	961.67
4.39	4.33	4.56	4.20	4.64	4.64	6.14	7.20
226.71	234.34	239.54	245.53	250.26	253.13	256.65	267.68
3242.86	3869.84	4394.47	4924.97	5492.64	5801.20	6282.65	7471.89
140.06	173.14	195.59	200.45	214.55	220.20	232.01	281.12
1357.53	1583.21	1781.09	1998.82	2194.78	2126.29	2200.36	2596.52
1745.27	2113.49	2417.79	2725.70	3083.31	3454.71	3850.28	4594.25
954.38	1098.51	1228.05	1376.74	1488.02	1376.72	1397.25	1684.02
38357	45561	51499	57464	63794	66938	71647	78368
114.5	113.5	112.2	111.1	109.9	108.2	108.6	107.7
106.9	106.7	106.0	104.7	105.1	105.0	103.8	104.6
115.2	112.5	112.0	113.6	109.3	105.6	108.5	105.3
114.5	114.9	112.9	109.7	110.7	110.4	109.0	109.4
114.3	112.8	112.7	114.0	108.4	104.8	109.2	105.8
113.8	113.0	111.7	110.6	109.4	107.5	107.4	106.0
1611.71	1956.41	2258.95	2569.20	2892.90	3060.38	3314.20	3962.95
				410.04	451.62	501.54	587.07
						2739.83	2813.62
-2.06	-3.56	-3.51	-3.57	-5.89	-3.20	-3.83	-4.61
477.58	495.99	514.57	530.71	532.92	528.06	539.18	596.21
140.38	154.30	179.76	198.42	193.82	188.97	187.89	190.66
88.84	91.60	108.31	84.98	79.24	75.04	75.84	75.00
4.75	5.33	5.10	7.30	6.67	5.29	4.85	4.64
130.70	142.71	169.45	183.41	177.62	181.86	173.70	176.84
		46248	50988	53974	60213	67428	75566
37870	41083	47566	52619	55897	63193	70011	78274

4-1 续表 1

指　　标	单 位	2000年	2005年	2006年	2007年	2008年	2009年
全社会固定资产投资	亿元	233.15	835.10	1066.62	1435.33	1906.36	2500.13
# 房地产开发	亿元	52.48	212.29	285.76	387.33	545.71	696.34
商品房销售面积	万平方米	212.92	497.34	621.50	833.92	760.72	1256.02
# 住宅	万平方米	200.77	476.39	584.06	782.91	715.75	1202.12
地方财政收入	亿元	41.40	73.05	85.89	112.92	145.61	181.40
地方财政支出	亿元	46.50	97.82	119.22	161.25	226.99	276.85
金融机构人民币各项存款余额	亿元	1335.63	3599.70	4066.16	4582.71	5749.37	7522.08
金融机构人民币各项贷款余额	亿元	972.51	2158.10	2344.77	2683.77	3275.12	4482.63
农村居民人均可支配收入	元	2344	3460	3808	4399	5212	6275
城镇居民人均可支配收入	元	6364	9628	10905	12662	15207	18963
城市人均公园绿地面积	平方米			7.59	7.61	7.80	7.90
城市人均道路面积	平方米	5.10	8.11	9.86	12.65	14.04	14.80
城市用水普及率	%	99.00	99.00	99.09	100.01	100.00	100.00
城市燃气普及率	%	81.50	91.30	92.62	98.60	97.66	98.15
常用耕地面积	千公顷	295.58	266.78	263.86	261.18	260.51	258.59
农林牧渔业总产值	亿元	74.37	106.54	114.15	134.14	168.27	178.70
农作物总播种面积	千公顷	523.29	505.27	512.99	508.25	504.04	504.74
# 粮食作物	千公顷	465.03	428.50	432.00	424.70	420.21	419.13
粮食产量	万吨	201.92	205.53	212.85	189.06	214.40	218.20
棉花产量	吨	1367	4515	4812	5903	6173	6251
油料产量	吨	13692	11554	10800	9555	11544	11217
蔬菜产量	吨	1621400	1956992	1893000	2044395	2215303	2424110

2010年	2011年	2012年	2013年	2014年	2015年	2016年	2017年
3250.56	3352.12	4243.43	5134.56	5903.98	5165.98	5191.36	7556.47
842.34	996.81	1281.90	1595.64	1761.88	1831.67	1955.82	2333.34
1587.81	1778.02	1538.91	1662.75	1707.71	1763.68	2047.67	2509.78
1523.24	1674.85	1383.87	1522.50	1525.95	1584.08	1877.78	2147.67
241.86	318.55	396.96	501.98	583.79	650.99	641.07	654.50
371.62	494.58	597.49	729.81	819.54	917.24	942.52	1045.09
8933.23	10430.27	12125.53	13763.19	15166.78	17796.38	19073.96	20047.62
6482.28	7564.93	8635.22	10023.63	11668.14	13714.02	15282.65	16954.81
7750	9788	11442	12930	12898	14072	15191	16522
22244	25981	29982	33100	30715	33188	35630	38536
9.50	10.40	10.81	11.20	11.60	11.74	11.87	12.05
15.60	16.00	17.92	17.95	18.07	18.28	18.33	19.90
100.00	100.00	100.00	100.00	100.00	100.00	100.00	99.39
99.30	99.87	100.00	100.00	100.00	100.00	100.00	96.08
255.54	251.40	246.61	244.15	240.49	237.93	231.20	249.63
227.10	272.66	308.36	342.89	367.21	380.76	405.63	497.39
501.16	469.42	467.71	466.32	457.43	450.33	439.43	487.00
414.47	382.08	381.67	378.58	367.64	358.46	351.89	379.97
221.65	182.04	192.54	183.12	175.61	180.86	175.33	187.88
5861	5649	4721	2467	328	294	237	239
12000	11722	10176	9994	9785	9478	8649	9275
2531000	2615200	2778013	2981225	3162800	3327900	3367449	4454267

4-1 续表 2

指　　标	单 位	2000年	2005年	2006年	2007年	2008年	2009年
水果产量	吨	343551	512869	553433	603193	716902	789587
# 苹果	吨	89416	53387	51809	52180	53194	53023
肉类产量	吨	147571	182046	108634	102191	115352	126182
# 猪牛羊肉	吨	122969	156640	170099	84954	97829	108309
奶类产量	吨	245913	422229	471438	528037	589697	618186
# 牛奶	吨	176155	327961	374813	428462	475681	498394
禽蛋产量	吨	138305	118115	97816	98140	108515	116685
水产品产量	吨	11384	9370	11937	12402	12487	13044
规模以上工业企业单位数	个	816	901	904	937	1032	1134
规模以上工业总产值	亿元	433.43	952.18	1194.60	1623.85	2030.76	2490.50
纱产量	万吨	6.56	6.72	6.47	6.99	5.88	4.68
布产量	万米	27819	27012	26508	27995	22721	22202
发电量	亿千瓦小时	19.24	48.04	66.80	71.03	71.69	83.21
粗钢产量	万吨	3.06	1.29	1.39	1.10	1.40	0.92
钢材产量	万吨	10.04	24.02	71.53	78.73	47.88	110.51
水泥产量	万吨	107.21	121.01	156.57	263.13	404.76	487.72
汽车产量	辆	8832	41325	103469	170596	268191	506758
建筑业企业单位数	个	200	223	212	274	329	326
建筑业企业年末从业人员	万人	13.67	15.94	17.31	25.49	34.89	44.31
建筑业总产值	亿元	105.93	326.65	416.48	604.65	915.12	1296.58
房屋建筑施工面积	万平方米	793.32	1773.81	2140.12	2940.92	3236.53	3947.01
房屋建筑竣工面积	万平方米	336.80	566.19	594.20	835.12	1076.14	1209.88
公路里程	公里	3010	3901	9672	11063	11895	12378
# 等级公路	公里	2908	6542	7139	7281	10891	11839
# 高速公路	公里	100	240	286	324	374	377
民用汽车拥有量	辆	179014	330480	393778	473216	595735	754803
# 私人汽车	辆	63146	205442	258081	330507	452347	596835
邮电业务总量	亿元	39.89	149.06	186.76	226.76	264.86	275.65
邮政业务总量	亿元	1.70	5.94	7.10	7.64	8.41	9.07
电信业务总量	亿元	38.19	126.10	179.66	219.13	256.45	266.58

2010年	2011年	2012年	2013年	2014年	2015年	2016年	2017年
847822	911361	932054	951851	996570	1052068	1077442	1347706
39130	34313	28675	25212	26047	32038	30522	131349
136501	144631	151711	158449	144209	161254	156829	183100
117025	120321	126282	130467	114481	132601	129510	149835
633663	647978	666439	657748	658016	637340	562038	558412
509178	509777	513337	512796	514587	485640	420765	394813
123793	125639	129970	135382	135191	140175	140357	146273
11850	13350	14010	14200	14168	14120	14106	13832
1126	890	966	1002	1113	1117	1189	1366
3130.15	3552.21	4066.31	4497.62	4420.06	4346.16	4669.32	5423.06
4.32	3.93	3.40	2.70	2.24	3.52	4.21	4.74
23811	16344	14000	14000	11219	10400	12200	12700
96.94	95.01	99.50	184.50	179.58	158.68	161.00	176.74
2.37	2.14	0.90					
110.77	18.48	31.30	54.30	42.87	37.03	43.92	54.91
236.50	409.99	534.20	391.10	412.69	330.73	217.71	216.95
652050	556664	542000	422000	374714	341400	382500	445200
322	334	390	415	531	697	882	1042
53.90	49.21	39.12	57.79	39.41	59.53	68.59	70.32
1820.34	1900.72	1874.23	2228.41	2586.33	2648.19	2877.55	3304.54
4592.57	6183.02	7531.07	9753.45	11182.18	11974.53	11945.73	13491.49
1391.91	2610.85	1985.31	2229.97	2536.71	2709.14	2233.20	2553.10
12575	12599	13127	13135	13251	13328	13336	13383
12118	12142	12587	12598	12733	12805	12834	12884
371	382	465	471	471	532	534	572
957162	1168238	1380125	1634709	1924402	2189116	2442084	2713651
778902	970440	1174425	1412211	1703443	1972289	2219569	2464878
102.51	143.46	167.35	176.21	247.13	328.05	538.14	423.06
6.88	8.69	14.40	16.58	22.67	33.23	53.13	66.98
95.63	134.77	152.95	159.63	224.46	294.82	485.01	356.08

4-1 续表 3

指 标	单 位	2000年	2005年	2006年	2007年	2008年	2009年
固定电话用户	万户	141.28	324.04	330.07	334.99	332.48	305.44
移动电话用户	万户	69.01	372.61	480.21	605.70	693.53	940.45
互联网宽带用户	万户	20.71	33.93	50.88	58.62	81.40	116.79
限额以上企业数	个						844
批发业	个						162
零售业	个						260
住宿业	个						156
餐饮业	个						266
社会消费品零售总额	亿元	360.42	670.56	784.95	936.21	1176.58	1398.37
进出口总额	万美元	173696	390146	415393	536162	701366	725234
# 出口	万美元	106062	263441	272852	347133	444508	333271
实际外商直接投资额	万美元	15633	57112	82463	105317	114738	121873
入境旅游人数	万人次	65.03	77.56	86.73	100.01	63.20	67.29
# 外国人	万人次	54.65	65.86	73.40	85.09	53.58	59.09
国内旅游人数	万人次	1502	2423	2738	3118	3232	3929
国际旅游外汇收入	万美元	27000	40900	46700	54323	35900	39000
国内旅游收入	亿元	82.59	144.96	166.47	194.77	214.80	266.35
星级饭店数	个		63	63	92	93	104
幼儿园数	所	367	737	863	830	905	896
在园儿童数	万人	12.85	12.75	13.38	14.00	15.46	16.30
普通小学学校数	所	2323	1980	1929	1872	1781	1666
普通小学专任教师数	人	30215	29674	30018	30533	30382	30334
普通小学在校学生数	万人	77.81	60.47	59.33	56.83	54.66	52.52
普通中学学校数	所	466	460	457	453	442	439
普通中学专任教师数	人	26230	31094	31203	31373	31425	31415
普通中学在校学生数	万人	48.31	55.74	56.11	54.68	52.83	50.63
卫生机构数	个	1453	1478	1478	1214	1071	1017
卫生机构床位数	张	31690	32323	32137	33598	34618	36849
卫生技术人员	人	42243	42241	43862	43707	47431	51641
# 执业(助理)医师	人	18473	17721	18007	17266	18066	19284
注册护师、护士	人	13543	14000	15538	15337	17186	20167

2010年	2011年	2012年	2013年	2014年	2015年	2016年	2017年
297.99	305.16	313.82	321.32	322.91	314.39	298.61	273.22
986.56	1141.70	1322.50	1511.07	1462.32	1370.63	1445.23	1599.61
146.18	172.44	189.39	219.95	246.12	265.29	339.86	343.42
894	980	1080	1219	1341	1367	1582	1932
178	200	240	282	342	359	423	519
275	299	335	401	461	496	591	742
177	189	203	217	223	226	246	303
264	292	302	319	315	286	322	368
1678.01	2039.24	2400.67	2742.89	3093.89	3405.38	3767.20	4249.81
1038293	1257852	1301433	1798534	1532.15(亿元)	1761.75(亿元)	1829.95(亿元)	2549.74(亿元)
531713	580369	729865	847819	734.68(亿元)	819.87(亿元)	947.31(亿元)	1552.27(亿元)
156665	200522	247856	312994	370318	400833	450461	530680
84.18	100.23	115.35	121.11				
73.21	88.63	101.40	106.89	12000	13601	15012	18093
5201	6553	7863	10009				
53000	64100	74862	80200	950(亿元)	1073.69(亿元)	1213.81(亿元)	1633.30(亿元)
362.78	478.87	594.50	747.28				
116	116	116	116	109	111	102	91
1004	1122	1239	1295	1343	1417	1475	1605
18.40	24.03	27.08	28.56	28.95	30.90	31.80	32.44
1531	1424	1322	1291	1257	1234	1190	1125
29944	28453	28146	27954	28395	28748	30941	32307
51.60	51.39	50.85	51.95	53.79	56.62	59.79	63.67
436	423	419	418	421	422	422	448
31506	33122	31526	32886	32615	31183	33962	34662
48.90	47.20	45.33	43.73	42.57	41.37	40.70	40.51
1117	5554	5578	5692	5742	5802	5869	5654
39407	41010	44239	47867	51065	54708	56332	61205
56579	61281	66899	71553	76375	81462	86258	91040
20913	21551	23051	24015	24931	26626	27864	29751
22640	25043	27837	30062	32210	34819	37518	40207

4-2 新城区经济

指 标	单 位	2000年	2005年	2006年	2007年	2008年	2009年
年底总人口	万人	46.95	62.24	63.92	64.32	64.43	62.80
生产总值	亿元	77.84	144.81	167.94	198.47	244.22	278.99
第一产业	亿元	0.02	0.01	0.01			
第二产业	亿元	37.84	67.85	79.19	84.74	97.39	111.55
第三产业	亿元	39.98	76.95	88.74	113.73	146.83	167.44
# 工业增加值	亿元	6.97	55.99	63.56	64.43	66.81	70.51
人均生产总值	元	16587	23475	26623	31312	38969	45217
生产总值指数	上年=100	117.9	108.4	112.2	114.0	114.1	113.6
全社会固定资产投资	万元	27100	625600	820000	1120141	1513400	2036600
地方财政收入	万元	24900	61072	69097	93033	108054	130002
地方财政支出	万元	24712	40892	52588	64032	79495	107883
农村居民人均可支配收入	元	5571					
城镇居民人均可支配收入	元					15213	19049
常用耕地面积	公顷	127	1	11			
粮食产量	吨	247	2	4	4		
农林牧渔业总产值	万元	388	111	113	40		
社会消费品零售总额	万元	706800	1290046	1466969	1699511	2070063	2415613
普通小学专任教师数	人	1947	1711	1815	1816	1773	1773
普通小学在校学生数	人	44312	43858	44710	44096	42271	40955
普通中学专任教师数	人	1933	2295	2144	2092	2106	1996
普通中学在校学生数	人	35576	44093	40551	40226	39146	37941
卫生机构床位数	张	530	5527	5503	5597	5620	6123
卫生技术人员	人		6428	7138	7710	8831	9461
# 执业(助理)医师	人		2707	2843	3112	3326	3561
注册护师、护士	人		2361	2862	3089	4162	4579

社会主要指标

2010年	2011年	2012年	2013年	2014年	2015年	2016年	2017年
59.01	59.23	59.44	59.64	59.86	60.33	60.91	62.06
314.61	363.56	394.87	429.07	467.08	494.00	540.66	616.10
132.51	150.45	171.74	177.99	186.67	178.21	192.05	216.83
182.10	213.11	223.13	251.08	280.41	315.79	348.61	399.27
81.83	87.81	100.88	98.20	95.84	99.03	108.52	130.78
52470	61495	66544	72064	78172	82203	89188	100203
113.7	113.3	111.0	109.2	109.0	106.4	108.2	108.2
2637266	2884809	3535000	3786700	4002742	2892500	2537100	2489500
163588	205654	269944	320736	355811	370669	364816	270221
126076	170555	212440	282246	311201	341540	377029	283048
22554	26498	30658	33816	37029	34622	37212	40292
2854070	3424804	3970835	4460631	4997780	5575912	6079842	6670304
1784	1757	1739	1718	1522	1537	1911	1944
39653	38594	37322	37121	36804	36920	36618	36566
1982	1980	1980	1974	2051	2035	2270	2299
37658	37211	36771	36019	35501	34188	33940	32904
6422	6236	6637	6988	7424	6964	7065	7424
10393	9930	10725	11248	11774	10893	11343	11862
3749	3606	3736	3750	3870	3740	3744	3901
4630	4549	5009	5422	5677	5178	5446	5805

4-3 碑林区经济

指　　标	单 位	2000年	2005年	2006年	2007年	2008年	2009年
年底总人口	万人	61.04	83.29	84.90	83.36	82.75	78.52
生产总值	亿元	76.12	145.99	169.00	201.04	250.17	308.44
第一产业	亿元						
第二产业	亿元	12.19	27.01	33.03	39.29	50.32	61.14
第三产业	亿元	63.93	118.98	135.97	161.75	199.85	247.30
# 工业增加值	亿元		9.48	11.59	13.33	15.39	19.04
人均生产总值	元	12700	17856	20095	25919	36003	46146
生产总值指数	上年=100	124.5	111.4	112.9	115.0	115.6	115.2
全社会固定资产投资	万元	37700	673960	911314	1257158	1674500	2153800
地方财政收入	万元	24066	76246	87859	109759	146616	179401
地方财政支出	万元	22100	45937	51501	64902	78572	100956
农村居民人均可支配收入	元	5097					
城镇居民人均可支配收入	元					15508	19424
常用耕地面积	公顷	44					
粮食产量	吨	14					
农林牧渔业总产值	万元	29					
社会消费品零售总额	万元	699600	1310860	1490689	1725458	2067959	2414856
普通小学专任教师数	人	1821	1776	1762	1732	1723	1764
普通小学在校学生数	人	41289	40173	39959	39906	39067	38526
普通中学专任教师数	人	1876	2527	2506	2604	2713	2739
普通中学在校学生数	人	35792	45411	45986	47458	48357	49724
卫生机构床位数	张	4767	5121	5013	4790	4937	5374
卫生技术人员	人	6123	5970	5983	6538	6827	7674
# 执业(助理)医师	人	2057	2311	2333	2613	2541	2863
注册护师、护士	人	2091	2201	2295	2531	2683	3223

社会主要指标

2010年	2011年	2012年	2013年	2014年	2015年	2016年	2017年
61.62	61.87	62.08	62.23	62.40	62.89	63.87	65.18
369.07	443.80	513.25	544.66	617.90	677.74	741.68	873.49
85.98	109.77	129.50	105.91	120.03	134.23	151.36	179.21
283.09	334.03	383.75	438.75	497.87	543.51	590.32	694.28
34.32	42.82	49.09	13.35	13.03	13.23	12.44	13.96
58323	71876	82816	87629	99158	108188	117021	135372
114.1	114.6	113.8	110.8	110.8	109.9	108.3	108.4
2790607	2911287	3764500	4642600	5434300	1999800	2075700	2239300
216601	267590	330285	392335	432276	453335	450089	409296
133034	144602	179421	240507	282868	321992	358550	356500
22998	27025	31268	34520	37765	34924	37539	40636
2854530	3425613	3950674	4451118	5058665	5614587	6105271	6259182
1771	1872	1861	1895	1938	1992	2070	2112
38469	38958	39027	40391	41443	42754	43978	45394
2916	3013	3025	2898	2908	2956	3035	3147
50226	50391	50065	47283	48308	47955	49269	50425
5846	6250	6325	7202	7495	7486	8119	8781
8575	9883	10580	11105	12011	11946	12261	13332
3199	3340	3564	3691	3825	3814	3861	4242
3576	4159	4423	4671	4943	4921	5207	5806

4–4 莲湖区经济

指　　标	单　位	2000年	2005年	2006年	2007年	2008年	2009年
年底总人口	万人	57.48	73.08	73.97	74.36	74.56	73.82
生产总值	亿元	77.61	164.50	191.20	230.76	293.13	339.20
第一产业	亿元	0.18	0.19	0.18	0.19		
第二产业	亿元	37.30	79.68	91.35	109.90	140.60	158.43
第三产业	亿元	40.13	84.63	99.67	120.67	152.53	180.77
# 工业增加值	亿元	13.56	64.77	73.12	87.83	108.14	118.14
人均生产总值	元	13551	22789	26004	31115	39367	45218
生产总值指数	上年=100	130.0	111.1	112.4	115.4	116.9	113.8
全社会固定资产投资	万元	20292	879653	1120045	1545102	2089500	2680534
地方财政收入	万元	21624	72619	83877	115475	154672	182161
地方财政支出	万元	21580	46287	50866	79982	93628	110360
农村居民人均可支配收入	元	5027					
城镇居民人均可支配收入	元					15471	19375
常用耕地面积	公顷	459					
粮食产量	吨	251	176	146	35	25	
农林牧渔业总产值	万元	2534	2644	1900	2598	40	
社会消费品零售总额	万元	644076	1163430	1287064	1445661	1696195	1981035
普通小学专任教师数	人	2209	2170	2135	2118	2103	2149
普通小学在校学生数	人	45159	45066	45980	45685	45197	44349
普通中学专任教师数	人	1897	2076	2076	2091	2088	2130
普通中学在校学生数	人	27336	26693	27224	36787	36668	36635
卫生机构床位数	张	3782	4094	3958	3602	3974	4610
卫生技术人员	人	4668	4691	5888	4346	5493	6745
# 执业(助理)医师	人		1947	2489	1615	2147	2711
注册护师、护士	人		1623	2116	1541	2023	2782

社会主要指标

2010年	2011年	2012年	2013年	2014年	2015年	2016年	2017年
69.86	70.13	70.25	70.43	70.68	71.23	72.23	73.67
367.87	421.50	451.09	501.94	539.53	573.60	621.91	749.47
164.60	182.01	180.23	194.35	193.90	183.47	194.55	239.80
203.27	239.49	270.86	307.59	345.63	390.13	427.36	509.67
113.91	120.14	108.48	113.50	106.52	97.92	102.67	136.16
51207	62459	68300	74876	76468	80840	86702	102737
114.0	112.3	111.7	111.1	109.0	107.7	108.0	109.1
3479335	3764003	4734900	5838600	6088200	2831000	2251400	2403000
223533	281296	347437	415439	471313	491623	481780	456934
152009	194774	235296	290525	339115	410484	437088	443387
22940	26962	31195	34450	37757	34820	37425	40575
2348412	2820804	3259272	3686210	4130029	4518207	4917248	5036823
2152	2136	2201	2196	2196	2228	2281	2323
43743	44424	45315	47213	49313	51522	53059	54505
2133	2095	2117	2118	2205	2233	2277	2323
35703	35064	35213	34602	34260	33074	32207	32189
4740	4994	5444	5972	6326	7350	7213	7860
7192	7883	8854	9313	9810	10856	11071	11454
2815	2813	3053	3321	3485	3763	3780	3946
3074	3479	3992	4176	4465	5108	5271	5471

4-5 灞桥区经济

指　标	单　位	2000年	2005年	2006年	2007年	2008年	2009年
年底总人口	万人	43.11	53.20	54.23	54.78	55.26	57.25
生产总值	亿元	27.55	60.10	72.87	88.77	112.61	144.95
第一产业	亿元	2.73	4.61	5.28	6.29	7.91	8.79
第二产业	亿元	13.52	32.52	39.52	47.79	59.38	80.52
第三产业	亿元	11.30	22.97	28.07	34.69	45.32	55.64
# 工业增加值	亿元	12.63	28.10	34.23	41.78	52.00	69.86
人均生产总值	元	6415	11357	13509	16291	20367	25213
生产总值指数	上年=100	109.8	113.2	115.1	116.0	117.6	115.0
全社会固定资产投资	万元	27995	280125	436214	602863	861335	1198689
地方财政收入	万元	9367	20309	24216	32921	50132	70281
地方财政支出	万元	10463	23639	32042	44198	58402	73026
农村居民人均可支配收入	元	2841	3815	4250	4862	5844	7136
城镇居民人均可支配收入	元					14195	17843
常用耕地面积	公顷	15518	13400	12950	12468	12220	11824
粮食产量	吨	75001	74557	73676	50954	72307	72016
农林牧渔业总产值	万元	44607	72204	82963	99530	125150	136095
社会消费品零售总额	万元	105500	178857	200641	227928	270076	362680
普通小学专任教师数	人	2123	2104	2072	1954	2308	1813
普通小学在校学生数	人	46900	34300	33600	32300	31700	30700
普通中学专任教师数	人	1862	1953	1962	1804	1746	1718
普通中学在校学生数	人	33200	39300	37300	28800	26700	25300
卫生机构床位数	张	368	353	1431	1450	1593	1658
卫生技术人员	人	429	390	1813	2082	1858	1969
# 执业(助理)医师	人	188	175	856	1005	869	835
注册护师、护士	人	75	97	620	702	580	765

社会主要指标

2010年	2011年	2012年	2013年	2014年	2015年	2016年	2017年
59.56	59.87	60.16	60.50	60.82	61.39	62.73	64.06
168.37	204.58	238.80	288.05	309.73	312.87	329.78	428.35
11.50	14.41	16.08	16.86	18.14	18.74	19.73	21.82
89.53	106.11	118.25	140.10	141.61	124.25	117.98	140.22
67.34	84.06	104.47	131.09	149.98	169.88	192.07	266.31
75.90	88.48	97.35	106.31	101.24	71.79	57.41	57.36
28269	34171	39694	47612	50926	51203	53139	67568
115.4	116.1	114	114.9	111.1	108.8	109.6	113.8
1629018	1865078	2363600	3156900	4136848	5059200	5810600	6783000
100245	131500	168539	208989	236711	254221	219910	191780
104972	144121	169283	190742	220305	295407	272233	293695
8849	11291	13278	15203	16982	18891	20431	22280
21162	24817	28688	31952	35147	34236	36784	39794
11374	10700	10511	9840	9241		5242	4840
72827	57059	61082	56370	52853		52567	49645
178275	219746	245553	279503	300728		327061	364717
501825	680230	954303	1322583	1542793	1732664	2008157	2323082
1732	1677	1665	1631	1604	1702	1923	2462
32268	33768	34553	36658	39474	43391	47558	52254
1691	1619	1658	1701	1803	1864	2075	2270
24139	22891	22266	22781	23571	23355	23304	23341
2373	2157	2094	2621	2944	3059	2825	2852
3301	3773	3962	4129	4130	4212	4056	4258
1485	1472	1485	1447	1426	1430	1372	1491
1182	1403	1571	1676	1689	1721	1709	1772

4-6 未央区经济

指标	单位	2000年	2005年	2006年	2007年	2008年	2009年
年底总人口	万人	37.97	54.54	56.29	59.00	61.30	62.96
生产总值	亿元	62.54	146.90	176.28	217.19	281.85	332.93
第一产业	亿元	2.20	1.82	1.89	1.74	2.16	2.42
第二产业	亿元	35.05	76.99	91.48	112.88	148.18	172.39
第三产业	亿元	25.29	68.09	82.91	102.57	131.51	158.12
# 工业增加值	亿元		65.97	76.87	89.75	107.39	122.71
人均生产总值	元	16635	21737	25228	30015	37547	42956
生产总值指数	上年=100	114.8	118.3	115.3	118.0	118.9	115.5
全社会固定资产投资	万元	101700	1030300	1330700	1751600	2404200	3233600
地方财政收入	万元	13919	30831	37358	62928	84491	108301
地方财政支出	万元	14614	36525	49178	60393	86329	98167
农村居民人均可支配收入	元	3332	4389	4800	5421	6441	7826
城镇居民人均可支配收入	元					14883	18721
常用耕地面积	公顷	10156	5379	5089	5304	4310	4149
粮食产量	吨	55826	27040	25637	27367	28364	28523
农林牧渔业总产值	万元	31403	23293	21737	31118	30611	39860
社会消费品零售总额	万元	256000	643788	852064	1145296	1641442	2005426
普通小学专任教师数	人	2274	2276	2353	2257	2512	2537
普通小学在校学生数	人	40500	41100	44200	47400	49400	51100
普通中学专任教师数	人	1792	1970	1983	2459	2276	2255
普通中学在校学生数	人	28600	28000	32000	33300	37700	33100
卫生机构床位数	张	1403	1955	2171	2030	2243	2335
卫生技术人员	人	2425	1874	2100	2632	2958	3153
# 执业(助理)医师	人	771	770	880	958	1148	1151
注册护师、护士	人	738	748	842	1042	1129	1324

社会主要指标

2010年	2011年	2012年	2013年	2014年	2015年	2016年	2017年
80.72	81.14	81.46	81.84	82.28	83.05	85.08	70.17
397.43	459.54	509.58	607.40	703.14	720.22	772.88	844.53
2.48	2.31	2.24	1.41	1.06	1.34	1.06	0.66
211.37	232.12	251.68	310.80	371.00	357.72	379.68	405.79
183.58	225.11	255.66	295.19	331.08	361.16	392.14	438.08
149.23	162.51	176.48	228.41	266.42	237.48	239.61	235.05
49894	56782	62679	73619	85686	87126	91938	122104
115.1	113.0	109.6	111.9	110.1	107.0	108.7	109.2
4385921	4498254	5689900	7234200	9155090	9270500	9836400	9144400
144600	174578	250009	313703	355092	378000	326330	336148
128260	143641	184981	207918	239836	282397	318025	330966
9712	12383	14562	16455	18364	19824	21294	
22184	26041	30103	33268	36462	34525	37085	40034
3473	3180	1468	1386	1047	833	404	121
26776	20508	15695	8012	3997	1968	800	112
40781	37534	36525	25320	19090	25786	20405	13836
2454065	3010965	3617547	4237165	4807887	5152112	5861678	5583431
2533	1963	1918	2027	1714	2231	2731	3194
53362	43524	46106	51232	58329	65326	74218	84098
2265	1933	1926	2050	2575	2933	3132	3351
33518	28763	28799	30423	30727	31440	32396	33614
2585	2718	3148	3330	3573	4873	4948	5674
3938	4117	4435	4984	5701	7728	8267	9229
1480	1470	1525	1709	1811	2414	2598	3220
1592	1640	1771	2045	2193	3125	3470	4092

4-7 雁塔区经济

指　　标	单　位	2000年	2005年	2006年	2007年	2008年	2009年
年底总人口	万人	55.78	107.74	110.33	111.63	112.27	113.67
生产总值	亿元	109.82	231.02	278.52	339.96	432.87	498.58
第一产业	亿元	1.46	1.57	1.68	1.75	2.12	2.19
第二产业	亿元	45.95	92.69	116.06	140.03	174.13	180.68
第三产业	亿元	62.41	136.76	160.78	198.18	256.62	315.71
# 工业增加值	亿元	36.08	60.19	75.71	91.17	108.42	95.49
人均生产总值	元	20535	22310	25543	30633	38666	44134
生产总值指数	上年=100	113.0	116.1	117.0	118.2	118.1	114.4
全社会固定资产投资	万元	23820	2452340	3295000	4219382	5155100	6518640
地方财政收入	万元	16908	53818	68018	85606	118696	155260
地方财政支出	万元	16019	43631	49185	69138	84115	101301
农村居民人均可支配收入	元	3365	4658	5020	5604	6585	7948
城镇居民人均可支配收入	元					15695	19762
常用耕地面积	公顷	6296	2775	2665	2454	1953	1692
粮食产量	吨	29301	14506	13181	8616	5930	1762
农林牧渔业总产值	万元	25916	23204	23946	25959	31584	31094
社会消费品零售总额	万元	524500	1048738	1315291	1671787	2259537	2723539
普通小学专任教师数	人	2391	2482	2573	2672	2844	2926
普通小学在校学生数	人	49200	55300	59700	61700	64600	65700
普通中学专任教师数	人	2393	2717	2817	2827	2869	2915
普通中学在校学生数	人	35000	43500	45400	45300	45500	46900
卫生机构床位数	张	1605	6103	6274	6166	7128	7397
卫生技术人员	人	2220	5706	7355	6963	9037	10002
# 执业(助理)医师	人		2243	2930	2741	3298	3551
注册护师、护士	人						

社会主要指标

2010年	2011年	2012年	2013年	2014年	2015年	2016年	2017年
117.98	118.48	118.89	119.29	119.74	120.96	123.11	125.49
636.46	765.99	848.00	988.20	1114.46	1165.11	1235.43	1521.15
2.13	2.61	2.34	1.93	1.62	0.14		
211.23	256.40	282.69	346.45	389.82	365.07	338.05	331.31
423.10	506.98	562.97	639.82	723.02	799.90	897.38	1189.84
107.59	138.70	155.20	215.60	245.07	210.77	183.33	173.34
54948	64788	71447	82979	93245	96810	101236	122377
113.5	113.7	111.5	110.1	110.7	107.8	108.0	108.5
8101966	7677355	9560600	10292400	9696465	8121500	8927900	10619100
203716	264486	344958	414186	470617	501690	465070	449244
130818	164006	208047	273763	326731	347450	351053	361024
9863	12585	14800	16724				
23517	27601	31934	35341	38345	35071	37631	40660
1347	1056	564	434	434			
565	337						
30143	36907	32762	31763	26798	3205		
3279400	4015600	4729200	5343029	5964957	6564690	7143663	7825882
2954	3204	3287	3436	3408	3680	4079	4315
66433	68354	70405	73857	78732	86177	92831	101663
3017	3092	3193	3174	3954	4124	4248	4528
48097	48630	48623	47934	48056	48347	48881	50403
7490	7542	8171	8508	9245	8726	8885	9582
10271	11076	12123	12347	13560	14353	15300	16108
3606	3488	3934	3947	4268	4647	5022	5240
4433	4921	5436	5628	6299	6509	7030	7409

4-8 阎良区经济

指　　标	单　位	2000年	2005年	2006年	2007年	2008年	2009年
年底总人口	万人	23.74	24.49	24.91	25.28	25.76	26.27
生产总值	亿元	22.01	41.64	49.30	58.51	70.90	82.32
第一产业	亿元	3.68	6.31	7.03	8.31	10.34	11.29
第二产业	亿元	11.49	21.87	26.26	31.34	37.94	43.50
第三产业	亿元	6.84	13.46	16.01	18.86	22.62	27.53
# 工业增加值	亿元	9.09	19.21	23.01	27.55	32.84	36.29
人均生产总值	元	9358	17150	19960	23311	27782	31637
生产总值指数	上年=100	109.0	112.6	113.2	113.0	112.9	112.9
全社会固定资产投资	万元	42249	222143	314672	443678	652800	885243
地方财政收入	万元	8875	14943	18533	23558	31042	39024
地方财政支出	万元	9565	20942	29721	38190	49003	66758
农村居民人均可支配收入	元	2471	3806	4251	4928	5939	7233
城镇居民人均可支配收入	元					15534	19512
常用耕地面积	公顷	17094	16387	16348	16159	16087	16009
粮食产量	吨	116359	103724	101912	115624	96400	95975
农林牧渔业总产值	万元	53373	95360	106590	125740	156360	169394
社会消费品零售总额	万元	70126	82536	95850	112937	138550	164091
普通小学专任教师数	人	934	1012	1056	1041	1042	1047
普通小学在校学生数	人	28860	18524	17436	16032	14995	14285
普通中学专任教师数	人	1021	1148	1153	1123	1069	1075
普通中学在校学生数	人	17351	22569	21813	19447	17691	15921
卫生机构床位数	张	1143	1165	1268	1190	1278	1221
卫生技术人员	人	1062	1176	1348	1397	1356	1377
# 执业(助理)医师	人	354	372	389	397	456	451
注册护师、护士	人	417	408	435	435	517	531

社会主要指标

2010年	2011年	2012年	2013年	2014年	2015年	2016年	2017年
27.87	28.01	28.23	28.40	28.53	28.84	29.08	29.47
99.38	116.37	137.64	164.88	184.25	188.72	193.94	240.21
14.26	17.61	19.70	20.37	22.21	22.37	22.56	24.24
51.16	58.94	74.31	94.18	105.61	102.72	102.39	117.58
33.96	39.82	43.63	50.33	56.43	63.63	68.99	98.39
42.39	47.98	61.57	79.62	89.19	88.13	91.33	104.30
36712	41650	48947	58220	64717	65791	66968	82053
115.3	113.5	112.3	111.5	109.9	105.7	102.3	107.0
1178258	1209231	1545200	2011600	2612321	2872100	1583500	1802700
49530	65023	80905	102426	120355	128342	127552	118939
90044	109707	139962	166351	186987	220632	230682	239536
8969	11426	13403	15212	17007	18850	20262	22034
22927	26839	31026	34375	37503	34382	36931	39914
15843	15795	15792	15696	15632	15478	15457	15285
96027	81075	81318	85369	81003	88211	86790	84826
214232	259395	290460	324413	354330	368854	381618	412635
196666	239115	278683	313725	349333	379026	412174	455934
1026	1042	822	908	916	888	894	933
13774	13552	13442	13439	13780	14401	14972	15702
1005	1011	921	951	974	945	971	1009
14713	13765	12824	12191	11507	10830	10286	9870
1323	1265	1402	1401	1418	1422	1438	1463
1520	1559	1864	1960	1931	2007	2133	2208
534	516	603	631	643	683	699	729
611	659	805	847	824	855	923	964

4-9 临潼区经济

指　　标	单　位	2000年	2005年	2006年	2007年	2008年	2009年
年底总人口	万人	67.39	65.82	66.60	67.29	67.90	68.62
生产总值	亿元	25.00	60.72	70.35	84.25	104.92	113.01
第一产业	亿元	8.34	12.52	12.64	15.18	19.74	20.72
第二产业	亿元	7.08	28.97	35.25	42.60	52.36	54.88
第三产业	亿元	9.58	19.23	22.46	26.47	32.82	37.41
# 工业增加值	亿元	8.47	26.51	32.01	39.08	48.05	47.20
人均生产总值	元	3710	9223	10625	12585	15522	16556
生产总值指数	上年=100	109.6	112.7	113.0	112.7	114.6	113.5
全社会固定资产投资	万元	37516	241037	317477	440753	612234	822243
地方财政收入	万元	12918	16613	20328	25627	30761	35086
地方财政支出	万元	17414	34555	48264	61673	78968	108894
农村居民人均可支配收入	元	2428	3172	3534	4020	4828	5794
城镇居民人均可支配收入	元					12489	15527
常用耕地面积	公顷	52598	50522	50144	49911	49802	49586
粮食产量	吨	353592	340412	370835	351489	375202	385592
农林牧渔业总产值	万元	130362	191633	201723	240467	313700	333229
社会消费品零售总额	万元	119500	203743	224520	250354	290155	342913
普通小学专任教师数	人	3080	3111	3253	3394	3418	3350
普通小学在校学生数	人	91200	63500	60300	56100	51900	46500
普通中学专任教师数	人	2572	3109	2940	3015	3010	3018
普通中学在校学生数	人	47700	57800	54400	52200	50000	46400
卫生机构床位数	张	1070	1130	1130	1315	1345	1445
卫生技术人员	人	1390	1590	1625	1688	1718	1749
# 执业(助理)医师	人	396	517	552	613	665	720
注册护师、护士	人	321	382	413	479	503	540

社会主要指标

2010年	2011年	2012年	2013年	2014年	2015年	2016年	2017年
65.60	65.98	66.45	66.81	67.16	67.62	68.18	68.99
149.08	181.54	208.07	221.58	221.78	193.10	183.11	221.01
25.58	28.27	29.63	29.89	31.16	30.27	30.59	31.45
79.79	102.03	120.48	124.06	116.26	81.20	59.25	66.76
43.71	51.24	57.96	67.63	74.36	81.63	93.27	122.80
72.76	93.33	109.96	109.58	101.65	65.37	46.53	52.53
22214	27594	31426	33255	33109	28653	26968	32224
113.6	112.9	111.8	111.5	105.0	105.6	104.2	109.6
1084539	1178946	1522000	1969400	2315638	1863100	1417500	1715300
45908	62604	80065	102977	121441	137407	149128	127946
154060	194348	242058	272237	293966	392195	384236	406723
7156	9109	10685	12160	13595	15164	16389	17859
18213	21271	24568	27318	29804	28628	30753	33261
49330	47732	46994	46873	46492	46246	45926	45862
400971	320266	351676	326809	317870	328636	316894	304775
411121	447588	468170	515993	538221	551556	569391	588206
409523	497232	577527	640802	726349	779895	846604	964690
3212	3111	3013	2966	2773	2531	2578	2572
43329	40634	37899	36867	36776	36807	37673	38944
2903	2908	2899	2899	2830	2769	2764	2764
43878	40950	37962	35356	33021	31225	29645	28196
1439	1756	1911	2221	2309	2331	2524	2756
2023	2336	2287	2454	2578	2648	2816	3043
836	866	834	869	876	898	929	987
621	817	810	905	954	988	1051	1156

4-10 长安区经济

指 标	单 位	2000年	2005年	2006年	2007年	2008年	2009年
年底总人口	万人	89.64	99.16	100.73	101.36	102.00	103.37
生产总值	亿元	31.06	73.16	86.45	112.91	148.69	225.70
第一产业	亿元	6.75	12.21	13.13	14.28	17.59	19.20
第二产业	亿元	15.28	33.74	41.51	60.61	81.55	110.60
第三产业	亿元	9.03	27.21	31.81	38.02	49.55	95.90
# 工业增加值	亿元	13.73	25.59	31.62	49.08	66.43	90.25
人均生产总值	元	3487	7513	8650	11174	14623	21980
生产总值指数	上年=100	114.8	113.8	115.0	114.4	117.5	114.8
全社会固定资产投资	万元	46300	628257	868400	1254002	1699800	2264100
地方财政收入	万元	10055	27875	33550	44828	67684	95124
地方财政支出	万元	17034	50045	61291	84980	113192	157795
农村居民人均可支配收入	元	2315	3331	3592	4143	4926	5965
城镇居民人均可支配收入	元					13108	16490
常用耕地面积	公顷	53114	47083	46874	46780	46723	46502
粮食产量	吨	361843	387323	398964	347450	400973	415742
农林牧渔业总产值	万元	119642	183638	199588	230454	283643	304864
社会消费品零售总额	万元	182000	373627	441272	524437	646673	768058
普通小学专任教师数	人	3368	4012	4207	3809	3693	3658
普通小学在校学生数	人	109500	69700	65000	60700	56700	53300
普通中学专任教师数	人	3259	4741	4639	3889	3849	3852
普通中学在校学生数	人	64700	66600	68000	65500	61300	54800
卫生机构床位数	张	2565	2084	2169	2013	2002	2335
卫生技术人员	人	2315	2000	2157	2660	2874	3395
# 执业(助理)医师	人	1916	734	785	1001	1122	1223
注册护师、护士	人	644	533	660	773	865	1007

社会主要指标

2010年	2011年	2012年	2013年	2014年	2015年	2016年	2017年
108.48	109.01	109.54	110.03	110.59	111.83	114.11	100.97
261.53	299.20	328.79	366.82	445.43	513.88	608.02	791.03
24.50	28.97	30.06	31.76	33.67	36.53	38.47	33.95
130.69	141.93	152.36	157.81	217.23	261.90	332.60	401.86
106.34	128.30	146.37	177.25	194.53	215.45	236.95	355.22
105.54	110.34	114.80	118.51	174.18	213.97	284.55	342.79
24708	27533	30088	33413	40380	46208	53821	79095
114.7	113.2	114.3	111.2	111.3	114.3	112.0	111.7
3022567	3143523	4069900	5415300	6782191	7265300	7380200	5544800
132207	180176	247228	311607	354267	377767	354999	239837
244637	304227	365362	447642	494189	534331	612604	530795
7389	9421	11107	12695	14206	15486	16741	18239
19557	22918	26493	29460	32377	32204	34627	37437
46265	45757	44219	43579	41980	41428	39355	32215
414922	346214	368814	357678	338400	345885	332415	265260
382196	438545	453711	509105	538210	584120	621269	556509
918642	1114116	1300948	1449431	1640031	1833669	2024940	2314011
3623	3178	3119	3122	3072	3093	3263	3179
52926	45552	46924	49233	52230	56023	59971	62789
4125	3680	3575	3535	3478	3493	3637	3576
56307	47739	44936	43142	41733	40725	40702	39558
2413	2772	3226	3349	3575	4953	5592	6021
3768	3690	4038	4526	4775	6083	7195	7429
1546	1537	1632	1690	1722	2032	2372	2399
1148	1247	1427	1650	1756	2470	3038	3172

4-11 高陵区经济

指　　标	单　位	2000年	2005年	2006年	2007年	2008年	2009年
年底总人口	万人	23.30	24.49	26.35	27.00	28.63	30.80
生产总值	亿元	10.38	31.42	41.17	60.28	88.53	107.76
第一产业	亿元	3.35	5.65	5.13	6.85	8.87	9.20
第二产业	亿元	4.69	19.49	28.90	44.54	67.12	82.45
第三产业	亿元	2.34	6.28	7.14	8.89	12.54	16.11
# 工业增加值	亿元	3.47	15.55	25.48	40.39	60.79	74.81
人均生产总值	元	4477	13174	18021	25012	31828	36265
生产总值指数	上年=100	114.1	123.6	127.6	135.1	135.6	126.8
全社会固定资产投资	万元	37791	348900	510200	690269	1002000	1343700
地方财政收入	万元	3547	10443	14604	21177	30874	40138
地方财政支出	万元	7291	22265	30379	41964	54690	80088
农村居民人均可支配收入	元	2219	3120	3436	3914	4708	5735
城镇居民人均可支配收入	元				9990	11890	14827
常用耕地面积	公顷	16431	15156	15211	15247	15876	15919
粮食产量	吨	211113	187298	188352	187068	207578	210622
农林牧渔业总产值	万元	64165	96876	98162	114968	148577	155044
社会消费品零售总额	万元	25200	47500	53600	72400	94776	115084
普通小学专任教师数	人	1114	1195	1064	1218	1251	1325
普通小学在校学生数	人	31213	19004	18828	16204	15014	14099
普通中学专任教师数	人	1128	1423	1190	1149	1138	1140
普通中学在校学生数	人	20469	21816	20566	19459	18696	17601
卫生机构床位数	张	329	492	495	457	770	822
卫生技术人员	人	580	649	725	720	896	976
# 执业(助理)医师	人	281	217	267	247	293	320
注册护师、护士	人	124	179	211	230	220	343

社会主要指标

2010年	2011年	2012年	2013年	2014年	2015年	2016年	2017年
33.35	33.53	33.81	34.01	34.22	34.77	35.11	35.70
138.46	184.25	238.69	283.23	298.27	297.19	300.24	377.10
12.12	16.93	20.33	22.12	25.96	27.70	30.23	32.62
106.03	140.71	184.37	213.60	219.67	215.02	205.14	250.13
20.31	26.61	33.99	47.51	52.64	54.47	64.87	94.35
96.94	127.92	167.73	196.51	199.92	195.62	184.98	234.62
43168	55099	70891	83524	87431	86154	85930	106510
124.2	119.4	118.3	117.8	112.0	102.7	107.3	115.6
1744059	1776472	2358700	3147100	4158300	4320800	4595300	5233200
52011	70031	95341	115071	132510	141334	120185	117293
100412	123775	162754	184052	202716	255372	232310	253141
7106	9053	10673	12167	13615	15191	16431	17934
17377	20313	23462	26030	28581	27423	29464	31974
15406	15254	15244	15197	15126	15076	14993	14605
208999	200313	200246	198221	190373	192757	187779	179220
204388	279451	334939	399495	468141	495452	555928	607588
140900	175338	224251	250091	283978	317265	445415	517787
1361	1359	1352	1324	1308	1311	1409	1266
13743	13767	13958	14644	15992	17429	18973	20856
1104	1058	1026	1008	982	984	904	803
14228	13535	12439	11457	10890	10636	10412	10571
856	1034	1227	1260	1436	1632	1702	1999
1132	1231	1613	1765	2114	2322	2676	2848
394	392	475	531	588	720	829	877
388	423	547	636	798	921	1086	1171

4-12 鄠邑区经济

指　　标	单　位	2000年	2005年	2006年	2007年	2008年	2009年
年底总人口	万人	56.30	54.36	54.91	55.56	55.88	56.77
生产总值	亿元	26.89	51.03	59.56	70.19	83.77	93.62
第一产业	亿元	5.25	8.03	8.40	9.72	11.90	12.44
第二产业	亿元	14.10	28.73	34.67	40.90	46.88	52.32
第三产业	亿元	7.54	14.27	16.49	19.57	24.99	28.86
# 工业增加值	亿元	12.85	25.53	30.59	35.99	40.27	45.02
人均生产总值	元	4789	9099	10901	12708	15034	16623
生产总值指数	上年=100	106.9	111.8	112.6	112.1	110.8	111.9
全社会固定资产投资	万元	26920	261077	354483	491985	642068	841986
地方财政收入	万元	9630	10341	13923	17417	21370	26083
地方财政支出	万元	13124	27053	37755	47987	72067	92851
农村居民人均可支配收入	元	2009	3018	3325	3833	4408	5307
城镇居民人均可支配收入	元	5338	7915	8685	9917	11496	14313
常用耕地面积	公顷	36680	38702	38647	38620	38609	38410
粮食产量	吨	300973	337469	353805	300442	350349	357851
农林牧渔业总产值	万元	85502	130717	137060	160639	196606	208089
社会消费品零售总额	万元	80892	141828	163696	191186	232147	273150
普通小学专任教师数	人	2658	2638	2568	2537	2453	2413
普通小学在校学生数	人	68300	46200	43400	40200	38100	36400
普通中学专任教师数	人	2377	2959	3000	2969	2958	2925
普通中学在校学生数	人	47200	52500	51600	63400	45800	42700
卫生机构床位数	张	1275	1526	1523	1640	1712	1849
卫生技术人员	人	1563	1662	1684	1619	2119	2320
# 执业(助理)医师	人	547	760	812	827	839	880
注册护师、护士	人	224	489	468	486	660	820

社会主要指标

2010年	2011年	2012年	2013年	2014年	2015年	2016年	2017年
55.65	55.85	56.10	56.32	56.60	57.03	57.44	54.93
104.44	120.00	132.67	146.32	155.92	155.41	162.81	197.41
15.59	21.24	25.37	25.32	27.20	27.57	28.59	27.74
56.50	60.43	64.26	70.15	71.56	64.60	63.80	82.72
32.35	38.33	43.04	50.85	57.16	63.24	70.42	86.95
48.55	51.40	53.80	58.06	58.31	50.63	49.62	67.36
18580	21525	23702	26031	27616	27353	28446	36139
112	110.6	109.5	108.2	107.8	107.3	108.5	110.1
1096427	1098101	1403300	1424100	1526925	1507700	1254400	1835500
33948	44754	55773	70107	82748	91442	94138	84800
132347	177764	213234	236117	269178	338906	402850	407011
6549	8265	9654	10899	12218	13616	14638	15918
16761	19532	22520	24817	27026	26043	27970	30224
38313	38196	38160	38003	37535	37521	37467	35244
371523	302724	313700	303386	296007	304943	297777	269000
260295	340026	407108	447149	481686	496155	515503	496405
326333	393798	454857	509672	575164	637125	699849	777533
2329	2246	2145	2033	2010	1921	1966	1820
34785	33953	32326	30762	29944	29871	30582	28852
2915	2871	2805	2818	2724	2649	2668	2544
39730	37939	35574	33781	31532	29830	27509	25362
1962	2035	2414	2612	2780	3139	3026	3080
2488	2610	2794	3195	3454	3877	4177	4143
1011	967	999	1057	1066	1173	1229	1206
850	907	1020	1187	1265	1576	1685	1679

4-13 蓝田县经济

指　　标	单　位	2000年	2005年	2006年	2007年	2008年	2009年
年底总人口	万人	62.93	50.84	51.40	52.00	52.00	52.89
生产总值	亿元	16.61	29.54	33.44	39.59	49.68	57.32
第一产业	亿元	4.63	7.59	8.21	9.71	12.17	13.03
第二产业	亿元	4.95	9.07	11.23	13.34	16.83	20.50
第三产业	亿元	7.03	12.88	14.00	16.54	20.68	23.79
# 工业增加值	亿元	3.56	6.38	7.93	9.34	11.43	12.62
人均生产总值	元	2639	5829	6559	7678	9554	10931
生产总值指数	上年=100	110.5	110.1	119.5	112.1	113.1	112.1
全社会固定资产投资	万元	19800	144344	189471	265320	377293	515382
地方财政收入	万元	5003	5168	5368	6234	7964	10587
地方财政支出	万元	11583	22351	28467	45315	76145	96725
农村居民人均可支配收入	元	1699	2430	2663	3121	3611	4315
城镇居民人均可支配收入	元					10202	12713
常用耕地面积	公顷	45523	41069	41061	41059	41059	40982
粮食产量	吨	250618	291305	312477	250267	324830	331133
农林牧渔业总产值	万元	88560	132851	144070	170251	213481	223567
社会消费品零售总额	万元	76600	135283	154121	178254	214450	250060
普通小学专任教师数	人	2909	3136	3128	3185	3042	2923
普通小学在校学生数	人	83448	62866	61600	57502	52325	46758
普通中学专任教师数	人	1799	2460	2397	2431	2447	2499
普通中学在校学生数	人	37432	44827	46212	45682	44660	43770
卫生机构床位数	张	733	852	855	716	779	842
卫生技术人员	人	938	1024	1036	1056	1216	1231
# 执业(助理)医师	人		486	508	450	524	503
注册护师、护士	人		243	264	278	328	315

社会主要指标

2010年	2011年	2012年	2013年	2014年	2015年	2016年	2017年
51.42	51.65	51.88	52.07	52.30	52.53	52.86	53.26
67.53	78.97	92.83	107.81	109.57	112.10	122.44	143.49
16.64	20.49	24.45	24.45	25.90	26.00	27.59	30.15
23.84	26.39	31.81	39.99	35.33	32.89	34.87	39.10
27.05	32.09	36.57	43.37	48.34	53.21	59.98	74.24
14.95	15.29	18.33	22.68	18.67	16.81	18.71	21.53
12768	15325	17931	20566	20996	21388	23236	27043
112.5	111.9	111.6	112.0	108.8	106.3	108.2	108.5
682881	770932	995400	1273800	1642785	1966800	2643700	3117700
15401	21224	26721	32724	38387	42564	42872	28507
132634	155355	192513	234919	251369	301002	356183	357590
5316	6704	7824	8833	9911	11084	12082	13151
14874	17309	19957	21953	23907	24509	26321	28596
40667	40533	40400	39879	39733	39680	39437	39248
335325	265829	289759	264609	250600	260422	255720	253850
286829	337450	401514	436071	462420	465601	492519	539025
297044	356378	411754	457356	515669	563996	620818	704244
2958	2843	2836	2737	2594	2477	2472	2393
43697	41044	35010	32257	30842	29041	28411	28001
2525	2628	2626	2640	2612	2612	2546	2544
42650	40860	37088	35122	32195	30258	28451	26684
1179	1225	1005	1127	1142	1256	1525	1528
1377	1356	1494	1565	1550	1900	2291	2391
566	542	574	585	559	654	742	781
340	351	424	432	447	598	724	792

4-14 周至县经济

指　　标	单 位	2000年	2005年	2006年	2007年	2008年	2009年
年底总人口	万人	62.38	53.56	53.97	54.60	54.78	55.72
生产总值	亿元	16.00	24.25	27.56	32.51	40.07	44.90
第一产业	亿元	5.11	6.52	7.16	8.50	10.65	11.11
第二产业	亿元	3.56	6.97	8.42	9.59	11.22	12.15
第三产业	亿元	7.33	10.76	11.98	14.42	18.20	21.64
# 工业增加值	亿元	2.69	5.52	6.59	7.58	8.71	8.94
人均生产总值	元	2516	4146	5126	5989	7327	8127
生产总值指数	上年=100	109.7	110.9	111.3	111.5	112.3	111.4
全社会固定资产投资	万元	47800	139980	198247	271122	377718	506898
地方财政收入	万元	5685	3457	3967	4186	4938	6038
地方财政支出	万元	12309	23170	31638	49277	69157	98075
农村居民人均可支配收入	元	1753	2330	2601	3059	3537	4248
城镇居民人均可支配收入	元					10229	12715
常用耕地面积	公顷	40536	34938	33582	33182	33536	33518
粮食产量	吨	262898	290799	288934	251091	281556	282258
农林牧渔业总产值	万元	91468	105979	116742	139686	175186	185796
社会消费品零售总额	万元	53906	85411	99362	116852	143770	167496
普通小学专任教师数	人	2980	2752	2677	2672	2649	2600
普通小学在校学生数	人	91300	64000	57700	50400	45200	41500
普通中学专任教师数	人	2340	2849	2923	2985	2994	2973
普通中学在校学生数	人	52100	45200	63500	61500	57500	52900
卫生机构床位数	张	548	651	797	678	678	668
卫生技术人员	人	1009	1070	1367	1486	1474	1547
# 执业(助理)医师	人	330	356	437	504	544	509
注册护师、护士	人	180	200	218	295	285	336

社会主要指标

2010年	2011年	2012年	2013年	2014年	2015年	2016年	2017年
56.29	56.59	57.00	57.24	57.57	58.09	58.50	58.94
54.37	66.14	78.34	89.98	98.84	104.33	114.99	134.26
15.27	20.30	25.39	26.34	27.62	29.54	33.17	33.91
14.30	15.91	19.40	23.44	26.09	25.01	26.08	29.15
24.80	29.93	33.55	40.20	45.13	49.78	55.74	71.20
10.48	11.80	14.37	16.41	17.98	15.96	17.01	19.63
9758	11719	13795	15347	16932	18041	19726	22864
109.6	112.0	111.7	109.2	108.8	109.3	108.2	107.9
672797	684630	891400	1153000	1488047	1689500	1599900	1551900
10169	15510	21001	28567	35218	39260	36522	25043
142652	181790	252265	248567	284284	341695	380428	398852
5328	6615	7733	8870	9961	11148	12207	13348
14877	17353	20025	22243	24445	25070	26899	29039
33526	33195	33257	33263	33269	32957	32881	32840
288582	226032	243158	230702	224955	231716	222594	206556
262734	329966	412820	460093	482477	508904	572627	591455
198592	238445	276827	307116	346273	384668	506357	570809
2509	2517	2661	2477	2305	2078	2138	2137
39446	38047	36191	35063	32235	32768	33169	34485
2926	2911	2915	2761	2658	2514	2541	2311
48078	44269	40449	37154	34076	31761	29859	28880
779	1026	1235	1276	1398	1517	1470	2185
1778	1837	2130	2543	2617	2637	2672	2735
657	542	637	657	681	658	687	732
407	488	602	692	826	849	878	918

五、铜川市

资料整理：张　冬　王　珍　马　靖

5-1 铜川市经济

指　　标	单 位	2000年	2005年	2006年	2007年	2008年	2009年
年底总人口	万人	83.22	82.99	83.19	83.56	83.93	83.31
人口自然增长率	‰			4.42	4.44	4.42	4.34
年底总户数	万户	21.31	25.30	25.76	26.11	26.70	27.51
生产总值	亿元	34.55	71.84	86.41	102.81	129.87	154.40
第一产业	亿元	4.02	5.87	6.33	7.84	9.68	10.81
第二产业	亿元	15.53	38.67	49.08	58.81	77.94	93.73
第三产业	亿元	15.00	27.30	31.00	36.16	42.25	49.86
# 工业增加值	亿元	12.96	33.66	43.29	51.99	68.91	82.94
人均生产总值	元	4171	8582	10993	12331	15508	18375
生产总值指数	上年=100	108.3	112.7	115.0	115.3	117.1	115.2
第一产业	上年=100	108.1	106.9	108.0	104.9	107.8	106.3
第二产业	上年=100	108.5	113.2	119.5	118.5	119.9	114.0
第三产业	上年=100	108.1	113.2	110.2	112.7	114.3	118.9
# 工业增加值	上年=100	108.8	112.5	120.4	119.9	121.1	113.1
人均生产总值指数	上年=100	107.7	113.3	115.8	115.0	116.6	114.9
非公有制经济增加值	亿元		30.27	33.77	39.40	48.60	63.40
文化产业增加值	亿元						
能源消费总量	万吨标准煤						
单位GDP能耗比上年增长	%			-1.70	-5.01	-4.95	-6.21
就业人员	万人	41.07	40.33	39.32	40.07	39.80	40.34
城镇单位就业人员	万人	12.24	9.56	9.31	9.06	9.32	9.67
# 国有单位	万人	9.62	7.84	7.64	7.51	7.80	7.63
集体单位	万人	1.34	0.48	0.46	0.35	0.30	0.29
# 在岗职工人数	万人	12.13	9.17	8.92	8.79	8.77	9.23
城镇单位就业人员平均工资	元						
城镇单位在岗职工平均工资	元	6484	12668	15221	18963	23988	28220

社会主要指标

2010年	2011年	2012年	2013年	2014年	2015年	2016年	2017年
83.50	83.82	84.08	84.28	84.51	84.62	84.72	83.34
3.51	3.36	3.62	3.69	3.79	3.53	3.83	3.71
27.33	27.55	27.93	28.16	27.90	28.03	28.18	28.17
187.73	232.63	273.31	323.27	325.36	307.16	311.61	348.43
14.18	17.41	19.47	20.96	22.61	22.76	23.91	24.54
116.50	147.41	176.82	210.85	204.88	170.31	159.76	179.1
57.05	67.81	77.02	91.46	97.87	114.09	127.94	144.79
103.99	131.91	159.29	190.60	182.48	146.83	134.36	150.18
22509	27806	32556	38402	38550	36322	36803	41465
115.6	116.0	115.8	113.8	110.5	108.5	107.0	107.5
107.7	107.3	106.3	104.9	104.8	105.2	104.3	104.7
118.1	118.0	119.4	117.2	111.0	107.7	106.3	106.8
112.8	114.2	110.5	107.8	110.6	111.1	108.5	108.9
119.0	118.2	120.6	118.0	110.8	107.8	105.9	107.0
115.3	115.7	115.4	113.4	110.2	108.3	106.8	108.4
82.13	107.48	129.00	154.62	158.20	154.25	160.73	181.47
				10.33	11.49	13.01	14.22
						453.45	464.41
-4.31	-3.62	-3.62	-5.31	-6.62	-6.60	-3.92	-4.79
41.08	42.44	43.24	44.26	45.40	46.69	47.25	46.20
9.83	10.16	10.03	12.00	12.13	12.02	11.50	11.27
7.85	8.13	7.89	5.43	5.47	4.93	4.60	4.79
0.24	0.24	0.20	0.32	0.30	0.27	0.27	0.24
9.43	9.67	9.31	11.05	11.01	10.96	10.34	10.16
		36884	43897	45665	47506	50005	53785
31046	33963	38722	45980	47539	49562	52459	56827

5-1 续表 1

指　　标	单 位	2000年	2005年	2006年	2007年	2008年	2009年
全社会固定资产投资	亿元	14.01	34.49	43.73	57.03	63.40	88.12
# 房地产开发	亿元	2.90	3.75	4.58	5.25	5.92	10.94
商品房销售面积	万平方米	22.39	45.92	46.43	44.65	30.16	36.36
# 住宅	万平方米	18.40	44.22	44.72	40.71	28.54	35.89
地方财政收入	亿元	1.49	3.02	4.07	6.00	7.50	10.08
地方财政支出	亿元	3.69	7.90	12.20	16.70	25.42	33.71
金融机构人民币各项存款余额	亿元	40.51	98.55	115.88	126.38	165.86	206.62
金融机构人民币各项贷款余额	亿元	46.31	48.58	53.41	66.82	70.27	80.83
农村居民人均可支配收入	元	1459	2010	2215	2620	3291	3969
城镇居民人均可支配收入	元	3837	5871	6820	8163	11008	13717
城市人均公园绿地面积	平方米			7.34	7.60	7.61	9.49
城市人均道路面积	平方米		8.32	8.31	8.29	9.55	10.24
城市用水普及率	%		97.13	97.14	96.94	92.12	95.17
城市燃气普及率	%		76.93	76.30	76.15	72.36	73.68
常用耕地面积	千公顷	70.06	64.26	64.50	63.86	62.00	62.60
农林牧渔业总产值	亿元	7.26	10.62	11.72	14.63	18.14	19.15
农作物总播种面积	千公顷	88.57	90.48	90.21	73.86	77.33	79.53
# 粮食作物	千公顷	75.06	72.30	71.00	55.35	58.90	60.79
粮食产量	万吨	23.05	23.70	24.81	18.24	22.99	23.32
棉花产量	吨	23	12	11			
油料产量	吨	7587	9162	8083	7901	10471	9706
蔬菜产量	吨	107200	80053	84819	46769	98201	105826

2010年	2011年	2012年	2013年	2014年	2015年	2016年	2017年
117.23	145.96	201.81	260.02	327.63	383.98	423.23	476.29
14.68	20.36	22.52	22.49	31.66	28.30	42.74	24.74
44.02	51.76	26.68	28.28	32.06	30.47	34.77	41.19
43.97	51.71	25.94	26.15	31.43	29.45	32.32	40.10
13.75	18.89	21.00	24.10	22.06	23.11	21.51	20.06
53.96	64.34	71.94	81.15	83.01	89.86	96.87	116.99
250.92	296.45	350.87	392.82	411.85	451.78	463.99	499.94
79.40	91.20	99.73	114.54	124.18	145.85	173.49	206.95
4789	6077	7134	8140	7966	8739	9478	10346
15884	18775	21929	24495	23550	25559	27594	29928
9.74	10.01	10.60	11.41	11.49	11.72	11.84	11.53
10.98	11.16	11.13	11.40	11.54	11.54	10.00	9.19
95.67	93.83	94.58	94.80	92.94	93.43	92.94	90.41
73.38	71.46	74.04	74.99	91.20	80.00	90.48	93.73
62.71	63.32	64.57	64.67	64.64	64.70	67.16	68.51
25.15	30.90	34.59	38.74	41.88	42.22	44.32	45.55
82.95	79.33	78.83	79.34	78.73	80.54	80.19	80.71
63.09	58.72	59.28	59.76	60.06	61.67	62.67	63.32
26.63	21.44	24.41	23.98	23.39	24.11	24.18	24.29
9706	9590	10046	8174	8049	9027	8478	7691
117911	133601	143951	155000	164500	173250	182817	188391

5-1　续表 2

指　　标	单 位	2000年	2005年	2006年	2007年	2008年	2009年
水果产量	吨	148539	264762	305714	332987	373893	471274
# 苹果	吨	145131	255253	298540	322834	355693	447769
肉类产量	吨	9011	13051	14099	7749	8770	12273
# 猪牛羊肉	吨	8330	12172	13145	6758	7803	11054
奶类产量	吨	351	13186	19463	23897	17793	22466
# 牛奶	吨	224	11622	17786	22080	14943	20221
禽蛋产量	吨	4470	5723	6387	6159	6728	11118
水产品产量	吨	604	881	873	204	242	475
规模以上工业企业单位数	个	82	117	136	121	124	136
规模以上工业总产值	亿元	30.84	70.49	99.53	124.34	166.84	195.02
纱产量	吨	5161	6005	7029	7002	8514	10495
布产量	万米	704	425	318	55		
原煤产量	万吨	973.02	1336.33	1676.68	1749.43	1745.97	1914.64
发电量	万千瓦小时	571	37556	39388		568631	522701
水泥产量	万吨	346.93	495.95	565.89	659.39	724.68	748.05
建筑业企业单位数	个	34	24	23	23	25	27
建筑业企业年末从业人员	万人	1.70	0.91	1.00	0.96	1.06	0.93
建筑业总产值	亿元	4.29	6.35	8.92	11.42	19.63	24.32
房屋建筑施工面积	万平方米	90.85	96.85	110.98	137.51	147.75	177.97
房屋建筑竣工面积	万平方米	27.41	36.69	35.56	41.84	61.28	75.31
公路里程	公里	1260	2051	3271	3243	3185	3427
# 等级公路	公里	1253	2033	2357	2814	2765	3037
# 高速公路	公里		96	96	96	96	97
民用汽车拥有量	辆	11379	20628	23748	27562	33850	40834
# 私人汽车	辆	5396	10666	15804	21557	23797	29582
邮电业务总量	亿元	1.52	6.42	7.98	9.63	10.83	10.93
邮政业务总量	亿元	0.12	0.45	0.51	0.56	0.61	0.64
电信业务总量	亿元	1.40	5.97	7.47	9.07	10.23	10.29

2010年	2011年	2012年	2013年	2014年	2015年	2016年	2017年
557781	629490	670865	673462	690593	730204	756706	791624
532015	605229	647008	647689	663312	691986	715419	753057
14641	15453	16125	16879	17278	16887	16915	16906
12443	13207	13991	14492	14904	14532	14601	14450
26001	27650	28077	29907	30292	29181	26862	27223
23633	25522	26000	27807	28400	26141	25473	25431
13796	15796	16118	16991	17039	16504	16330	16444
1135	1210	1207	1223	1327	1383	1348	1405
130	121	144	146	153	172	203	211
249.05	335.76	461.80	549.66	565.91	565.23	559.83	363.17
10987	12259	16465	23600	31806	38534	11266	13300
2140.75	2363.06	3029.74	2921.02	2775.50	2594.85	1916.21	1954.07
550506	631780	650089	678900	601475	598950	601706	679600
997.39	1429.23	1948.66	2613.64	2998.51	3070.78	2380.79	2171.53
28	28	29	28	31	32	36	38
1.22	1.40	0.67	0.98	0.66	1.12	1.19	1.44
26.10	34.12	29.74	31.44	31.96	28.58	31.39	35.07
223.16	304.47	326.58	375.26	391.22	357.39	422.65	339.15
38.84	54.22	63.36	49.34	94.21	69.28	113.88	72.82
3521	3560	3707	3782	3767	3901	3980	3996
3140	3179	3248	3296	3307	3443	3531	3576
99	104	104	152	152	236	236	236
49915	37487	56114	61596	69349	76573	80904	88845
36492	42384	41521	47033	55854	64226	70047	77903
4.69	6.64	7.23	7.76	9.95	13.74	52.77	14.31
0.58	0.63	0.76	0.64	0.66	0.76	0.96	1.13
4.10	6.01	6.47	7.12	9.29	12.98	51.81	13.18

5-1　续表 3

指　　标	单 位	2000年	2005年	2006年	2007年	2008年	2009年
固定电话用户	万户	8.28	17.99	20.35	21.49	28.10	24.88
移动电话用户	万户	2.61	19.03	22.28	28.89	33.84	44.75
互联网宽带用户	万户	0.35	1.85	2.46	3.40	4.06	4.41
限额以上企业数	个						35
批发业	个						4
零售业	个						14
住宿业	个						12
餐饮业	个						5
社会消费品零售总额	亿元	13.79	21.76	24.12	27.58	33.54	40.56
进出口总额	万美元		3443	1700	2696	2364	721
# 出口	万美元		2129	224	565	677	360
实际外商直接投资额	万美元			365	750	536	500
入境旅游人数	万人次	0.46	0.91	1.01	1.40	1.60	1.92
# 外国人	万人次	0.34	0.71	0.73	0.79	1.01	1.17
国际旅游外汇收入	万美元	69	136	151	210	240	288
国内旅游人数	万人次	164	291	320	346	367	430
国内旅游收入	亿元	1.32	3.15	3.46	4.20	5.20	6.50
星级饭店数	个		11	11	12	12	12
幼儿园数	所	31	30	25	33	28	29
在园儿童数	万人	0.72	0.57	0.57	0.58	0.60	0.64
普通小学学校数	所	935	608	528	461	375	290
普通小学专任教师数	人	5177	4885	4895	4801	4638	4619
普通小学在校学生数	万人	10.71	6.82	6.43	5.88	5.49	5.34
普通中学学校数	所	76	81	77	75	73	70
普通中学专任教师数	人	3039	3741	3875	4015	4056	4056
普通中学在校学生数	万人	5.29	6.81	6.99	6.75	6.51	6.21
卫生机构数	个	163	152	152	135	126	138
卫生机构床位数	张	3412	3698	4035	4042	4109	4536
卫生技术人员	人	4563	3927	4070	3765	3776	4389
# 执业(助理)医师	人	2003	1656	1760	1591	1463	1508
注册护师、护士	人	1499	1266	1354	1372	1370	1625

2010年	2011年	2012年	2013年	2014年	2015年	2016年	2017年
15.21	14.49	13.62	13.75	13.43	13.22	12.73	8.53
48.06	52.95	56.01	62.77	66.71	65.96	67.38	72.56
5.44	6.69	7.28	8.57	9.42	10.34	15.27	16.26
64	83	107	129	143	160	185	197
5	7	8	10	10	16	17	21
31	46	61	75	87	99	118	120
14	14	18	24	28	24	26	29
14	16	20	20	18	21	24	27
49.15	59.15	71.12	84.70	96.64	110.05	134.97	138.25
490	1017	1242	1623	1.37(亿元)	1.48(亿元)	2.14(亿元)	3.46(亿元)
391	836	985	1518	1.36(亿元)	1.47(亿元)	2.14(亿元)	3.44(亿元)
520	2098	3000	3003	2100			2798
2.24	2.45	2.60	2.60	2.60	2.60	2.67	2.94
1.29	1.52	1.63	1.57	1.60	1.58	1.64	1.79
336	268	390	391	424	413	419	452
495	560	677	886	993	1211	1392	1750
10.50	19.11	30.60	43.75	53.60	65.34	76.29	104.91
12	13	13	13	13	13	9	9
51	53	67	83	98	94	101	102
0.94	1.31	1.53	1.61	1.70	1.81	1.84	1.90
220	194	139	130	100	85	87	81
4536	3896	3775	3459	3284	3177	2804	2774
5.12	4.80	4.05	3.63	3.59	3.57	3.63	3.76
58	58	55	53	49	49	44	44
3925	4539	3914	4262	4040	3416	3396	3448
5.84	5.39	4.65	4.22	4.00	3.85	3.63	3.41
146	972	1001	942	947	946	950	884
4658	4629	4621	4855	5179	5219	5939	6534
5161	6074	6401	6764	7048	7310	8159	8702
1747	2156	2155	2179	2156	2158	2321	2505
1971	2317	2515	2764	2895	3001	3428	3767

5-2 王益区经济

指　　标	单　位	2000年	2005年	2006年	2007年	2008年	2009年
年底总人口	万人	21.43	21.02	21.08	21.17	21.37	20.00
生产总值	亿元	3.03	20.92	23.51	26.35	30.77	36.70
第一产业	亿元	0.24	0.32	0.37	0.44	0.53	0.57
第二产业	亿元	1.70	8.71	9.96	10.52	13.12	15.94
第三产业	亿元	1.10	11.89	13.19	15.39	17.12	20.19
# 工业增加值	亿元	1.45	6.96	7.95	8.39	10.17	15.86
人均生产总值	元	3986	9784	11121	11932	14466	17179
生产总值指数	上年=100	109.2	114.1	114.3	115.8	116.4	116.8
全社会固定资产投资	万元	608	21750	29100	39240	174259	213752
地方财政收入	万元	1409	2903	3742	5008	6518	8018
地方财政支出	万元	2574	7596	10614	19001	30960	38078
农村居民人均可支配收入	元	1720	2246	2472	2980	3734	4540
城镇居民人均可支配收入	元	3576	5685	6741	8141	11003	13738
常用耕地面积	公顷	4514	3788	3723	3727	3737	3977
粮食产量	吨	12050	12115	11852	8273	9475	10282
农林牧渔业总产值	万元	3888	5924	6615	7934	9540	10112
社会消费品零售总额	万元	38537	98000	109300	124800	151000	175554
普通小学专任教师数	人	992	673	965	934	908	990
普通小学在校学生数	人	18200	14000	12600	11600	10900	10200
普通中学专任教师数	人	532	542	588	571	342	508
普通中学在校学生数	人	11500	9800	9600	9300	8500	7800
卫生机构床位数	张	1726	1698	1867	1770	1727	2035
卫生技术人员	人	3196	2644	2630	2034	1836	1748
# 执业(助理)医师	人	1483	1084	1163	766	520	496
注册护师、护士	人	1102	849	902	780	636	707

社会主要指标

2010年	2011年	2012年	2013年	2014年	2015年	2016年	2017年
20.04	20.10	20.15	20.21	20.26	20.24	20.15	19.54
44.21	53.69	64.12	75.89	80.20	82.16	86.60	100.20
0.75	0.91	1.02	1.09	1.18	1.20	1.25	1.29
19.90	25.01	31.79	41.18	39.52	34.40	34.82	41.83
23.56	27.77	31.30	33.62	39.50	46.56	50.53	57.08
15.60	19.85	25.33	30.86	31.92	26.38	26.37	32.20
20868	26749	31858	37607	39634	40573	42882	50491
115.7	116.4	117.3	114.6	113.8	110.0	108.6	107.6
280033	354404	489078	626187	788701	1027071	1161958	1315597
10585	14333	18998	21986	21568	22528	21002	18550
53152	67297	86992	93785	96420	97423	119617	147863
5453	6878	8068	9189	10398	8499	9201	10043
15809	18845	22218	24995	27992	25013	27053	29369
3887	3895	3891	3938	3977	3988	5333	5327
11175	9516	11256	10182	9967	10559	10235	10363
13149	16060	17870	19950	21575	22263	23179	23925
211849	253333	300934	353287	400996	457369	549369	531807
1058	736	599	555	579	506	479	457
10461	8920	8178	7681	7242	6961	6918	6865
698	843	930	965	876	881	848	840
7980	14200	11609	10415	10275	9989	9109	8242
2217	2029	2079	2169	2278	2238	2547	2687
2237	2237	2247	2495	2552	2581	2769	3270
673	707	703	730	723	742	851	940
864	967	1002	1182	1212	1225	1344	1635

5-3 印台区经济

指　　标	单 位	2000年	2005年	2006年	2007年	2008年	2009年
年底总人口	万人	23.09	23.14	23.16	23.27	23.32	21.72
生产总值	亿元	2.96	20.36	24.82	28.31	32.89	39.21
第一产业	亿元	0.58	1.15	1.27	1.68	2.08	2.31
第二产业	亿元	0.93	12.30	16.21	18.65	21.48	25.71
第三产业	亿元	1.45	6.91	7.33	7.98	9.33	11.19
# 工业增加值	亿元	0.76	11.27	15.10	17.51	20.12	24.11
人均生产总值	元	1281	8614	10054	11949	13842	16825
生产总值指数	上年=100	108.3	112.5	114.4	116.2	116.6	116.6
全社会固定资产投资	万元	3511	19236	25162	37231	59333	105880
地方财政收入	万元	1449	2009	2817	3875	5152	6001
地方财政支出	万元	4445	10315	15477	22904	38594	44010
农村居民人均可支配收入	元	1396	1802	2010	2480	3120	3806
城镇居民人均可支配收入	元	3837	5748	6679	8042	10637	13339
常用耕地面积	公顷	12066	11350	11202	10508	8738	8510
粮食产量	吨	38947	42113	43006	30353	34811	35657
农林牧渔业总产值	万元	12365	20891	23540	31031	38486	40467
社会消费品零售总额	万元	19385	46200	50900	57800	70900	82026
普通小学专任教师数	人	1329	837	1114	1139	1109	1058
普通小学在校学生数	人	17800	10800	13200	13600	13000	12800
普通中学专任教师数	人	336	375	269	738	1071	1040
普通中学在校学生数	人	5800	6900	9600	10500	10021	8861
卫生机构床位数	张	1080	1226	1207	1165	1162	1196
卫生技术人员	人	393	469	475	805	827	1186
# 执业(助理)医师	人	62	102	108	330	294	366
注册护师、护士	人	117	130	129	272	299	416

社会主要指标

2010年	2011年	2012年	2013年	2014年	2015年	2016年	2017年
21.77	21.84	21.85	21.88	21.94	21.91	21.65	20.95
47.24	58.34	70.02	77.21	74.32	62.72	63.12	64.26
3.06	3.80	4.26	4.60	4.98	5.06	5.33	5.45
31.76	40.02	49.50	57.20	48.83	33.86	31.31	29.21
12.41	14.52	16.26	15.41	20.51	23.80	26.47	29.60
29.96	37.86	47.15	54.76	45.03	29.95	27.17	24.51
20282	26756	32089	35312	33921	28607	28981	30169
116.3	116.2	115.2	115.0	109.0	105.9	105.6	107.2
138065	169846	232179	297505	368063	428075	517971	576343
7225	10693	14666	17397	15176	16168	17508	15721
60497	77776	96232	96498	101861	113027	142041	151612
4597	5843	6863	7879	8934	8175	8919	9736
15473	18305	21325	23778	26348	23654	25464	27565
8604	8846	8924	9269	9208	9223	9333	9550
48191	34462	38450	37361	36091	35691	36198	36086
53595	66520	74923	84041	90846	92086	96681	98900
98080	115390	135464	158907	180058	204353	244207	276357
1047	835	771	634	600	584	329	351
12235	11200	7892	7172	7078	6830	6655	6691
956	831	846	779	768	668	376	383
7592	6813	5785	4672	3836	3117	2910	2675
1084	1084	1058	1020	1020	1020	881	820
1194	1565	1510	1457	1565	1612	1712	1816
379	513	539	523	533	521	551	544
432	461	456	446	455	476	509	533

5−4 耀州区经济

指　　标	单 位	2000年	2005年	2006年	2007年	2008年	2009年
年底总人口	万人	29.39	29.63	29.73	29.87	29.97	32.49
生产总值	亿元	7.87	26.39	32.49	40.56	57.96	69.86
第一产业	亿元	1.68	2.89	3.08	3.69	4.52	5.06
第二产业	亿元	3.48	16.01	20.50	26.45	40.46	48.80
第三产业	亿元	2.71	7.50	8.91	10.42	12.99	16.00
# 工业增加值	亿元	2.98	13.68	17.88	23.87	36.13	44.23
人均生产总值	元	3060	8908	9215	13611	18957	23221
生产总值指数	上年=100	109.8	111.5	113.6	118.5	118.9	116.1
全社会固定资产投资	万元	12010	91502	81728	120530	233961	485900
地方财政收入	万元	4150	6940	9687	12943	16965	21327
地方财政支出	万元	7696	17768	28045	35560	60122	91162
农村居民人均可支配收入	元	1438	2047	2248	2695	3404	4101
城镇居民人均可支配收入	元	3219	6684	7660	9123	11812	14840
常用耕地面积	公顷	36272	34015	34447	34363	34052	33982
粮食产量	吨	118321	111822	114730	83269	111683	108851
农林牧渔业总产值	万元	37802	51785	56859	68504	85690	90607
社会消费品零售总额	万元	33516	60500	66100	76900	93600	109736
普通小学专任教师数	人	1623	1879	1977	1973	1960	1976
普通小学在校学生数	人	34900	27000	28400	27500	25400	24400
普通中学专任教师数	人	874	1252	1316	1662	1689	1715
普通中学在校学生数	人	14800	21900	24100	27500	26100	25500
卫生机构床位数	张	439	562	687	837	947	1032
卫生技术人员	人	700	599	701	701	845	1161
# 执业(助理)医师	人	318	322	340	338	478	475
注册护师、护士	人	209	210	221	219	327	394

社会主要指标

2010年	2011年	2012年	2013年	2014年	2015年	2016年	2017年
32.58	32.73	32.86	32.94	33.03	33.18	33.61	33.64
82.72	105.06	127.56	145.71	142.67	131.92	128.09	145.93
6.55	7.98	8.90	9.61	10.32	10.47	11.00	11.32
57.74	75.73	94.07	99.71	100.68	84.75	74.94	86.60
18.43	21.36	24.59	36.39	31.67	36.70	42.15	48.01
52.45	69.31	87.27	93.89	91.79	75.45	64.55	74.89
27391	32186	38897	44289	43253	39849	38356	43399
116.6	116.5	116.2	115.6	113.6	109.5	106.5	107.6
618407	817811	1136199	1451073	1832736	1993751	2112138	2386382
29859	44948	59676	69148	71726	74621	64011	55174
120347	145866	186149	209960	234651	273227	274821	330810
5358	6799	7975	9099	10227	9386	10181	11509
17847	21399	25358	28528	31894	28150	30436	33208
475221	32732	32624	32335	32154	32040	31815	31644
102214	86461	96919	92626	90347	94029	90989	89983
102325	143828	160530	179850	194054	196590	206613	212775
134506	163757	219588	281070	324645	369852	450814	494785
2012	1802	1880	1806	1643	1637	1584	1574
24120	22572	19953	17557	17642	17977	18626	19708
1670	2213	2141	2128	2004	1934	1919	1989
23627	28188	25661	24266	23336	23072	22182	21022
1084	1207	1175	1347	1566	1646	2196	2221
1423	1916	2165	2221	2364	2414	2952	2839
529	751	762	764	766	761	761	866
557	769	913	953	1045	1060	1060	1325

5-5 宜君县经济

指　　标	单　位	2000年	2005年	2006年	2007年	2008年	2009年
年底总人口	万人	9.30	9.20	9.22	9.25	9.27	9.10
生产总值	亿元	1.68	4.18	4.86	6.01	8.21	10.48
第一产业	亿元	1.01	1.49	1.64	2.10	2.56	2.86
第二产业	亿元	0.39	1.54	1.92	2.38	3.38	4.76
第三产业	亿元	0.27	1.14	1.30	1.52	2.28	2.86
# 工业增加值	亿元	0.35	3.82	3.21	4.21	2.50	3.76
人均生产总值	元	1806	4500	5279	7028	8432	11304
生产总值指数	上年=100	110.2	114.0	114.0	115.0	115.0	115.0
全社会固定资产投资	万元	5696	16032	20640	26848	43997	73163
地方财政收入	万元	1040	1543	2188	3020	4018	5133
地方财政支出	万元	4379	11132	16408	21492	38475	40343
农村居民人均可支配收入	元	1268	1683	1884	2333	2941	3541
城镇居民人均可支配收入	元	2617	5520	6128	7375	10371	12950
常用耕地面积	公顷	17208	15108	15131	15262	15477	16134
粮食产量	吨	61177	70905	78477	60458	73916	78382
农林牧渔业总产值	万元	18544	27588	30235	38796	47636	50299
社会消费品零售总额	万元	7955	12900	14300	16400	19952	24423
普通小学专任教师数	人	671	723	690	700	661	667
普通小学在校学生数	人	14700	7500	7100	6400	5900	5600
普通中学专任教师数	人	303	432	441	445	429	423
普通中学在校学生数	人	4900	6900	6500	6000	5400	5100
卫生机构床位数	张	167	212	274	270	273	273
卫生技术人员	人	274	215	264	225	268	294
# 执业(助理)医师	人	140	148	149	157	171	171
注册护师、护士	人	71	77	102	101	108	108

社会主要指标

2010年	2011年	2012年	2013年	2014年	2015年	2016年	2017年
9.12	9.16	9.22	9.25	9.28	9.29	9.31	9.21
13.58	17.42	21.21	24.46	28.17	30.36	33.80	38.03
3.83	4.71	5.28	5.66	6.13	6.02	6.33	6.47
6.41	8.44	11.02	12.76	15.85	17.30	18.68	21.46
3.34	4.27	4.91	6.04	6.19	7.04	8.79	10.11
5.17	6.79	9.14	11.09	13.74	15.05	16.26	18.59
14886	19017	23076	26486	30405	32698	36344	41069
115.5	116.0	116.5	113.5	114.0	110.6	109.5	108.0
95303	117530	160664	225435	286800	390889	440252	484632
6830	10056	14418	19354	21149	22309	21002	18504
54346	70288	82938	96939	96980	106145	116769	143011
4290	5466	6477	7423	8417	7888	8547	9321
15140	17866	20922	23516	26246	22949	24751	26894
17105	17846	19134	19132	19302	19451	20681	21987
96960	84010	97446	99645	97536	100782	104358	106418
67088	82587	92575	103544	112333	111304	116691	119934
29933	35997	44950	53719	60708	68961	105358	79528
600	620	525	464	462	450	412	392
5342	4514	4450	3927	3965	3970	4132	4350
431	492	417	390	392	390	405	394
4892	3302	3429	2895	2584	2317	2332	2326
273	309	309	319	315	315	315	315
307	320	479	591	567	703	726	777
166	185	151	162	134	134	158	155
118	120	144	183	183	183	223	274

六、宝鸡市

资料整理：徐　刚　梁珠荣

6–1 宝鸡市经济

指 标	单 位	2000年	2005年	2006年	2007年	2008年	2009年
年底总人口	万人	363.38	376.39	375.86	375.70	376.25	371.07
人口自然增长率	‰		4.33	4.14	4.21	4.22	4.17
年底总户数	万户	96.11	104.02	106.07	108.16	109.05	110.78
生产总值	亿元	195.34	414.52	490.31	578.78	714.07	806.54
第一产业	亿元	25.18	44.30	49.70	60.86	78.30	85.18
第二产业	亿元	98.32	240.13	293.45	345.91	434.70	491.08
第三产业	亿元	71.84	130.09	147.16	172.01	201.07	230.28
# 工业增加值	亿元	78.89	194.72	240.15	281.43	351.59	391.92
人均生产总值	元	5425	11103	13082	15402	19071	21525
生产总值指数	上年=100	110.5	113.0	113.1	114.8	115.5	115.0
第一产业	上年=100	100.6	110.2	108.0	104.4	107.4	106.2
第二产业	上年=100	112.4	116.1	116.4	117.9	118.3	116.7
第三产业	上年=100	111.1	108.9	108.8	112.2	112.3	113.9
# 工业增加值	上年=100	112.2	117.2	117.2	118.7	119.2	116.0
人均生产总值指数	上年=100	109.1	113.1	112.7	114.5	115.9	115.4
非公有制经济增加值	亿元		183.72	218.68	262.90	332.43	384.28
文化产业增加值	亿元						
能源消费总量	万吨标准煤						
单位GDP能耗比上年增长	%			-4.20	-5.05	-5.96	-5.06
就业人员	万人	201.65	205.78	203.98	192.02	189.79	186.80
城镇单位就业人员	万人	34.50	30.22	29.87	29.93	29.16	29.08
# 国有单位	万人	28.89	22.23	21.85	20.40	19.94	17.76
集体单位	万人	3.86	2.41	2.49	2.75	2.40	1.54
# 在岗职工人数	万人	33.62	29.27	29.18	29.17	28.40	28.38
城镇单位就业人员平均工资	元						
城镇单位在岗职工平均工资	元	7326	12846	14777	18389	22442	26534

社会主要指标

2010年	2011年	2012年	2013年	2014年	2015年	2016年	2017年
371.93	372.72	373.67	374.46	375.32	376.33	377.50	378.10
3.34	3.35	3.48	3.61	3.55	3.54	3.78	3.84
112.02	113.25	114.57	115.33	115.02	115.64	116.16	114.91
976.09	1175.75	1374.33	1545.91	1642.90	1787.63	1932.14	2191.61
104.20	128.56	143.26	157.65	161.33	165.13	171.46	175.32
614.42	749.25	895.92	1007.72	1051.65	1141.43	1227.06	1417.64
257.47	297.94	335.15	380.54	429.92	481.07	533.62	598.65
497.40	610.32	735.89	821.52	838.98	900.05	952.37	1095.76
26274	31579	36826	41327	43824	47565	51262	58010
114.4	114.5	115.1	113.0	110.8	110.5	109.3	108.7
106.9	106.1	105.7	104.5	104.9	105.4	103.7	104.3
117.5	117.5	118.5	115.3	111.9	111.4	110.1	109.4
109.4	111.0	109.9	109.5	109.4	109.3	109.1	108.5
118.6	119.0	120.0	115.7	111.8	110.6	109.1	109.5
114.0	114.3	114.8	112.7	110.6	110.1	108.9	108.4
471.30	578.48	681.17	773.29	822.60	895.61	974.65	1110.75
				31.61	34.77	39.27	45.61
						1009.36	1036.11
-2.01	-3.53	-3.64	-3.53	-4.10	-3.59	-4.41	-5.60
203.70	208.90	211.05	205.90	215.90	220.29	226.42	227.20
29.83	30.12	30.21	39.07	40.23	41.00	41.13	41.20
18.45	19.54	17.65	16.26	16.29	16.32	15.74	15.47
1.28	1.45	1.64	1.65	1.67	1.55	2.43	2.32
28.83	29.56	29.45	37.69	38.89	39.61	39.51	39.46
		38546	40257	43603	47886	51475	55419
30943	35063	39025	40983	44270	48557	52351	56661

6-1 续表 1

指 标	单 位	2000年	2005年	2006年	2007年	2008年	2009年
全社会固定资产投资	亿元	69.21	186.86	224.38	316.21	451.03	639.14
# 房地产开发	亿元	5.97	22.09	27.73	38.94	59.50	58.49
商品房销售面积	万平方米	51.93	84.78	109.23	122.35	146.55	149.05
# 住宅	万平方米	48.37	83.54	108.19	118.16	138.01	140.76
地方财政收入	亿元	8.17	11.97	15.07	19.60	23.91	30.14
地方财政支出	亿元	13.31	26.45	36.91	53.56	75.27	102.21
金融机构人民币各项存款余额	亿元	229.55	459.50	552.92	611.58	737.11	912.84
金融机构人民币各项贷款余额	亿元	189.77	212.35	231.47	259.93	272.61	358.15
农村居民人均可支配收入	元	1543	2233	2454	2888	3500	4186
城镇居民人均可支配收入	元	4754	8540	9424	10993	13225	16346
城市人均公园绿地面积	平方米			9.46	10.53	12.45	14.22
城市人均道路面积	平方米		7.80	14.83	15.40	15.64	15.18
城市用水普及率	%		98.27	98.56	99.81	99.83	99.84
城市燃气普及率	%		81.37	95.02	95.72	98.32	98.35
常用耕地面积	千公顷	333.84	305.05	306.62	311.16	311.53	308.99
农林牧渔业总产值	亿元	44.84	75.08	83.96	103.57	133.90	141.14
农作物总播种面积	千公顷	483.60	465.39	472.60	430.54	441.84	443.59
# 粮食作物	千公顷	414.56	384.11	387.69	345.90	357.50	358.58
粮食产量	万吨	132.64	150.56	165.91	135.89	160.93	166.99
棉花产量	吨	162	129	186	128	109	177
油料产量	吨	24566	19458	15618	16659	22198	22552
蔬菜产量	吨	547903	782065	844280	857294	936447	972028

2010年	2011年	2012年	2013年	2014年	2015年	2016年	2017年
835.22	1008.03	1311.69	1669.78	2105.59	2589.88	3199.84	3856.67
63.70	72.71	75.88	81.27	93.14	94.78	132.41	165.60
198.37	211.78	220.53	242.72	263.19	262.40	287.76	311.38
193.35	205.10	209.57	231.62	257.13	249.19	269.60	293.08
38.78	51.44	64.85	72.02	78.06	84.47	75.16	81.08
133.06	163.74	203.53	220.39	235.60	264.07	283.04	301.58
1076.77	1220.82	1450.84	1647.11	1834.14	2092.10	2364.41	2608.99
436.95	519.84	633.10	758.51	884.69	1039.92	1182.76	1389.77
5040	6340	7373	8376	8686	9511	10287	11209
18978	22337	25777	28509	27161	29475	31730	34351
14.23	14.06	13.30	12.25	12.27	12.28	12.34	12.32
15.69	15.49	14.64	16.01	15.90	16.03	15.86	15.55
99.85	99.87	100.00	100.00	100.00	100.00	91.73	97.66
98.56	98.70	98.75	98.80	98.59	99.13	97.92	98.59
306.78	305.72	299.96	299.99	298.36	297.31	295.95	294.49
174.65	215.72	239.97	263.99	280.90	289.89	301.55	309.85
444.77	420.34	420.00	419.21	412.33	411.55	404.64	403.71
357.54	335.39	337.49	337.52	332.97	332.23	327.21	324.76
171.47	142.52	153.59	145.59	144.32	149.65	145.67	142.90
151	89	103	95	60	52	47	47
22552	22627	22002	17736	19236	19205	17993	19634
1075344	1126056	1200967	1291600	1363600	1433844	1479809	1501698

6-1 续表 2

指　标	单 位	2000年	2005年	2006年	2007年	2008年	2009年
水果产量	吨	382278	513314	571210	605063	684252	864130
# 苹果产量	吨	289921	310429	333103	354621	391571	507081
肉类产量	吨	99854	166264	182678	98633	114720	133622
# 猪牛羊肉产量	吨	89679	144789	156242	85718	98416	119636
奶类产量	吨	120338	375561	434778	490705	506784	564667
# 牛奶	吨	87072	332789	371734	432436	458440	494804
禽蛋产量	吨	48419	77584	66632	54273	61729	66444
水产品产量	吨	4912	7567	7846	1858	2007	2106
规模以上工业企业单位数	个	293	375	408	413	432	513
规模以上工业总产值	亿元	139.98	409.95	536.67	672.20	895.77	995.99
纱产量	万吨	1.91	4.91	4.89	5.60	5.55	6.53
布产量	万米	9062	15464	15254	19064	24482	18099
原煤产量	万吨	32.56	73.22	125.50	145.08	149.36	175.80
发电量	亿千瓦小时	21.69	81.53	77.62	80.38	78.05	61.87
粗钢产量	万吨	2.65	3.41	5.87	8.37	4.95	2.78
钢材产量	万吨	17.76	121.82	145.49	128.86	130.53	222.97
水泥产量	万吨	184.01	563.91	642.98	738.06	747.36	950.98
汽车产量	辆	2288	11112	9737	6092	9697	20558
建筑业企业单位数	个	122	76	71	71	70	79
建筑业企业年末从业人员	万人	6.06	4.99	10.81	7.69	10.05	12.47
建筑业总产值	亿元	25.00	56.69	92.95	128.04	175.85	239.82
房屋建筑施工面积	万平方米	371.83	603.02	852.77	967.45	1169.42	935.95
房屋建筑竣工面积	万平方米	193.16	284.03	422.56	259.91	361.26	334.98
公路里程	公里	3883	4989	7760	12237	12398	14102
# 等级公路	公里	3647	4746	5548	10170	11240	13355
# 高速公路	公里	82	80	80	80	80	132
民用汽车拥有量	辆	29208	52983	61445	71079	80770	104316
# 私人汽车	辆	11926	23258	32319	38741	45963	65623
邮电业务总量	亿元	6.89	24.40	31.04	37.14	44.37	48.45
邮政业务总量	亿元	0.52	1.84	2.45	2.56	2.93	3.24
电信业务总量	亿元	6.38	22.56	28.59	34.58	41.43	45.21

2010年	2011年	2012年	2013年	2014年	2015年	2016年	2017年
969353	1185605	1227535	1260314	1319702	1408899	1453325	1494045
534139	639827	660138	663711	680618	734682	749045	779411
150041	164944	174145	181267	186692	185334	182016	179763
134505	144174	150725	157033	162980	160515	159359	158751
597763	612834	620903	655764	662356	650081	642119	618888
522537	545959	552757	585890	597891	585625	576569	553953
72358	74969	72817	75926	74994	75769	76383	76526
6870	6932	7077	7173	7467	7616	7747	8002
501	386	443	454	536	595	662	730
1340.45	1701.80	1986.69	2258.52	2274.97	2599.43	2929.65	2856.12
7.01	8.28	8.06	10.20	11.98	14.95	12.87	15.86
19683	16005	22293	17302	24209	32493	40288	47653
254.93	463.68	1048.00	721.50	651.70	857.50	814.45	949.70
84.99	111.85	128.82	131.60	135.80	144.17	143.34	159.40
3.01	3.25	1.58	6.24	14.31	20.70	10.26	1.46
219.43	267.79	402.76	413.00	438.85	536.50	182.90	150.20
901.81	1097.07	1044.00	1123.90	1215.78	1067.60	986.40	982.40
23699	16069	11705	5061	5085	7329	50206	194160
76	100	119	132	146	145	149	160
14.04	6.48	5.50	7.13	6.63	9.15	13.89	11.30
264.17	253.21	277.70	351.22	433.53	548.21	637.03	830.85
1997.36	1565.20	1757.00	2094.11	2152.05	2415.84	2433.30	2490.39
617.35	491.89	583.68	733.64	806.56	945.28	834.28	835.27
14255	14676	15003	15898	15936	16108	16328	16563
13861	14284	14507	14554	14642	14819	15055	15328
199	231	231	231	241	259	258	285
130893	149601	170043	191185	204682	239326	279509	321963
93891	109588	127477	149325	165958	199863	241197	282582
19.61	25.42	27.26	30.14	40.27	56.26	82.20	68.54
2.60	2.88	2.45	3.56	3.76	4.55	6.25	7.61
17.02	22.54	24.81	26.58	36.51	51.71	75.95	60.94

6-1 续表 3

指　标	单 位	2000年	2005年	2006年	2007年	2008年	2009年
固定电话用户	万户	37.74	95.94	98.85	94.70	84.12	79.66
移动电话用户	万户	13.87	68.52	81.79	125.78	151.02	178.21
互联网宽带用户	万户	1.91	15.38	11.79	15.81	21.41	23.09
限额以上企业数	个						157
批发业	个						11
零售业	个						58
住宿业	个						37
餐饮业	个						51
社会消费品零售总额	亿元	71.89	137.48	155.23	179.81	220.90	260.10
进出口总额	万美元		14721	62176	69825	46279	45724
# 出口	万美元		6984	41947	51915	26022	17443
实际外商直接投资额	万美元		60	827	1339	3379	3610
入境旅游人数	万人次	1.83	3.50	4.20	5.40	9.00	13.00
# 外国人	万人次	1.09	2.30	3.10	4.10	4.00	6.67
国际旅游外汇收入	万美元	525	1113	1474	1975	1909	3502
国内旅游人数	万人次	409	715	820	940	1085	1297
国内旅游收入	亿元	12.40	28.90	40.20	54.50	65.50	78.00
星级饭店数	个		33	33	35	35	36
幼儿园数	所	104	126	161	158	167	174
在园儿童数	万人	7.28	5.59	5.57	5.46	5.27	5.38
普通小学学校数	所	2044	1753	1702	1496	1224	1081
普通小学专任教师数	人	15984	16724	16686	16416	16510	16220
普通小学在校学生数	万人	47.92	32.84	31.32	29.12	26.96	25.02
普通中学学校数	所	266	279	275	272	257	246
普通中学专任教师数	人	14273	17317	17491	17529	17600	17460
普通中学在校学生数	万人	26.14	31.01	30.74	29.65	28.30	26.44
卫生机构数	个	581	677	703	626	594	575
卫生机构床位数	张	10339	11995	13093	13811	14267	15872
卫生技术人员	人	14366	15152	14814	14844	15043	15516
# 执业(助理)医师	人	6764	6589	6043	6102	5455	5596
注册护师、护士	人	3769	4125	4236	4321	4692	5006

2010年	2011年	2012年	2013年	2014年	2015年	2016年	2017年
77.24	74.24	70.96	69.36	64.91	64.76	61.32	55.49
194.61	224.69	242.34	250.24	266.46	295.45	300.61	332.17
28.60	30.61	34.45	40.54	42.31	50.17	67.33	76.74
179	219	327	538	608	696	800	902
16	18	34	73	85	92	106	117
69	91	162	294	341	395	463	522
39	45	47	69	74	82	87	100
55	65	84	102	108	127	144	163
307.52	358.23	412.83	473.39	539.67	612.84	702.16	783.43
59925	82268	74527	88740	52.43(亿元)	53.61(亿元)	63.61(亿元)	56.87(亿元)
26444	49899	55235	69833	41.21(亿元)	40.85(亿元)	45.53(亿元)	35.00(亿元)
2127	5020	6015	7006	8008	268		7227
16.10	20.30	25.30	30.02	32.00	33.20	33.80	34.00
8.30	10.20	12.57	14.00	14.76	15.30	15.67	16.11
4648	5712	7320	8685	9152	9406	9514	9692
1659	2030	2737	3595	4680	5356	6351	7952
100.21	132.00	171.40	236.40	310.80	363.40	436.38	574.86
37	37	36	36	34	34	28	27
201	281	337	400	425	469	487	507
5.69	7.72	9.22	10.17	10.67	11.19	11.25	11.29
918	796	757	713	633	526	505	504
15876	14954	14216	13644	13364	12761	12248	12192
23.16	22.67	20.40	19.76	19.36	19.36	19.59	20.13
236	219	217	216	212	205	202	202
17423	18289	17576	18237	17683	16504	16944	16588
24.98	23.59	21.37	20.03	19.10	18.14	17.53	17.15
571	2788	2816	2917	2916	2999	3024	3015
15913	17211	18498	19731	21478	23091	24506	26194
16159	18031	19583	21137	22784	24460	27307	30412
5766	6630	6911	7255	7554	7924	8858	9844
5248	6151	6796	7654	8388	9324	10612	12297

6-2 渭滨区经济

指　　标	单 位	2000年	2005年	2006年	2007年	2008年	2009年
年底总人口	万人	31.78	39.52	39.17	40.30	40.45	44.75
生产总值	亿元	44.30	102.74	120.68	157.60	189.15	220.04
第一产业	亿元	0.70	1.23	1.36	1.54	2.09	2.20
第二产业	亿元	25.90	64.62	77.53	107.45	130.18	158.62
第三产业	亿元	17.70	36.89	41.79	48.61	56.88	59.22
# 工业增加值	亿元	13.06	46.01	57.00	82.98	99.95	119.56
人均生产总值	元	13939	26254	30172	38414	46848	54271
生产总值指数	上年=100	112.4	116.9	115.8	117.2	126.5	118.0
全社会固定资产投资	万元	19359	86987	115257	195067	315592	523431
地方财政收入	万元	8663	9758	11338	15021	18800	23309
地方财政支出	万元	8831	18028	24124	34734	46945	60113
农村居民人均可支配收入	元	2390	2818	3109	3700	4511	5679
城镇居民人均可支配收入	元	5341	8592	9451	10993	13484	16612
常用耕地面积	公顷	6232	6580	6468	6310	6564	6567
粮食产量	吨	22080	31004	32191	23963	27757	30459
农林牧渔业总产值	万元	12363	24353	26260	28117	34138	38291
社会消费品零售总额	万元	114912	230553	270772	333284	409987	836062
普通小学专任教师数	人	1605	1798	1777	1750	1733	1779
普通小学在校学生数	人	27800	29000	29000	29000	29000	28421
普通中学专任教师数	人	1388	1928	1985	2029	2009	2045
普通中学在校学生数	人	20000	30000	30000	30000	29999	30454
卫生机构床位数	张	2232	2863	2921	3190	3248	3898
卫生技术人员	人	2566	2256	2707	3462	3573	3787
# 执业(助理)医师	人	907	832	1007	1368	1373	1441
注册护师、护士	人	941	850	1011	1290	1305	1436

社会主要指标

2010年	2011年	2012年	2013年	2014年	2015年	2016年	2017年
44.85	44.94	45.06	45.15	45.26	45.38	45.54	45.61
253.90	343.81	407.16	427.25	445.70	471.41	500.49	531.17
2.68	3.12	3.56	3.92	4.01	4.04	4.03	4.18
183.29	261.84	315.18	325.48	323.44	342.86	356.85	370.93
67.94	78.84	88.42	97.85	118.25	124.51	139.62	156.06
137.09	204.61	254.23	257.10	242.86	241.40	240.38	237.59
57372	78045	90476	94720	93148	103700	110093	116741
114.5	116.8	115.1	112.1	108.5	115.0	107.3	107.0
806004	1172002	2824639	2628639	3343372	4079719	4964300	5810000
27628	33207	38960	45216	51757	56738	56847	60069
72052	84366	110783	122768	132242	157452	182538	165090
6928	8785	10208	11596	13069	11587	12514	13620
19203	22736	26465	29323	32519	31598	34031	36757
6626	6523	6504	6389	5969	5934	5565	5427
34097	21460	26527	22000	20000	19896	15866	13512
46992	55170	63308	69557	74374	77360	77834	80909
986397	1189056	1181110	1379329	1749607	2001551	2333330	2546325
1799	1720	1345	1225	1309	1276	1712	1816
28471	29096	21542	21385	21235	21259	31082	32559
2109	2431	1842	1530	1548	1521	2244	2276
48234	32133	22415	22579	21773	20627	30174	30313
3797	4444	5016	4832	5383	6622	7126	7554
4444	4500	4984	5157	5341	6676	7307	8065
1413	1633	1860	1867	1906	2372	2559	2953
1446	1863	1965	2249	2325	2960	3292	3745

6-3 金台区经济

指　　标	单　位	2000年	2005年	2006年	2007年	2008年	2009年
年底总人口	万人	26.20	37.90	37.65	37.87	37.87	39.39
生产总值	亿元	35.67	83.54	96.54	110.72	130.72	151.80
第一产业	亿元	0.31	0.75	0.81	0.97	1.36	1.43
第二产业	亿元	20.16	55.47	64.32	73.86	85.43	99.05
第三产业	亿元	15.20	27.32	31.41	35.90	43.93	51.32
# 工业增加值	亿元	16.40	48.09	56.55	63.49	72.47	83.25
人均生产总值	元	10254	22792	26155	29684	34829	40079
生产总值指数	上年=100	109.9	124.7	115.6	114.7	118.1	116.1
全社会固定资产投资	万元	15060	220300	330954	403000	584000	472974
地方财政收入	万元	5542	6936	8642	10759	13331	17035
地方财政支出	万元	6650	15124	20911	31040	43275	60777
农村居民人均可支配收入	元	2821	2486	2800	3269	4037	5054
城镇居民人均可支配收入	元	5341	8592	9451	10993	13236	16307
常用耕地面积	公顷	1316	9762	9826	10204	9997	10050
粮食产量	吨	3824	32386	34486	28589	37211	42733
农林牧渔业总产值	万元	5049	12551	13605	15680	20046	22077
社会消费品零售总额	万元	92088	162464	217753	278772	345000	532423
普通小学专任教师数	人	1050	1325	1359	1393	1378	1370
普通小学在校学生数	人	21600	27500	27400	27000	26600	26300
普通中学专任教师数	人	1018	1684	1674	1708	1672	1708
普通中学在校学生数	人	18100	29100	29000	29100	28000	27300
卫生机构床位数	张	1735	2216	2306	2312	2031	2734
卫生技术人员	人	2339	3969	4023	2378	2672	2917
# 执业(助理)医师	人	866	821	830	871	870	879
注册护师、护士	人	183	301	320	350	356	360

社会主要指标

2010年	2011年	2012年	2013年	2014年	2015年	2016年	2017年
39.48	39.56	39.66	39.75	39.84	39.94	40.05	40.13
174.16	204.60	241.25	275.73	295.45	304.04	338.50	357.81
1.77	2.14	2.36	2.57	2.56	2.64	2.80	2.83
114.02	134.46	162.41	188.45	196.04	203.62	225.34	231.47
58.36	68.00	76.48	84.70	96.85	97.78	110.37	123.51
95.36	111.31	135.37	157.43	157.25	161.16	173.48	171.60
45663	51771	60905	69447	70711	76267	84635	89257
114.7	115.7	114.6	114.7	112.0	110.6	109.8	108.5
629313	1005100	1600925	2232390	2876062	3561032	4445300	5365200
22201	29109	35635	41905	47402	51409	47080	49177
70063	82453	103257	116692	126698	140635	168255	178504
6186	7893	9290	10581	11883	10523	11365	12370
18835	22112	25473	28224	31329	30485	32832	35541
10499	10797	10748	10613	10176	10122	10199	10127
46774	31238	36787	34114	33019	36866	35591	35000
28418	34273	37857	41236	43570	45197	47906	48336
629856	736301	1200700	1351437	1373046	1548666	1772906	1956993
1355	1409	1328	1402	1391	1412	1390	1439
25154	25293	24188	23736	23722	24068	24580	25576
1719	1350	1667	1729	1742	1792	1766	1776
26114	25138	23503	22938	23045	23381	22535	21926
2563	2940	2846	3110	3474	3300	3412	3759
2937	3174	3408	3663	3872	3704	4184	5119
1217	1364	1394	1485	1498	1430	1699	1977
478	511	1313	1437	1588	1566	1728	2237

6-4 陈仓区经济

指　标	单 位	2000年	2005年	2006年	2007年	2008年	2009年
年底总人口	万人	72.40	60.60	60.86	59.97	60.07	59.41
生产总值	亿元	24.02	51.77	60.66	73.13	87.48	101.60
第一产业	亿元	4.37	6.52	7.72	9.71	13.17	13.89
第二产业	亿元	11.66	29.73	34.62	42.05	49.15	58.06
第三产业	亿元	7.99	15.52	18.32	21.37	25.16	29.65
# 工业增加值	亿元	9.81	24.45	28.79	35.16	39.81	46.34
人均生产总值	元	3338	8548	9988	12105	14575	16900
生产总值指数	上年=100	108.2	116.8	115.8	116.8	114.5	115.5
全社会固定资产投资	万元	50100	183900	238000	329300	468600	660300
地方财政收入	万元	8572	8786	11104	13925	16769	17226
地方财政支出	万元	11991	20653	31934	51674	100892	146028
农村居民人均可支配收入	元	1480	2524	2910	3548	4100	4904
城镇居民人均可支配收入	元	4328	6589	7971	9526	12951	16371
常用耕地面积	公顷	66535	44467	44475	44885	44833	45002
粮食产量	吨	239085	234994	260829	271868	252532	271900
农林牧渔业总产值	万元	73572	119135	141103	174479	234746	239570
社会消费品零售总额	万元	75600	131900	162200	197800	238400	250025
普通小学专任教师数	人	3022	2448	2523	2492	2665	2646
普通小学在校学生数	人	101509	53887	50242	44915	40727	37842
普通中学专任教师数	人	3040	3058	3104	3115	3068	2970
普通中学在校学生数	人	50246	49044	47730	45597	42497	40029
卫生机构床位数	张	1278	1309	1557	1557	1572	1886
卫生技术人员	人	1566	1154	1071	1656	1282	1275
# 执业(助理)医师	人	627	530	510	488	490	495
注册护师、护士	人	310	324	306	312	320	345

社会主要指标

2010年	2011年	2012年	2013年	2014年	2015年	2016年	2017年
59.55	59.67	59.83	59.95	60.09	60.25	60.40	60.50
114.83	134.91	151.54	162.91	173.64	147.72	164.78	191.38
15.42	19.30	21.54	23.72	23.92	24.63	25.73	26.04
65.26	75.85	85.34	89.93	94.60	81.43	91.93	113.46
34.15	39.76	44.66	49.26	55.11	41.66	47.12	51.88
51.44	58.76	66.71	68.69	69.25	52.92	60.22	78.58
19069	22631	25361	27200	23851	24550	27315	31659
114.8	114.5	113.3	112.3	108.8	108.5	110.0	110.8
898100	1071515	1308218	1672026	2128473	2647010	3308800	3993100
23066	29556	28268	29136	36868	37806	27678	32225
122255	141916	166616	195173	183899	219520	239034	211879
5880	7462	8678	9850	11081	9823	10638	11557
19121	22544	25971	28698	31797	28881	31105	33671
44996	45072	45170	45084	44968	44983	44600	44450
291127	210511	240560	231078	224800	233370	226699	224139
270653	340796	369445	403722	419956	431498	449627	456435
295529	334243	351735	431748	491545	555907	626003	710311
2425	2389	1722	1778	1757	1686	2007	1929
34841	33339	22763	21506	20483	19974	24872	25286
2706	2614	1982	1872	1768	1888	2145	2107
36424	33003	22495	21017	20467	19930	23637	22716
1876	1844	1970	2484	2418	2228	2993	3019
1616	1681	1728	1995	2061	2371	2463	2537
159	453	650	731	743	813	876	897
348	350	870	572	705	852	921	964

6-5 凤翔县经济

指　　标	单 位	2000年	2005年	2006年	2007年	2008年	2009年
年底总人口	万人	50.06	51.87	51.84	50.82	50.92	48.27
生产总值	亿元	19.55	42.05	50.56	60.92	73.33	85.20
第一产业	亿元	5.73	7.80	8.32	9.98	12.67	14.19
第二产业	亿元	9.66	25.05	30.64	36.59	42.48	49.89
第三产业	亿元	4.16	9.20	11.60	14.35	18.18	21.12
# 工业增加值	亿元	8.16	20.55	25.57	30.48	35.42	41.50
人均生产总值	元	3833	8183	9750	11754	14415	16726
生产总值指数	上年=100	110.3	117.6	115.0	115.0	114.5	116.3
全社会固定资产投资	万元	23242	170240	200210	302457	418752	580463
地方财政收入	万元	5652	6203	8098	11100	14163	19001
地方财政支出	万元	9899	20352	29766	41781	58626	85375
农村居民人均可支配收入	元	1462	2352	2705	3609	4311	5160
城镇居民人均可支配收入	元				9380	13214	16518
常用耕地面积	公顷	49565	47105	47003	46909	46958	47141
粮食产量	吨	224559	247883	297334	234143	286704	298897
农林牧渔业总产值	万元	80724	128695	140798	165457	214560	220005
社会消费品零售总额	万元	44800	87694	100934	141294	183984	215926
普通小学专任教师数	人	2161	2193	2145	2051	2002	1936
普通小学在校学生数	人	70466	44835	41543	37567	34067	31221
普通中学专任教师数	人	1855	2214	2221	2241	2292	2303
普通中学在校学生数	人	39464	43738	43726	41841	38393	36793
卫生机构床位数	张	835	1164	1078	1079	1078	1154
卫生技术人员	人	890	1002	1052	1055	1633	1617
# 执业(助理)医师	人		132	474	474	494	486
注册护师、护士	人		211	251	251	577	561

社会主要指标

2010年	2011年	2012年	2013年	2014年	2015年	2016年	2017年
48.38	48.48	48.61	48.71	48.82	48.95	49.14	49.21
102.80	120.84	143.01	161.96	181.81	184.93	202.04	208.85
15.40	19.26	20.90	22.84	24.17	24.22	25.05	25.31
63.42	73.75	90.95	104.87	118.49	109.85	121.10	123.09
23.98	27.84	31.16	34.25	39.15	50.86	55.90	60.45
53.31	61.78	77.08	89.47	102.17	91.45	100.41	99.30
20173	24951	29459	33284	35615	37777	41194	42471
120.7	114.5	114.1	114.6	110.5	110.3	108.6	109.2
827603	1029871	1381243	1795399	2282157	2812865	3378800	4055500
24991	29501	34760	41000	44915	47636	45028	47690
100050	136611	159456	176949	190019	220305	245255	197257
6342	7896	9159	10423	11716	10375	11225	12206
19656	23096	26630	29426	32428	29426	31662	34401
46796	46131	46181	46335	46332	45813	45724	45587
308786	261013	270408	260048	256353	264037	256439	253150
256997	317811	338535	371181	398017	406835	421979	432245
255657	289659	311754	334402	378048	429015	481598	546013
1878	2121	1777	1756	1723	1618	1432	1399
29071	27984	22971	21695	21093	21073	20981	21170
2312	2745	2490	2408	2270	2142	2064	2008
34200	36588	29450	26386	23832	20154	18539	18234
1163	1243	1283	1506	1656	1712	1830	1852
1707	1788	1876	1902	2288	2287	2458	2566
143	185	585	571	660	639	726	737
500	564	590	612	667	680	845	945

6–6 岐山县经济

指　　标	单　位	2000年	2005年	2006年	2007年	2008年	2009年
年底总人口	万人	47.51	46.69	46.69	46.53	46.58	45.83
生产总值	亿元	19.46	43.89	51.00	58.77	71.93	83.57
第一产业	亿元	3.24	5.32	6.14	8.30	11.33	12.25
第二产业	亿元	10.30	26.57	31.02	34.55	42.16	49.87
第三产业	亿元	5.92	12.00	13.84	15.92	18.44	21.45
# 工业增加值	亿元	8.70	22.68	26.57	29.38	35.69	42.18
人均生产总值	元	4106	9560	10942	12609	15450	17936
生产总值指数	上年=100	116.5	115.0	115.2	115.6	115.7	116.1
全社会固定资产投资	万元	27035	97874	136000	224376	322666	456966
地方财政收入	万元	4030	5705	7428	9248	11311	13572
地方财政支出	万元	7516	19176	28900	41509	52251	69720
农村居民人均可支配收入	元	1602	2482	2847	3477	4202	5244
城镇居民人均可支配收入	元			8204	9402	13234	16555
常用耕地面积	公顷	37258	35283	37220	37740	35222	35266
粮食产量	吨	178238	250905	286025	248672	296462	291841
农林牧渔业总产值	万元	54021	101467	114502	149282	190770	199600
社会消费品零售总额	万元	61454	106957	138007	169557	216712	234567
普通小学专任教师数	人	2091	2250	2211	2236	2288	2328
普通小学在校学生数	人	62700	40100	39100	36400	32400	29000
普通中学专任教师数	人	2084	2494	2468	2473	2413	2411
普通中学在校学生数	人	37700	41400	41500	39700	37400	33400
卫生机构床位数	张	1243	1226	1302	1338	1318	1507
卫生技术人员	人	1226	1354	1329	1415	1446	1514
# 执业(助理)医师	人	476	643	562	590	526	508
注册护师、护士	人	286	385	373	402	443	466

社会主要指标

2010年	2011年	2012年	2013年	2014年	2015年	2016年	2017年
45.94	46.04	46.15	46.25	46.36	46.48	46.65	46.72
96.74	113.57	134.01	144.09	149.10	144.43	156.11	188.63
14.37	18.43	20.51	22.41	22.54	22.96	23.74	24.30
58.08	66.89	81.64	86.38	86.45	79.06	84.98	111.13
24.29	28.25	31.86	35.29	40.10	42.41	47.39	53.20
49.00	55.66	67.48	71.23	69.84	61.06	64.44	87.37
20756	24696	29075	31187	29286	30995	33525	40405
116.2	114.5	113.7	112.7	112.1	110.5	110.0	110.4
617772	774733	1056357	1315647	1748844	2156505	2748200	3372700
16218	20044	23086	27402	32262	38121	36626	39205
83087	100872	141264	164799	172759	211824	243218	229707
6267	7884	9153	10435	11791	10483	11343	12380
19303	22681	26242	29050	32100	29212	31461	34151
35266	35253	35237	35237	35237	35248	35289	35286
290251	263544	275099	265000	265783	270048	262309	258649
240030	293567	323161	351924	375889	384523	396887	408461
277962	315208	342059	359149	406844	460904	523336	602455
2306	2337	1781	1935	1762	1588	1544	1459
25790	24336	21771	20917	20236	19821	20011	20355
2424	2366	2714	2427	2361	2287	2197	2064
31058	28979	25689	23571	21671	19821	19054	18533
1588	1594	1624	1825	1996	2053	2104	2683
1603	1682	1697	1861	2068	2218	2886	3444
672	676	573	575	594	630	767	885
539	573	476	685	793	866	1058	1271

6-7 扶风县经济

指　　标	单 位	2000年	2005年	2006年	2007年	2008年	2009年
年底总人口	万人	45.53	45.92	45.89	46.82	46.92	41.57
生产总值	亿元	10.76	25.95	29.80	35.96	42.93	49.90
第一产业	亿元	3.19	6.47	7.16	8.90	9.82	9.89
第二产业	亿元	4.13	10.52	12.40	15.18	19.19	23.75
第三产业	亿元	3.44	8.96	10.24	11.88	13.92	16.26
# 工业增加值	亿元	2.88	7.91	9.52	11.57	14.75	18.03
人均生产总值	元	2346	5663	6509	7682	9159	11556
生产总值指数	上年=100	108.4	113.8	113.3	114.5	114.0	115.4
全社会固定资产投资	万元	17500	83842	99125	163000	242000	342000
地方财政收入	万元	3620	2753	3181	3760	4559	7808
地方财政支出	万元	8103	18076	25778	36833	49688	66890
农村居民人均可支配收入	元	1396	1949	2217	2750	3447	4285
城镇居民人均可支配收入	元				9058	12578	15257
常用耕地面积	公顷	42569	38150	37957	37174	36716	34892
粮食产量	吨	263346	298900	300098	242458	293472	290065
农林牧渔业总产值	万元	64878	104920	113735	142193	174520	174039
社会消费品零售总额	万元	27237	51600	62100	81300	103400	136831
普通小学专任教师数	人	1933	2109	2047	2073	2041	1789
普通小学在校学生数	人	72348	44007	42421	40160	37223	32256
普通中学专任教师数	人	2064	1764	1715	1508	1537	1407
普通中学在校学生数	人	33533	30088	28507	25894	24380	21281
卫生机构床位数	张	915	1120	1266	1266	1384	1439
卫生技术人员	人	1095	1110	1244	1306	1351	1296
# 执业(助理)医师	人	410	414	468	497	423	422
注册护师、护士	人	312	343	362	406	411	410

社会主要指标

2010年	2011年	2012年	2013年	2014年	2015年	2016年	2017年
41.67	41.76	41.86	41.95	42.05	42.16	42.31	42.37
57.35	69.37	81.85	95.13	100.57	97.38	108.16	124.65
11.03	16.21	17.64	19.12	19.72	20.38	21.06	21.28
27.28	31.02	39.24	48.47	49.77	48.68	55.36	67.16
19.04	22.14	24.98	27.54	31.09	28.32	31.74	36.21
20.56	22.81	29.72	37.58	37.51	37.26	40.35	49.75
13294	16630	19578	20196	21278	23244	25609	29441
114.5	114.1	114.5	114.5	112.0	111.2	110.2	110.5
464520	606834	849143	1119800	1498481	1853033	2313400	2800900
11524	16088	20063	24384	27579	31735	26785	30175
96175	125680	153399	162189	176399	201819	218789	222691
5159	6438	7565	8647	9736	8646	9363	10206
17774	20902	24205	26892	29608	27125	29186	31565
34490	34091	33199	32715	32395	31802	31177	30838
289871	264287	280526	273000	265514	280898	272954	269563
217542	269670	299723	329922	350702	361807	374923	383283
161871	183076	183923	224141	256305	291604	330256	378659
1764	1700	1674	1670	1768	1720	1632	1543
30588	28211	23873	22760	22110	21782	21565	21648
1366	1887	1994	1978	1748	1719	1680	1652
28685	26934	24717	22590	21299	20416	19870	18938
1507	1507	1506	1452	1637	1655	1879	1938
1293	1302	1463	1408	1574	1568	1934	2228
387	343	453	457	519	511	616	720
408	413	523	454	510	499	660	786

6-8 眉县经济

指　　标	单 位	2000年	2005年	2006年	2007年	2008年	2009年
年底总人口	万人	29.89	30.44	30.44	30.82	30.82	29.95
生产总值	亿元	8.72	23.44	26.99	33.46	40.14	46.50
第一产业	亿元	2.67	4.31	4.76	6.14	7.25	8.78
第二产业	亿元	4.06	12.94	15.21	19.15	23.31	25.23
第三产业	亿元	2.00	6.18	7.02	8.18	9.58	12.48
# 工业增加值	亿元	3.68	10.48	12.50	15.93	19.11	19.85
人均生产总值	元	2902	7704	8883	10925	13024	15067
生产总值指数	上年=100	108.8	114.1	113.8	114.5	114.8	115.8
全社会固定资产投资	万元	16084	96503	120542	170893	248532	355397
地方财政收入	万元	3190	2934	3487	4451	5466	6453
地方财政支出	万元	6902	15280	19387	27306	40610	53438
农村居民人均可支配收入	元	1378	2052	2349	2892	3619	4535
城镇居民人均可支配收入	元				9136	12924	16349
常用耕地面积	公顷	25287	22489	22634	26628	26601	26426
粮食产量	吨	145682	142732	150394	162538	145914	151402
农林牧渔业总产值	万元	45916	74227	82059	107556	137604	145458
社会消费品零售总额	万元	28301	51888	60335	78094	100230	115317
普通小学专任教师数	人	1389	1446	1432	1353	1318	1265
普通小学在校学生数	人	42217	26734	24324	21855	19569	18294
普通中学专任教师数	人	1210	1471	1510	1510	1547	1547
普通中学在校学生数	人	25117	36383	36371	35573	34925	31113
卫生机构床位数	张	499	729	844	845	1020	1100
卫生技术人员	人	613	777	876	886	819	821
# 执业(助理)医师	人	195	329	372	374	336	337
注册护师、护士	人	57	196	193	199	202	199

社会主要指标

2010年	2011年	2012年	2013年	2014年	2015年	2016年	2017年
30.02	30.08	30.16	30.22	30.29	30.37	30.45	30.50
53.30	62.35	77.19	90.57	104.63	108.61	115.51	128.92
10.47	13.33	15.18	18.06	20.37	20.44	20.98	21.14
28.45	32.25	43.21	51.75	60.86	57.93	60.62	69.34
14.39	16.78	18.79	20.76	23.40	30.24	33.91	38.44
22.15	24.62	34.34	41.50	48.34	48.48	51.32	58.74
17223	20748	25625	31325	34583	32685	37981	42267
114.6	114.8	120.0	116.2	116.1	114.0	112.0	111.0
479395	617731	1042892	1461278	1990858	2453021	3015800	3651700
8006	13143	20022	26049	29963	33869	30188	33026
63504	88370	140463	149695	164704	179783	190612	196674
5528	7021	8313	9527	10755	9590	10386	11321
19325	22765	26817	29874	32981	30127	32417	35221
23985	23950	23157	23188	23161	23236	23175	23173
144034	132125	134532	126000	126173	123284	117587	116083
196060	243345	290770	331773	363300	375668	386713	390844
136420	155928	164607	218455	249803	283249	322356	371691
1235	1197	1151	1213	1208	1167	1019	1078
17673	16865	16179	16545	16094	17010	18031	18965
1492	1540	1504	1488	1413	1365	1243	1183
23547	20496	17865	15218	14184	13504	13497	13535
1172	1215	1330	1366	1574	1669	1880	1882
825	1192	1426	1710	1982	2084	2314	2569
349	454	471	480	535	533	583	633
200	397	497	595	680	448	845	943

6-9 陇县经济

指　　标	单　位	2000年	2005年	2006年	2007年	2008年	2009年
年底总人口	万人	25.19	25.31	25.45	25.38	25.43	24.85
生产总值	亿元	6.48	13.85	15.76	17.59	22.23	25.60
第一产业	亿元	2.79	5.28	6.03	7.05	9.09	9.71
第二产业	亿元	1.34	3.95	4.76	4.77	6.30	7.88
第三产业	亿元	2.34	4.62	4.97	5.78	6.84	8.01
# 工业增加值	亿元	1.04	2.99	3.67	3.45	4.66	5.94
人均生产总值	元	2641	5525	6274	6951	8748	10017
生产总值指数	上年=100	111.5	113.6	115.2	113.4	112.8	115.2
全社会固定资产投资	万元	6821	38345	49458	75573	119134	213665
地方财政收入	万元	3104	3167	3608	4501	5772	8400
地方财政支出	万元	6357	13861	18202	26613	33698	53666
农村居民人均可支配收入	元	1080	1863	2103	2480	3079	3799
城镇居民人均可支配收入	元	3937	5549	6742	7942	9583	12675
常用耕地面积	公顷	41783	36082	36301	36227	35807	35554
粮食产量	吨	87840	110383	117465	93428	105153	113662
农林牧渔业总产值	万元	43601	83047	97050	114458	146171	150171
社会消费品零售总额	万元	20996	42998	52791	68879	88196	95364
普通小学专任教师数	人	1399	1332	1374	1335	1324	1335
普通小学在校学生数	人	36300	26400	24700	22800	21200	19800
普通中学专任教师数	人	905	1042	1109	1171	1242	1290
普通中学在校学生数	人	14500	19000	18900	18800	18900	18400
卫生机构床位数	张	715	715	715	1180	1180	1180
卫生技术人员	人	813	920	994	1032	1048	1095
# 执业(助理)医师	人	236	340	374	386	398	458
注册护师、护士	人	113	172	175	189	194	217

社会主要指标

2010年	2011年	2012年	2013年	2014年	2015年	2016年	2017年
24.91	24.96	25.03	25.08	25.14	25.20	25.25	25.29
29.38	36.71	43.30	49.88	57.16	59.22	67.55	84.82
11.72	14.65	16.25	17.29	16.61	17.13	17.88	18.66
8.43	11.28	14.91	19.19	24.03	23.54	29.15	42.87
9.23	10.77	12.14	13.40	16.52	18.55	20.52	23.29
6.14	8.43	11.60	15.18	19.52	19.80	23.55	36.40
11510	14722	17322	20275	22762	23723	26776	33538
114.3	114.3	115.5	114.6	113.0	112.0	110.3	111.0
305711	406831	662503	866188	1160188	1441867	1823600	2255300
11014	14485	19163	23157	26805	30375	18913	20157
73333	89032	124368	130086	138954	154625	173820	183691
4570	5717	6740	7644	8568	7581	8226	9019
14995	17739	20630	23002	25464	24179	26089	28450
35577	35292	35436	35479	35442	35413	35368	35360
116542	101013	110804	101012	100101	105230	103314	100000
195405	240760	266633	286761	305299	313671	328986	346775
112911	128266	139101	144955	162712	184208	206686	236628
1194	1134	1081	1065	1013	1218	904	1034
18796	17940	16760	16473	16535	16767	17387	18414
1257	1270	1285	1234	1232	1218	1176	1092
17315	16353	14350	13903	13463	13049	13208	12779
779	1009	1129	1245	1348	1378	1380	1370
863	1006	1082	1164	1209	1289	1376	1412
330	360	349	364	377	363	364	377
237	300	348	380	417	448	505	537

6-10 千阳县经济

指　　标	单 位	2000年	2005年	2006年	2007年	2008年	2009年
年底总人口	万人	12.77	12.63	12.63	12.96	12.96	12.38
生产总值	亿元	2.97	6.51	7.42	8.76	11.41	13.33
第一产业	亿元	1.47	2.65	3.00	3.54	4.33	5.03
第二产业	亿元	0.62	1.73	1.98	2.40	3.75	4.62
第三产业	亿元	0.87	2.13	2.44	2.82	3.33	3.68
# 工业增加值	亿元	0.45	1.07	1.22	1.50	2.66	3.34
人均生产总值	元	2322	5148	5861	6838	8806	10242
生产总值指数	上年=100	110.7	113.9	113.3	114.8	113.7	115.7
全社会固定资产投资	万元	4631	35800	46458	73868	101689	201272
地方财政收入	万元	1167	2074	2103	2430	3008	3383
地方财政支出	万元	4277	10546	12932	17811	24066	35363
农村居民人均可支配收入	元	1016	1957	2191	2520	3167	3946
城镇居民人均可支配收入	元				7702	10403	14102
常用耕地面积	公顷	21755	18185	18093	18128	17997	18030
粮食产量	吨	57440	59958	62961	52250	60634	64281
农林牧渔业总产值	万元	24365	39187	44900	54774	75744	79758
社会消费品零售总额	万元	8433	13679	18246	21603	31376	40705
普通小学专任教师数	人	632	619	598	575	560	550
普通小学在校学生数	人	17400	13000	12600	11800	10800	10100
普通中学专任教师数	人	421	520	533	514	542	541
普通中学在校学生数	人	7100	9000	9000	8600	8100	7600
卫生机构床位数	张	320	360	361	411	450	456
卫生技术人员	人	361	363	376	413	453	503
# 执业(助理)医师	人	110	146	150	151	150	142
注册护师、护士	人	130	151	153	157	167	180

社会主要指标

2010年	2011年	2012年	2013年	2014年	2015年	2016年	2017年
12.40	12.43	12.46	12.49	12.52	12.55	12.57	12.59
15.61	20.80	25.94	31.01	35.06	41.75	48.66	54.34
5.38	7.96	8.84	9.94	9.18	9.57	10.34	10.47
6.03	7.96	11.65	15.03	18.75	21.67	26.79	31.24
4.21	4.88	5.45	6.03	7.13	10.51	11.54	12.63
4.55	6.16	9.68	12.81	16.42	19.17	24.01	28.01
11959	16302	20839	24358	28432	33303	38740	43193
114.7	118.6	118.0	117.2	116.9	112.3	110.7	110.4
282028	319018	446789	584783	785393	954461	1150000	1372900
4201	5615	7132	8616	10353	11477	7414	7847
41476	50412	77806	84702	97571	104636	121453	119431
4766	5958	7007	7938	8955	7915	8572	9381
16669	19536	22525	25070	27703	26341	28369	30681
17817	17824	18574	18567	18552	18599	18677	18637
69514	53625	61280	55003	56297	58908	56707	55023
101960	124780	140736	154688	160611	168664	181288	184024
48113	54367	45211	67805	76043	86355	99492	112485
542	534	489	513	494	465	432	440
9285	8761	7704	7176	6940	6826	6817	6976
542	526	519	507	496	478	475	458
7155	6585	6153	6111	5899	5641	5561	5528
414	446	508	762	774	709	709	759
524	561	656	676	638	650	660	674
154	166	183	185	174	164	167	166
172	167	224	247	226	245	243	275

6-11 麟游县经济

指 标	单 位	2000年	2005年	2006年	2007年	2008年	2009年
年底总人口	万人	8.71	9.09	8.90	8.81	8.81	9.06
生产总值	亿元	2.07	5.08	5.75	6.91	8.31	10.17
第一产业	亿元	0.69	2.01	2.13	2.71	3.24	3.49
第二产业	亿元	0.50	1.34	1.64	1.88	2.37	3.63
第三产业	亿元	0.87	1.73	1.98	2.32	2.70	3.04
# 工业增加值	亿元	0.41	1.04	1.32	1.51	1.93	2.62
人均生产总值	元	2376	5814	6574	7842	9416	11505
生产总值指数	上年=100	110.1	112.8	112.0	113.5	113.0	115.4
全社会固定资产投资	万元	6683	19611	25690	41364	69690	248293
地方财政收入	万元	843	823	1136	1638	2208	3086
地方财政支出	万元	3522	7250	10453	15099	19084	28633
农村居民人均可支配收入	元	927	1499	1697	2010	2525	3697
城镇居民人均可支配收入	元	3010	4276	4602	6260	9105	13192
常用耕地面积	公顷	24776	18813	18950	31407	31542	34537
粮食产量	吨	51466	65578	66105	50153	58862	65903
农林牧渔业总产值	万元	15270	31743	33857	41099	54031	58074
社会消费品零售总额	万元	7497	12526	14649	21823	26183	38096
普通小学专任教师数	人	496	507	515	501	518	541
普通小学在校学生数	人	13250	11171	9670	8724	7378	6955
普通中学专任教师数	人	243	344	358	359	393	413
普通中学在校学生数	人	4587	6565	7231	6610	6710	6444
卫生机构床位数	张	339	339	339	371	449	449
卫生技术人员	人	271	308	324	336	347	371
# 执业(助理)医师	人	132	153	158	164	170	175
注册护师、护士	人	49	67	72	76	80	88

社会主要指标

2010年	2011年	2012年	2013年	2014年	2015年	2016年	2017年
9.08	9.10	9.12	9.14	9.16	9.19	9.22	9.23
13.29	19.25	41.15	50.59	55.75	65.54	71.11	106.54
4.51	5.52	6.24	6.69	6.59	6.70	7.13	7.30
5.31	10.26	31.06	39.66	43.99	51.05	55.44	89.57
3.47	3.47	3.86	4.25	5.17	7.79	8.54	9.67
4.43	9.37	30.21	38.68	42.59	49.47	53.41	87.24
14985	21181	45176	55413	62805	70163	77268	115423
120.4	121.0	122.0	121.2	118.9	114.6	113.0	113.1
426723	477964	668961	879892	1159126	1436928	1788200	2218200
4160	6890	12960	16881	19188	21137	22430	33034
35759	45305	71581	76031	90789	95341	101202	117474
4529	5684	6696	7580	8512	7518	8157	8935
15619	18384	21215	23676	26304	25046	26974	29496
34631	34652	29530	30252	30045	30057	30057	29546
77951	53998	63284	60236	66326	72780	78558	73787
71016	87669	95471	102609	107561	111414	117637	120994
45144	50967	60733	46577	52609	59711	66914	75758
509	529	460	447	416	412	378	366
6224	5683	4854	4617	4357	4098	3928	3810
405	477	387	376	391	401	387	373
5784	5159	4496	4319	4059	3836	3605	3405
419	454	596	460	549	534	535	645
343	436	478	493	618	713	771	758
132	190	158	162	165	195	221	214
73	90	118	147	181	199	230	242

6–12 凤县经济

指　　标	单 位	2000年	2005年	2006年	2007年	2008年	2009年
年底总人口	万人	9.84	10.94	10.85	10.24	10.24	10.53
生产总值	亿元	5.56	13.64	16.92	24.88	33.51	46.65
第一产业	亿元	0.39	0.55	0.60	0.66	1.34	2.47
第二产业	亿元	2.87	8.74	11.35	18.59	25.63	34.52
第三产业	亿元	2.30	4.35	4.97	5.63	6.54	9.66
# 工业增加值	亿元	2.67	8.23	10.78	17.90	24.41	33.08
人均生产总值	元	5655	13061	15532	23597	32729	45538
生产总值指数	上年=100	114.8	115.4	115.7	117.5	120.3	119.9
全社会固定资产投资	万元	9985	41901	54015	106932	225786	444116
地方财政收入	万元	2627	3770	5082	10084	12613	18778
地方财政支出	万元	4589	12284	12444	24212	32972	40662
农村居民人均可支配收入	元	1241	1892	2170	2850	3700	4695
城镇居民人均可支配收入	元			8021	9786	12875	16488
常用耕地面积	公顷	10988	8850	8950	8956	12735	8954
粮食产量	吨	34602	36743	38919	31546	33751	37528
农林牧渔业总产值	万元	14508	8668	9579	10961	19122	41252
社会消费品零售总额	万元	12143	16627	20367	25180	32000	80091
普通小学专任教师数	人	553	569	549	519	480	463
普通小学在校学生数	人	12300	8000	7600	6700	6300	6000
普通中学专任教师数	人	375	375	385	379	412	428
普通中学在校学生数	人	5700	7100	6900	6500	6200	5900
卫生机构床位数	张	271	316	337	337	344	355
卫生技术人员	人	395	396	303	361	369	466
# 执业(助理)医师	人	93	138	133	137	123	133
注册护师、护士	人	82	73	78	70	92	103

社会主要指标

2010年	2011年	2012年	2013年	2014年	2015年	2016年	2017年
10.56	10.58	10.61	10.63	10.65	10.68	10.73	10.75
66.54	91.15	110.80	130.21	145.61	148.86	170.74	180.10
3.84	4.52	5.63	6.43	6.37	6.65	6.88	7.40
48.08	69.37	85.79	102.55	115.19	118.03	139.57	145.75
14.62	17.25	19.37	21.23	24.05	22.18	24.29	26.95
46.38	67.32	83.43	99.86	112.28	117.82	135.96	141.51
64913	86235	104582	116254	135479	139167	159479	167692
123.2	119.1	121.0	114.5	115.7	114.3	110.7	104.5
580708	758712	1107720	1448766	1755007	2137092	2595500	3115200
25442	33633	38095	41153	37655	39175	29038	31626
53532	81526	91572	80489	82366	119451	117177	124808
5949	7621	9061	10402	11765	10236	11055	12088
19736	23387	27550	30415	33548	30432	32715	35479
9467	9467	9714	9645	9624	9631	9620	9585
35591	26122	28714	22025	22389	23637	23282	23000
66472	83353	98099	111174	118555	123185	128764	132856
95148	111132	123077	142611	162648	184850	210939	242240
538	516	480	502	479	471	433	422
5922	5619	5083	4818	4656	4458	4296	4237
375	382	403	394	381	383	358	352
5246	5015	4883	4774	4407	4245	3830	3823
414	463	464	463	463	464	460	553
476	505	575	564	626	714	747	777
140	162	167	171	192	203	206	216
97	114	168	176	203	245	234	269

6-13 太白县经济

指　　标	单　位	2000年	2005年	2006年	2007年	2008年	2009年
年底总人口	万人	5.17	5.48	5.49	5.18	5.18	5.08
生产总值	亿元	2.08	4.00	4.30	5.13	6.58	7.65
第一产业	亿元	0.75	1.37	1.38	1.57	2.38	2.61
第二产业	亿元	0.84	1.56	1.69	2.13	2.48	3.05
第三产业	亿元	0.49	1.08	1.23	1.44	1.72	1.99
# 工业增加值	亿元	0.64	1.19	1.28	1.63	1.88	2.34
人均生产总值	元	4024	7271	7488	8940	11801	14766
生产总值指数	上年=100	110.3	112.6	111.0	113.9	113.4	116.1
全社会固定资产投资	万元	3954	16960	20204	26350	45523	75022
地方财政收入	万元	1086	809	824	1104	1572	2006
地方财政支出	万元	3239	7335	9722	15711	20893	26403
农村居民人均可支配收入	元	1233	1462	1608	1838	2405	3656
城镇居民人均可支配收入	元				6685	9238	12845
常用耕地面积	公顷	5777	6833	6763	6718	6562	6567
粮食产量	吨	17836	12344	12265	13452	10841	11113
农林牧渔业总产值	万元	14138	22850	26549	31687	37502	43096
社会消费品零售总额	万元	5745	10535	10529	16141	19974	25567
普通小学专任教师数	人	470	433	417	434	452	436
普通小学在校学生数	人	6537	4687	4577	4491	4356	4091
普通中学专任教师数	人	185	200	168	222	220	196
普通中学在校学生数	人	2667	2901	3152	3702	3576	3326
卫生机构床位数	张	192	192	192	284	284	284
卫生技术人员	人	213	185	184	184	190	185
# 执业(助理)医师	人	78	73	74	80	74	73
注册护师、护士	人	30	37	38	45	41	37

社会主要指标

2010年	2011年	2012年	2013年	2014年	2015年	2016年	2017年
5.10	5.11	5.12	5.13	5.14	5.16	5.19	5.20
9.10	11.35	13.79	15.83	17.11	19.92	20.91	22.45
3.31	4.10	4.61	5.17	5.29	5.76	5.85	6.41
3.50	4.55	6.17	7.33	7.85	8.75	9.01	9.12
2.29	2.69	3.01	3.33	3.97	5.43	6.05	6.92
2.66	3.56	5.06	6.07	6.49	7.24	7.31	7.15
17558	22243	26974	30883	34753	38054	40423	43207
113.8	114.0	113.5	113.0	112.1	112.0	110.0	111.0
101200	115371	167405	218479	292489	362236	450100	556100
2655	4914	6326	7439	9043	10924	9111	10032
35789	40467	59973	68601	73927	93310	97379	96029
4479	5640	6610	7476	8463	7540	8181	8961
14964	17658	20713	23054	25497	24295	26214	28639
6631	6665	6513	6482	6460	6475	6498	6470
10201	6269	7331	6370	6405	7592	7380	7059
54937	65970	76011	85366	91208	99085	102951	113296
30221	34119	24337	33309	37456	42401	47801	54708
388	368	392	386	369	352	319	282
3794	3537	2781	2622	2509	2416	2393	2344
253	322	259	267	266	271	255	233
3001	3868	2207	2072	1946	1855	1756	1748
227	227	226	226	206	196	198	180
190	204	210	235	200	213	207	262
70	72	68	74	63	71	74	83
42	43	48	57	48	49	51	84

七、咸阳市

资料整理：向　静　梁珠荣

7-1 咸阳市经济

指　标	单 位	2000年	2005年	2006年	2007年	2008年	2009年
年底总人口	万人	474.51	498.07	497.44	499.67	500.69	488.11
人口自然增长率	‰		4.49	4.47	4.46	4.50	4.40
年底总户数	万户	121.99	134.19	137.37	141.50	145.42	150.00
生产总值	亿元	234.46	432.49	483.87	588.48	764.55	873.20
第一产业	亿元	52.45	89.10	98.34	120.39	148.97	157.41
第二产业	亿元	102.33	191.99	220.41	271.39	382.65	434.02
第三产业	亿元	79.68	151.40	165.12	196.70	232.93	281.77
# 工业增加值	亿元	86.10	157.31	179.68	223.25	321.50	356.42
人均生产总值	元	4980	8683	9721	11804	15285	17434
生产总值指数	上年=100	111.7	112.6	111.5	112.3	116.0	114.2
第一产业	上年=100	106.5	108.1	107.1	104.5	107.5	106.3
第二产业	上年=100	111.3	114.1	114.7	115.5	119.3	115.1
第三产业	上年=100	115.4	113.2	110.1	112.4	116.1	117.0
# 工业增加值	上年=100	110.6	114.3	114.6	115.6	121.3	112.1
人均生产总值指数	上年=100	107.8	110.1	111.6	112.1	115.6	114.1
非公有制经济增加值	亿元		191.52	219.17	268.14	360.98	419.87
文化产业增加值	亿元						
能源消费总量	万吨标准煤						
单位GDP能耗比上年增长	%			-3.63	-4.97	-4.97	-4.81
就业人员	万人	242.76	251.65	253.20	250.19	248.70	248.28
城镇单位就业人员	万人	40.33	36.55	36.59	36.76	37.32	37.18
# 国有单位	万人	32.05	27.64	26.76	26.86	26.76	24.64
集体单位	万人	2.40	2.17	2.15	2.04	1.97	1.42
# 在岗职工人数	万人	39.33	36.02	36.03	36.08	36.63	36.17
城镇单位就业人员平均工资	元						
城镇单位在岗职工平均工资	元	6893	11388	12897	17156	20383	23935

社会主要指标

2010年	2011年	2012年	2013年	2014年	2015年	2016年	2017年
489.84	491.23	492.86	494.22	495.68	497.24	498.66	437.60
3.94	3.90	4.08	4.02	3.98	3.95	4.31	4.70
152.04	153.77	157.03	158.54	156.60	154.53	157.47	157.37
1098.68	1361.32	1573.68	1860.39	2085.15	2152.92	2390.97	2292.51
203.29	252.46	283.10	299.56	321.72	328.78	345.32	312.17
573.27	740.40	876.78	1073.73	1227.70	1230.41	1385.00	1320.18
322.12	368.46	413.80	487.10	535.73	593.73	660.65	660.16
480.70	624.28	743.94	912.14	1043.39	1027.67	1161.99	1076.22
22469	27751	31982	37695	42128	43365	48016	52445
114.5	114.2	114.5	113.1	110.9	108.7	107.7	108.0
107.8	107.2	106.1	104.3	105.0	105.3	103.8	104.3
118.7	119.6	119.8	116.5	113.5	109.3	108.3	108.4
111.7	109.1	109.3	110.7	108.2	109.0	108.4	109.0
119.9	120.2	121.5	117.5	113.8	108.9	107.8	108.2
114.3	113.9	114.1	112.6	110.5	108.3	107.3	107.8
532.92	668.87	786.81	944.95	1072.42	1121.60	1267.00	1207.74
				55.04	61.17	68.54	60.08
						1004.64	1031.55
-3.59	-3.61	-3.50	-3.50	-3.35	-3.39	-3.40	-4.98
241.73	239.67	257.57	263.50	256.57	267.34	265.24	256.46
37.10	39.86	40.15	54.37	54.53	54.86	55.81	47.88
24.89	26.16	26.26	25.47	25.53	25.09	25.42	22.65
1.37	1.55	1.87	3.13	3.52	2.81	3.05	2.91
36.30	38.73	38.03	52.22	52.31	52.67	53.67	45.71
		37670	40753	42434	45309	48542	51619
27786	32763	38202	41215	42889	45850	49112	52118

7-1 续表 1

指　　标	单 位	2000年	2005年	2006年	2007年	2008年	2009年
全社会固定资产投资	亿元	73.29	202.19	245.20	394.17	569.75	801.53
# 房地产开发	亿元	3.36	23.27	27.04	35.13	49.41	73.40
商品房销售面积	万平方米	19.88	67.41	66.26	83.32	113.82	129.40
# 住宅	万平方米	19.47	63.08	66.04	81.30	112.89	125.62
地方财政收入	亿元	10.44	10.78	12.63	19.46	24.07	31.67
地方财政支出	亿元	16.37	30.38	41.37	60.64	85.01	107.17
金融机构人民币各项存款余额	亿元	243.80	471.29	544.25	590.46	733.65	936.00
金融机构人民币各项贷款余额	亿元	199.15	215.89	240.76	265.59	270.34	366.79
农村居民人均可支配收入	元	1625	2268	2472	2914	3511	4206
城镇居民人均可支配收入	元	5812	8780	9432	10970	13208	16404
城市人均公园绿地面积	平方米			7.33	9.60	9.49	9.80
城市人均道路面积	平方米		8.53	9.40	10.59	10.04	9.59
城市用水普及率	%		96.61	96.11	97.23	98.95	97.59
城市燃气普及率	%		73.03	47.72	78.63	94.24	95.24
常用耕地面积	千公顷	407.87	369.00	358.52	360.00	357.90	358.58
农林牧渔业总产值	亿元	84.20	145.34	165.18	203.51	248.29	263.40
农作物总播种面积	千公顷	577.57	561.80	566.28	543.52	543.10	539.93
# 粮食作物	千公顷	478.17	448.87	450.31	428.41	425.95	420.27
粮食产量	万吨	183.90	199.14	209.18	180.71	204.94	208.07
棉花产量	吨	935	617	733	708	682	579
油料产量	吨	47552	44582	34699	27382	44188	51166
蔬菜产量	吨	1416900	2424834	2595687	2485438	2865035	3155219

2010年	2011年	2012年	2013年	2014年	2015年	2016年	2017年
1050.54	1263.10	1616.47	2054.53	2492.43	3063.20	3643.74	2382.67
93.84	118.48	151.76	174.83	195.95	181.82	178.86	104.50
164.51	215.73	139.83	203.89	218.58	225.46	204.75	176.13
159.34	213.38	136.78	201.77	216.16	215.50	189.88	170.84
43.48	58.56	69.17	79.00	85.46	85.44	81.50	77.47
151.40	190.19	234.94	265.19	272.44	300.19	338.32	346.55
1142.46	1334.61	1570.48	1811.67	1965.31	2251.78	2506.81	2807.45
454.66	541.01	646.04	762.35	901.82	1028.65	1140.96	1277.07
5056	6401	7464	8538	8846	9690	10481	11430
18914	22224	25758	28488	27138	29425	31662	34246
13.43	14.82	14.74	15.03	15.23	15.25	15.37	15.52
10.08	10.13	11.84	12.42	12.57	11.94	13.15	10.37
96.00	92.77	96.38	92.42	91.94	92.00	92.72	94.01
96.48	91.64	96.13	92.74	96.89	90.21	98.09	99.00
359.25	359.27	359.57	356.85	353.96	351.24	349.75	318.62
336.11	418.02	465.37	517.83	559.99	577.52	605.37	552.60
552.41	519.27	522.27	524.24	518.45	521.97	521.41	458.90
430.94	398.88	400.25	398.82	390.99	388.45	386.49	340.08
222.52	186.15	200.23	189.44	184.14	192.38	187.09	163.25
340	317	192	130	130	123	110	8
51166	61836	46722	41580	47684	51821	50368	49866
3384620	3467918	3683250	3872900	4118500	4346017	4430744	3618600

7–1 续表 2

指　标	单 位	2000年	2005年	2006年	2007年	2008年	2009年
水果产量	吨	2041070	2653657	3126770	3130853	3883960	4582138
# 苹果	吨	1760700	2172571	2568877	2591959	3184291	3781018
肉类产量	吨	98363	152571	166864	119584	139010	156002
# 猪牛羊肉	吨	86555	135313	150463	105689	121749	139709
奶类产量	吨	156478	404128	429875	497376	531812	606198
# 牛奶	吨	92552	333693	366060	426484	456776	536338
禽蛋产量	吨	66764	81507	87931	67228	74600	86230
水产品产量	吨	6416	8077	8418	2227	2360	2664
规模以上工业企业单位数	个	336	361	406	432	441	628
规模以上工业总产值	亿元	208.70	359.16	458.52	565.61	860.24	1038.83
纱产量	万吨	4.85	4.68	4.63	5.07	5.01	7.77
布产量	万米	23694	26525	26927	26689	27222	29077
原煤产量	万吨	168.70	848.12	1188.45	1744.87	2212.38	2656.26
发电量	亿千瓦小时	66.78	77.61	73.84	72.28	65.75	64.13
水泥产量	万吨	76.67	140.65	177.87	289.74	555.93	759.51
建筑业企业单位数	个	102	70	69	70	63	62
建筑业企业年末从业人员	万人	6.90	5.96	6.19	9.32	9.31	12.27
建筑业总产值	亿元	58.18	120.56	139.67	203.36	252.59	348.88
房屋建筑施工面积	万平方米	332.74	633.72	731.62	895.78	1153.31	1258.32
房屋建筑竣工面积	万平方米	161.94	255.15	302.98	324.74	421.41	369.93
公路里程	公里	3722	4745	11345	13556	14294	14976
# 等级公路	公里	3451	4681	8061	10819	12058	13253
# 高速公路	公里	71	125	125	185	284	301
民用汽车拥有量	辆	28754	52609	131320	145044	140191	125420
# 私人汽车	辆	9613	25603	100327	113324	101525	91066
邮电业务总量	亿元	8.80	30.12	37.91	46.41	55.76	56.94
邮政业务总量	亿元	0.56	1.73	2.18	2.41	2.60	2.89
电信业务总量	亿元	8.25	28.39	35.73	44.00	53.16	54.05

2010年	2011年	2012年	2013年	2014年	2015年	2016年	2017年
4965124	5328370	5463202	5458140	5617342	5769646	5833716	5748504
4015329	4400670	4549358	4538669	4615995	4707111	4723312	4763278
174616	193468	204921	213821	218664	213408	212491	189624
156521	168589	176812	183567	190901	185691	184105	167006
687387	736835	745987	790603	809917	703354	701866	633983
608599	644572	649080	685758	700515	597792	581151	529023
95839	104327	107266	112232	112063	115598	117753	95796
8633	8764	8001	8899	9905	9919	9902	8360
671	553	639	681	774	862	952	725
1401.92	1854.54	2293.52	2633.00	3002.05	3164.89	3541.50	3024.29
10.10	11.00	10.42	15.00	16.70	20.66	14.90	14.28
29267	26671	27116	24827	24826	23228	24197	26345
3310.38	4331.50	5085.14	5917.20	5496.15	5636.97	5910.90	6962.78
121.08	170.80	174.71	189.37	186.75	180.66	177.51	87.78
901.76	1125.70	1132.03	1144.62	1303.97	1025.49	850.96	900.63
61	75	84	86	106	111	123	103
11.98	10.47	9.50	12.11	10.71	10.95	13.26	12.09
389.88	556.84	457.38	518.49	547.51	590.46	656.12	682.09
1442.79	1880.69	2310.56	2724.54	3176.40	3262.60	3338.87	3339.16
429.16	616.81	838.91	1109.41	1141.69	1284.83	1301.27	1176.63
15201	15327	15403	15407	15511	15732	15832	15899
13602	13761	13547	13549	13686	13999	14098	14159
301	351	355	355	449	527	527	527
156209	185481	217558	247124	270589	310627	358545	405132
116103	142466	173279	204096	229999	271133	321627	366829
22.62	30.49	33.07	36.77	49.33	66.57	114.50	92.90
2.45	2.95	2.78	3.35	4.00	5.11	8.64	12.06
20.17	27.54	30.28	33.41	45.33	61.46	105.85	80.83

7-1 续表 3

指 标	单 位	2000年	2005年	2006年	2007年	2008年	2009年
固定电话用户	万户	38.88	84.85	83.76	81.70	71.60	66.08
移动电话用户	万户	15.54	93.88	122.29	162.20	195.16	219.71
互联网宽带用户	万户	1.23	15.50	11.04	14.58	21.14	23.30
限额以上企业数	个						240
批发业	个						17
零售业	个						118
住宿业	个						33
餐饮业	个						72
社会消费品零售总额	亿元	70.35	133.03	148.88	173.11	212.67	250.59
进出口总额	万美元		26183	29804	38257	37269	26252
# 出口	万美元		18095	23938	30746	29458	20260
实际外商直接投资额	万美元	1487	1954	4811	3476	3777	4059
入境旅游人数	万人次	29.00	3.98	4.50	5.64	7.56	10.53
# 外国人	万人次	22.13	2.69	2.93	3.40	4.56	6.35
国际旅游外汇收入	万美元	1781	1632	1558	2800	3220	1671
国内旅游人数	万人次	916	913	971	1026	1103	1246
国内旅游收入	亿元	13.25	30.69	34.84	43.84	50.50	59.08
星级饭店数	个		26	26	27	27	31
幼儿园数	所	391	237	251	238	280	287
在园儿童数	万人	7.44	5.26	5.47	4.14	5.59	5.42
普通小学学校数	所	3300	2310	2104	1937	1787	1634
普通小学专任教师数	人	26308	27899	27051	26974	26988	27323
普通小学在校学生数	万人	66.89	50.70	49.10	45.31	42.12	40.35
普通中学学校数	所	324	354	343	334	334	322
普通中学专任教师数	人	17653	22109	22602	23143	24344	24760
普通中学在校学生数	万人	33.63	44.91	46.24	45.80	44.60	43.21
卫生机构数	个	542	437	471	445	492	510
卫生机构床位数	张	10749	13393	14523	15790	17045	18272
卫生技术人员	人	16888	16381	16461	17311	18624	24041
# 执业(助理)医师	人	7548	7281	7253	7116	7125	8274
注册护师、护士	人	4191	4816	4894	5287	6099	7885

2010年	2011年	2012年	2013年	2014年	2015年	2016年	2017年
61.93	62.75	63.73	62.63	61.67	54.01	46.37	41.21
252.54	299.15	334.48	337.72	367.88	373.66	398.34	431.12
29.50	36.97	42.41	46.56	50.57	56.50	80.50	95.88
303	353	434	544	596	669	780	663
24	30	37	41	50	49	56	41
153	177	220	300	337	398	490	444
38	40	59	63	67	61	62	37
88	106	118	140	142	161	172	141
296.35	345.10	401.08	462.68	528.84	601.59	688.55	607.64
34045	46641	43299	60516	35.39(亿元)	28.64(亿元)	30.59(亿元)	38.63(亿元)
23849	36969	37359	47834	28.28(亿元)	15.22(亿元)	16.10(亿元)	19.28(亿元)
5188	6269	7080	7561	10356	13443	1995	7678
14.00	24.06	32.70	11.80	12.90	13.60	14.10	12.30
11.00	15.96	22.42	8.10	5.03	9.10	5.80	9.20
3342	722	2370	7363	9756	10361	4061	3485
1846	2480	3167	3988	4292	4787	5328	4565
80.00	109.30	155.74	195.60	224.00	259.67	316.80	289.90
28	30	25	25	23	23	15	15
329	603	682	800	893	931	813	763
6.96	15.08	15.90	16.89	17.99	18.39	18.67	19.21
1445	1372	1314	1238	1026	896	807	684
27249	26980	25137	24069	22479	21303	20582	19194
39.47	38.65	35.57	32.12	30.67	30.76	30.73	31.01
314	311	308	301	297	296	294	270
24997	25384	25172	26652	26505	24401	25569	25906
41.64	40.50	36.07	31.37	28.13	25.66	24.62	23.61
571	4649	4656	4683	4683	4715	4744	4232
18082	19764	21517	24232	27148	28458	29653	28325
26271	28963	31914	35729	37596	39044	42323	40928
7478	8114	8566	9290	9690	10219	10767	10820
8853	9741	11202	12567	14141	14713	16817	15788

7-2 秦都区经济

指 标	单 位	2000年	2005年	2006年	2007年	2008年	2009年
年底总人口	万人	41.45	49.42	48.89	49.08	49.38	50.59
生产总值	亿元		94.81	102.29	123.09	152.79	172.34
第一产业	亿元		6.40	6.77	7.98	9.40	9.54
第二产业	亿元		47.59	51.53	60.62	79.03	93.61
第三产业	亿元		40.82	43.99	54.49	64.36	69.19
# 工业增加值	亿元		41.19	42.68	50.16	65.90	76.94
人均生产总值	元		20067	20810	25128	31036	34898
生产总值指数	上年=100		107.9	108.9	113.3	114.3	115.6
全社会固定资产投资	万元	258889	585932	740559	1059811	1538282	2070518
地方财政收入	万元	10997	14455	15427	20137	24279	31578
地方财政支出	万元	11527	18876	20661	30404	46166	58151
农村居民人均可支配收入	元	2325	3135	3386	3738	4315	5195
城镇居民人均可支配收入	元	5812	8780	9432	10970	14136	17492
常用耕地面积	公顷	15902	12770	12736	12652	12641	11633
粮食产量	吨	89776	83162	85488	73714	81543	83976
农林牧渔业总产值	万元	75961	108060	112679	138302	159783	164325
社会消费品零售总额	万元	98790	261719	295000	344000	414739	475488
普通小学专任教师数	人	1786	1621	1670	1646	1638	1680
普通小学在校学生数	人	42847	35025	34749	33200	31706	31797
普通中学专任教师数	人	1571	1749	1742	1817	1897	1895
普通中学在校学生数	人	28492	34945	35702	36400	35113	35092
卫生机构床位数	张	2525	3984	3939	3953	4330	4631
卫生技术人员	人	3658	3820	3893	3912	4089	5569
# 执业(助理)医师	人	1671	1565	1599	1536	1435	2049
注册护师、护士	人	1191	1471	1472	1556	1702	2046

社会主要指标

2010年	2011年	2012年	2013年	2014年	2015年	2016年	2017年
50.74	50.85	51.03	51.17	51.31	51.46	51.60	35.30
207.81	279.17	330.04	375.29	425.01	466.54	519.60	384.75
11.18	12.78	14.31	14.53	15.34	15.59	16.42	6.70
118.24	175.54	218.55	247.88	283.49	316.15	351.84	262.10
78.40	90.85	97.18	112.87	126.18	134.80	151.34	115.95
98.25	151.44	192.00	218.39	250.83	280.84	310.22	223.30
41508	54959	64790	73441	82944	90793	100833	109067
114.3	114.8	113.7	114.5	112.7	111.8	108.4	107.9
2701864	3179800	4060420	5168857	6225891	7626716	8819488	4859451
40613	53846	71605	86112	100079	95394	97022	74281
79347	115940	148444	176133	178070	179622	226998	225770
6234	7948	9355	10787	12211	11398	12321	13474
20648	24530	28798	32081	35738	32498	34983	37845
11513	11233	10335	9962	8891	8524	8524	3573
82125	60046	70388	62770	58922	60011	56118	30056
190045	216778	238008	270448	285600	299386	316937	131851
568671	669184	805056	938524	1091781	1235389	1435060	1291359
1899	1460	1428	1320	1284	1269	1226	800
36336	36398	35503	36143	37221	39544	41585	35928
2207	2242	2275	2784	3058	3208	3351	3193
39757	38719	39335	38907	38603	38198	38540	35585
4632	5104	5344	5950	7035	7335	7464	7268
6019	6317	6643	7520	8438	8904	9947	10090
1802	2065	2185	2387	2481	2747	3042	3163
2426	2577	2971	3387	3976	4114	4731	4796

7-3 渭城区经济

指 标	单 位	2000年	2005年	2006年	2007年	2008年	2009年
年底总人口	万人	37.17	42.29	42.56	42.73	42.99	43.73
生产总值	亿元		87.33	93.60	109.40	139.38	149.67
第一产业	亿元		4.14	3.99	4.63	5.70	6.27
第二产业	亿元		59.18	65.45	76.20	100.38	102.93
第三产业	亿元		24.01	24.16	28.57	33.30	40.47
# 工业增加值	亿元		40.70	44.45	52.20	71.81	61.52
人均生产总值	元		21307	22086	25654	32522	34818
生产总值指数	上年=100		117.1	113.0	109.7	113.2	112.2
全社会固定资产投资	万元	129112	518198	653124	847622	1244340	1790842
地方财政收入	万元	9666	11200	12467	14268	20034	23382
地方财政支出	万元	9865	17106	21097	30942	44161	55638
农村居民人均可支配收入	元	2348	3069	3233	3550	4255	5127
城镇居民人均可支配收入	元	5812	8780	9432	10970	14118	17448
常用耕地面积	公顷	15975	15468	15366	15289	15271	15194
粮食产量	吨	110321	114786	118055	107240	122012	121887
农林牧渔业总产值	万元	32355	62220	66132	80776	95830	104627
社会消费品零售总额	万元	34006	230802	253864	291876	352689	410267
普通小学专任教师数	人	1615	1737	1766	1809	1697	1737
普通小学在校学生数	人	38875	27918	26645	25899	25437	24710
普通中学专任教师数	人	1531	1907	1829	1927	1971	2000
普通中学在校学生数	人	30786	35777	34347	34322	32475	30454
卫生机构床位数	张	1252	1802	1945	2338	2686	3413
卫生技术人员	人	1867	1680	1714	2387	2868	3797
# 执业(助理)医师	人	862	741	742	891	990	1226
注册护师、护士	人	605	652	658	902	1159	1619

社会主要指标

2010年	2011年	2012年	2013年	2014年	2015年	2016年	2017年
43.86	43.95	44.06	44.14	44.23	44.39	44.52	21.60
195.14	228.01	266.44	305.22	316.43	313.09	344.90	304.20
8.57	10.74	11.93	12.43	13.28	13.40	13.68	
140.65	164.47	194.55	222.99	226.04	216.49	239.56	225.11
45.92	52.80	59.97	69.81	77.11	83.20	91.66	79.10
93.96	105.63	127.50	149.09	128.19	109.34	113.83	90.71
44937	51932	60545	69206	71613	70661	77585	141003
114.3	114.7	114.7	112.3	110.8	108.5	107.4	108.0
2336054	2780400	3558950	4522758	5470881	6721033	7725134	347571
32047	45067	60551	74116	85564	73342	81082	55923
72377	99786	118807	134161	149388	158298	192938	148474
6152	7831	9218	10582	11979	11183	12053	
20608	24462	28694	31936	35545	32316	34621	37478
14328	14048	13124	12660	12421	12100	11964	
126080	90058	107594	97237	92962	94916	88941	
131730	173773	200596	223316	232705	240934	249961	
482884	563381	660602	759967	862483	975536	1083460	383516
1713	1367	1354	1346	1290	1237	1362	672
24327	23884	22248	21916	22135	22999	24189	18169
1957	1970	1869	2200	2171	2251	2612	1998
26842	26126	24325	23495	22808	22625	21296	16838
3157	3716	3734	3924	4335	4719	5325	4432
3947	4213	4945	5350	5557	5811	6528	5730
1435	1467	1593	1745	1894	1956	2169	1974
1702	1825	2204	2399	2587	2686	3132	2814

7-4 三原县经济

指　标	单 位	2000年	2005年	2006年	2007年	2008年	2009年
年底总人口	万人	39.63	39.88	39.84	39.99	40.04	40.25
生产总值	亿元	17.62	36.31	41.51	52.07	65.85	76.62
第一产业	亿元	5.19	10.62	12.08	15.02	16.70	17.50
第二产业	亿元	5.95	13.69	16.78	22.25	31.80	37.77
第三产业	亿元	6.48	12.00	12.65	14.80	17.35	21.35
# 工业增加值	亿元	5.67	12.76	15.76	20.93	30.30	36.17
人均生产总值	元	4501	9047	10414	13045	16456	19134
生产总值指数	上年=100	112.7	113.3	112.0	113.3	114.6	114.2
全社会固定资产投资	万元	27597	118453	150359	212174	322965	441335
地方财政收入	万元	7417	4660	5827	7418	9643	12580
地方财政支出	万元	11979	23655	30544	42666	57196	70818
农村居民人均可支配收入	元	1683	2357	2607	3111	3832	4690
城镇居民人均可支配收入	元	4005	6836	7508	8815	13537	16943
常用耕地面积	公顷	33961	35746	35635	35577	35573	35630
粮食产量	吨	182412	230661	239526	206393	227799	217418
农林牧渔业总产值	万元	101905	178835	205735	254542	303094	306385
社会消费品零售总额	万元	40525	95846	106439	122505	150309	183667
普通小学专任教师数	人	2071	2387	2399	2422	2304	2247
普通小学在校学生数	人	51684	30426	30338	27551	25811	23917
普通中学专任教师数	人	2071	2124	2204	2314	2399	2424
普通中学在校学生数	人	33894	38748	39632	39086	35985	34435
卫生机构床位数	张	769	919	931	1027	1058	1162
卫生技术人员	人	1414	1126	1174	1321	1333	2114
# 执业(助理)医师	人	566	544	566	625	558	578
注册护师、护士	人	319	237	245	338	369	464

社会主要指标

2010年	2011年	2012年	2013年	2014年	2015年	2016年	2017年
40.38	40.51	40.66	40.76	40.89	41.01	41.13	41.23
90.28	103.40	120.48	140.81	160.13	177.63	193.51	235.00
21.20	23.50	26.12	27.41	29.17	29.87	30.64	30.91
44.49	51.16	62.57	74.97	87.32	100.69	110.71	144.10
24.59	28.74	31.79	38.44	43.64	47.07	52.15	60.01
41.79	48.15	59.13	71.03	82.63	95.55	96.74	137.84
22448	25564	29687	34591	39224	43377	47117	57068
115.1	114.5	113.6	114.7	112.3	111.5	108.3	110.0
575116	695401	903000	1142357	1361547	1665944	2058476	2148463
16896	22840	30201	36723	43389	48543	30303	33034
99777	126058	158501	184626	188235	212525	219181	238264
5670	7190	8383	9607	10846	10135	10961	11998
19501	22908	26619	29387	32561	29570	31851	34577
35614	33168	33208	33129	33055	32980	32902	32836
235988	193134	206465	200001	195125	201111	196009	194981
371211	404796	450714	488895	509048	514073	530811	541711
215240	251479	284712	327427	362789	412871	460223	535237
2224	2233	2105	1956	1830	1759	1762	1754
23092	22637	21605	19401	18622	19408	20926	21496
2432	2522	2487	2495	2522	2489	2483	2399
31985	29640	29653	25466	22034	18227	18239	17151
1168	1194	1342	1592	1770	1791	1780	1891
2492	2617	2739	2832	2876	3017	3291	3505
485	517	548	576	615	632	624	734
583	617	644	676	782	850	1016	1117

7-5 泾阳县经济

指　标	单 位	2000年	2005年	2006年	2007年	2008年	2009年
年底总人口	万人	48.34	50.04	50.01	50.21	50.27	48.63
生产总值	亿元	18.89	37.75	43.89	52.84	65.10	74.04
第一产业	亿元	7.85	15.71	18.70	20.68	26.60	27.69
第二产业	亿元	5.71	10.63	12.12	16.28	20.01	23.27
第三产业	亿元	5.33	11.41	13.07	15.88	18.49	23.07
# 工业增加值	亿元	5.04	9.28	10.81	14.68	18.11	21.28
人均生产总值	元	3915	7558	8774	10545	12958	14725
生产总值指数	上年=100	109.5	113.7	110.8	114.3	116.3	114.4
全社会固定资产投资	万元	26725	137336	172830	217323	317425	441529
地方财政收入	万元	7200	4505	5355	6364	8538	11385
地方财政支出	万元	11905	20862	26678	40819	56989	78065
农村居民人均可支配收入	元	1780	2495	2750	3120	3840	4715
城镇居民人均可支配收入	元				9787	13556	16952
常用耕地面积	公顷	44388	45482	45299	45320	45337	45355
粮食产量	吨	222529	249264	261954	258177	284086	277391
农林牧渔业总产值	万元	124130	265732	320050	384040	437295	453673
社会消费品零售总额	万元	29616	101141	113627	132654	165171	188271
普通小学专任教师数	人	2188	2250	2126	2268	2618	2827
普通小学在校学生数	人	66766	45011	40417	35296	30712	28945
普通中学专任教师数	人	1898	2384	2359	2384	3075	3204
普通中学在校学生数	人	37588	41731	42607	42378	42346	41747
卫生机构床位数	张	490	862	912	1182	1479	1235
卫生技术人员	人	999	984	1002	945	1016	1224
# 执业(助理)医师	人	460	370	362	409	423	787
注册护师、护士	人	236	208	209	260	292	430

社会主要指标

2010年	2011年	2012年	2013年	2014年	2015年	2016年	2017年
48.81	49.00	49.16	49.33	49.50	49.70	49.84	31.66
87.40	101.52	118.02	135.01	152.03	160.23	179.04	75.05
30.26	35.23	38.64	40.87	43.86	45.00	46.42	31.22
30.52	35.16	44.02	52.98	61.85	64.38	75.24	12.35
26.62	31.13	35.37	41.15	46.32	50.84	57.38	31.48
27.92	32.16	40.89	49.45	57.71	59.72	66.14	11.76
17638	20758	24046	27414	30766	32302	35972	23745
114.4	112.5	113.5	113.1	111.0	111.5	108.0	93.0
575620	716576	917000	1165063	1794316	2323692	3318503	94587
17360	22223	25399	32586	40056	28371	26315	13744
110998	127369	159800	209128	218719	219136	247594	220301
5691	7205	8379	9561	10794	10106	10940	11954
19529	22915	26513	29270	32431	29458	31730	34478
45413	44427	44397	43757	43100	42459	41995	30607
287937	248685	257271	242447	239839	247212	240797	163222
522869	576531	632757	701427	737796	756662	791330	528502
217433	250432	285777	328745	378386	433399	530396	44526
2965	2920	2936	2754	2641	2353	2198	1255
28509	28848	26763	23785	24776	25452	26855	13806
3255	3382	3272	3325	3166	3001	2476	1655
40654	36687	32154	25105	23567	21684	20144	12931
1306	1446	1574	1882	2364	2302	2229	1468
1529	2002	2141	2528	2855	3101	3438	1833
501	678	687	748	776	802	755	469
459	789	956	1164	1424	1588	1857	835

7-6 乾县经济

指　　标	单 位	2000年	2005年	2006年	2007年	2008年	2009年
年底总人口	万人	54.18	56.12	56.06	56.34	56.38	52.56
生产总值	亿元	14.76	30.45	35.05	42.28	52.52	59.72
第一产业	亿元	5.65	8.04	8.72	10.49	12.40	13.05
第二产业	亿元	4.12	10.59	13.41	16.17	20.75	22.24
第三产业	亿元	4.99	11.82	12.92	15.62	19.37	24.43
# 工业增加值	亿元	3.34	9.53	12.26	14.84	18.65	19.78
人均生产总值	元	2735	5439	6249	7523	9319	10588
生产总值指数	上年=100	116.8	112.8	112.2	116.3	115.9	115.0
全社会固定资产投资	万元	35720	102457	139027	215236	294852	452379
地方财政收入	万元	8034	4102	4574	5530	7391	8713
地方财政支出	万元	10438	21357	30309	41997	60863	75100
农村居民人均可支配收入	元	1620	2266	2509	3069	3788	4678
城镇居民人均可支配收入	元	3337	5180	5728	7813	12598	15726
常用耕地面积	公顷	50111	50458	50581	50569	50570	50722
粮食产量	吨	270276	268541	299681	269366	297584	293684
农林牧渔业总产值	万元	86680	130577	145860	179712	206689	217548
社会消费品零售总额	万元	30039	129599	148611	176576	223029	261084
普通小学专任教师数	人	2858	3229	3116	3115	3078	3031
普通小学在校学生数	人	76732	54306	61778	59935	52946	47811
普通中学专任教师数	人	1668	2319	2465	2531	2627	2639
普通中学在校学生数	人	34432	57161	61161	60907	57891	53899
卫生机构床位数	张	621	626	1009	1095	1031	999
卫生技术人员	人	1115	965	965	986	1110	1107
# 执业(助理)医师	人	605	517	517	517	543	436
注册护师、护士	人	214	180	180	210	265	263

社会主要指标

2010年	2011年	2012年	2013年	2014年	2015年	2016年	2017年
52.75	52.85	52.98	53.08	53.20	53.40	53.52	53.66
73.47	92.98	108.09	127.21	145.04	148.74	162.38	176.09
17.05	22.33	25.48	27.86	29.62	30.46	31.67	32.11
29.13	37.58	46.54	57.82	67.42	68.28	74.25	77.77
27.29	33.07	36.08	41.53	48.00	50.00	56.46	66.21
25.68	33.79	42.12	52.13	60.59	60.63	63.10	68.14
13459	17610	20427	23986	27293	27904	30373	32859
115.9	114.5	113.5	113.2	111.6	111.6	108.4	109.1
600152	722132	924000	1171750	1382234	1687017	2036744	2124325
10587	14510	18622	22520	23960	26880	16357	17765
99716	130190	172992	196555	223096	228156	239018	280015
5665	7155	8314	9495	10700	10007	10773	11770
18274	21516	24915	27481	30421	27620	29673	32077
51128	51128	51258	49915	48443	46630	46642	46959
305733	276961	268199	253101	250097	262896	255915	251617
279697	366942	426941	465953	513509	535346	556117	564452
305810	352532	404720	465009	526390	593759	661175	705126
2994	2938	2964	2956	2525	2352	2146	1957
53088	53858	49775	47378	42874	39447	33623	32332
2630	2646	2701	2608	2676	2650	2466	2329
53580	55897	51069	44977	38904	33016	28814	27682
1040	1030	1368	1467	1579	1715	1779	1834
1785	2192	2514	2578	2881	2731	2887	3017
458	458	481	511	614	594	619	663
654	695	826	833	954	900	960	981

7-7 礼泉县经济

指　　标	单 位	2000年	2005年	2006年	2007年	2008年	2009年
年底总人口	万人	45.56	46.28	46.23	46.45	46.52	44.64
生产总值	亿元	15.63	27.58	32.05	37.94	48.90	54.85
第一产业	亿元	6.29	9.67	10.69	12.24	16.00	17.13
第二产业	亿元	3.98	6.31	8.38	10.40	14.66	14.58
第三产业	亿元	5.36	11.60	12.98	15.30	18.24	23.14
# 工业增加值	亿元	3.37	5.43	7.18	8.91	12.99	12.82
人均生产总值	元	3449	5990	6929	8187	10519	11785
生产总值指数	上年=100	102.8	112.7	112.0	111.4	115.8	115.1
全社会固定资产投资	万元	15912	116595	156880	226562	334400	492140
地方财政收入	万元	8167	3110	3705	4164	6083	9009
地方财政支出	万元	12276	20626	29336	40757	55886	71257
农村居民人均可支配收入	元	2119	2560	2850	3238	3886	4687
城镇居民人均可支配收入	元				7300	12611	15726
常用耕地面积	公顷	38222	36352	36237	33525	30761	30890
粮食产量	吨	183791	149288	138959	109427	122475	128861
农林牧渔业总产值	万元	107956	144767	163334	200390	253977	286423
社会消费品零售总额	万元	35227	102132	116663	138540	175302	203456
普通小学专任教师数	人	3829	3274	3116	2995	3080	3040
普通小学在校学生数	人	75311	59187	53847	48677	47223	45894
普通中学专任教师数	人	1991	2293	2310	2336	2406	2402
普通中学在校学生数	人	37826	48216	48915	46520	47572	46019
卫生机构床位数	张	819	915	924	932	956	914
卫生技术人员	人	1629	1489	1335	1475	1464	1322
# 执业(助理)医师	人	630	559	468	472	472	515
注册护师、护士	人	465	441	412	434	444	424

社会主要指标

2010年	2011年	2012年	2013年	2014年	2015年	2016年	2017年
44.81	44.92	45.07	45.21	45.34	45.48	45.61	45.68
72.57	93.24	108.62	127.86	145.00	151.83	164.15	170.78
26.57	37.36	42.68	46.49	50.18	50.80	54.04	54.64
20.90	25.85	36.10	46.41	56.05	58.23	61.54	60.47
25.10	30.03	29.83	34.96	38.77	42.81	48.57	55.67
19.07	23.75	33.73	42.90	51.60	55.26	57.19	56.30
15882	20781	24140	28326	32026	33437	36043	37414
115.0	114.5	113.8	113.2	110.8	110.8	108.5	108.6
649600	777800	995000	1259574	1487784	1820318	2320070	2653999
12170	16893	21565	26025	21728	23962	19005	21396
99261	124209	168364	200351	195649	215694	227528	257975
5695	7181	8381	9571	10796	10089	10922	11923
18258	21501	25048	27628	30584	27755	29818	32311
31137	30818	30850	30033	28865	28876	28874	28866
153013	115603	130453	123113	120567	126619	122883	120158
408686	601820	665289	729211	781606	796999	851118	887487
237349	277258	312932	361727	410561	462883	539774	623929
2996	2954	2944	2802	2580	2376	2271	2012
43318	42638	39484	31579	26784	26539	25743	23600
2417	2495	2495	2653	2644	2603	2552	2667
44204	44763	40733	31074	26492	21505	21075	19554
1024	1031	1115	1193	1593	1761	1834	1896
1892	1899	2101	2146	1858	1990	2297	2568
569	555	553	573	537	546	578	605
517	514	545	557	660	679	749	798

7-8 永寿县经济

指　标	单 位	2000年	2005年	2006年	2007年	2008年	2009年
年底总人口	万人	18.28	19.58	19.51	19.60	19.62	18.41
生产总值	亿元	3.32	7.22	8.16	10.63	14.72	17.52
第一产业	亿元	1.29	2.98	3.65	4.36	6.20	6.97
第二产业	亿元	0.67	1.56	1.97	2.82	3.61	4.84
第三产业	亿元	1.36	2.68	2.54	3.45	4.91	5.71
# 工业增加值	亿元	0.58	1.26	1.66	2.33	2.91	3.89
人均生产总值	元	1828	3772	4184	5436	7506	8925
生产总值指数	上年=100	104.2	114.5	115.1	114.3	115.9	114.3
全社会固定资产投资	万元	14398	68098	76447	97469	140811	190045
地方财政收入	万元	2674	1580	1869	2318	3468	4271
地方财政支出	万元	6090	10953	17221	26857	36559	45768
农村居民人均可支配收入	元	993	1420	1700	1975	2900	3585
城镇居民人均可支配收入	元				5806	10914	13533
常用耕地面积	公顷	29369	28169	28133	19346	19346	19346
粮食产量	吨	65896	78981	91700	71875	92714	96583
农林牧渔业总产值	万元	24314	53960	60353	74459	99766	111188
社会消费品零售总额	万元	5587	33413	37107	42961	53022	60882
普通小学专任教师数	人	1194	1255	1267	1272	1284	1287
普通小学在校学生数	人	29602	24369	23480	21815	20539	19499
普通中学专任教师数	人	530	726	755	789	833	832
普通中学在校学生数	人	10063	16067	16284	16332	16180	16093
卫生机构床位数	张	383	410	411	425	452	493
卫生技术人员	人	558	488	490	463	525	567
# 执业(助理)医师	人	294	267	266	194	222	256
注册护师、护士	人	117	100	100	101	123	150

社会主要指标

2010年	2011年	2012年	2013年	2014年	2015年	2016年	2017年
18.48	18.53	18.58	18.62	18.69	18.75	18.81	18.85
23.07	28.02	34.87	41.33	44.83	50.00	58.61	73.31
9.75	10.82	12.38	13.31	14.30	15.01	15.98	16.95
5.96	8.52	12.76	16.49	17.65	21.16	26.83	31.40
7.36	8.68	9.73	11.54	12.88	13.84	15.80	24.97
5.01	7.44	11.38	14.73	15.40	19.09	23.70	28.74
12102	15141	18795	22220	24031	26712	31206	38934
117.4	113.0	113.6	113.2	110.3	111.7	110.9	110.4
250031	301778	386360	488240	573486	697719	854396	965921
5738	8048	10538	13079	14096	14800	8276	8938
65576	76796	101489	115710	117655	123377	137251	164387
4352	5457	6391	7317	8232	7720	8419	9216
15671	18355	21256	23530	26024	23577	25490	27537
19403	19445	19256	19553	20402	20405	20472	20538
96932	75780	84735	82000	81018	89068	87584	86696
148026	171254	195466	250900	273123	292511	312678	329220
80737	94170	107899	124291	143928	180459	208526	243279
1215	1115	1016	942	915	905	906	875
17734	15176	13650	12912	12725	12669	12609	12899
834	834	862	892	881	860	849	833
14627	13438	12808	10773	9601	9027	8780	8579
509	493	515	697	814	870	953	919
661	694	771	1258	1161	1119	1105	1146
218	215	226	256	262	251	254	303
184	181	207	329	325	324	344	377

7–9 彬县经济

指 标	单 位	2000年	2005年	2006年	2007年	2008年	2009年
年底总人口	万人	31.63	32.28	32.39	32.54	32.64	32.23
生产总值	亿元	6.41	14.84	18.26	24.51	43.86	60.06
第一产业	亿元	2.33	3.83	4.05	4.80	6.60	7.15
第二产业	亿元	1.97	5.66	8.14	12.72	28.87	41.45
第三产业	亿元	2.11	5.35	6.07	6.99	8.39	11.47
# 工业增加值	亿元	1.83	5.33	7.79	12.07	27.75	39.62
人均生产总值	元	2036	4558	5619	7550	13458	18393
生产总值指数	上年=100	104.6	124.6	122.2	124.4	129.6	122.6
全社会固定资产投资	万元	18752	125956	161591	211964	335327	508990
地方财政收入	万元	5103	4526	7864	19340	26031	38397
地方财政支出	万元	8428	20958	31797	49722	71289	89357
农村居民人均可支配收入	元	1249	1837	2004	2292	3078	4103
城镇居民人均可支配收入	元	2600	4825	5050	6305	12187	15356
常用耕地面积	公顷	35614	28979	28899	28951	29077	29407
粮食产量	吨	79482	108007	107517	79804	106804	120883
农林牧渔业总产值	万元	39487	64115	72001	90236	110059	124200
社会消费品零售总额	万元	25273	57253	62560	70262	84247	112381
普通小学专任教师数	人	1684	1731	1789	1754	1711	1725
普通小学在校学生数	人	50607	41023	36976	32488	28887	27225
普通中学专任教师数	人	764	1147	1312	1362	1421	1403
普通中学在校学生数	人	18208	29751	32163	31904	29989	28824
卫生机构床位数	张	622	619	669	980	998	904
卫生技术人员	人	858	837	806	779	876	1647
# 执业(助理)医师	人	390	420	395	371	340	542
注册护师、护士	人	252	244	238	204	321	556

社会主要指标

2010年	2011年	2012年	2013年	2014年	2015年	2016年	2017年
32.35	32.47	32.56	32.66	32.79	32.85	32.95	32.99
80.17	106.10	136.18	165.43	186.10	170.01	188.82	208.89
9.78	12.60	14.45	15.67	16.82	17.24	17.88	19.04
56.57	77.24	103.35	129.26	146.45	128.50	142.71	152.84
13.81	16.27	18.38	20.50	22.83	24.28	28.23	37.01
53.44	73.91	99.34	124.72	141.00	122.43	134.68	145.17
24659	32737	41884	50726	56866	51803	57395	63355
121.3	123.3	120.6	117.8	112.6	109.7	108.0	108.7
666046	863711	1105000	1409690	1659969	2025405	2172789	2510144
50871	89354	86362	100118	108287	100210	75102	100056
138993	189528	209539	231363	210943	224096	244665	233126
5121	6601	7835	9058	10271	9640	10453	11441
18151	21516	25217	28041	31126	28277	30515	33093
29791	29884	30551	31169	31283	31430	31583	31755
139739	119392	129983	118286	115331	125622	123049	121458
170612	219965	252341	277029	297830	307949	318129	338547
136397	161143	187883	217726	252562	285386	336827	396648
1669	1607	1443	1407	1410	1328	1261	1366
26366	26596	26246	25991	25417	25550	26716	27382
1409	1338	1329	1429	1377	1315	1286	1339
27124	24974	22376	19057	16296	14372	14434	14482
1012	1053	1512	1562	1602	1681	1856	1756
1777	1851	1929	1933	2009	2019	2167	2009
385	388	400	398	389	383	396	396
702	697	740	725	771	796	977	867

7-10 长武县经济

指　标	单 位	2000年	2005年	2006年	2007年	2008年	2009年
年底总人口	万人	17.11	17.04	16.95	17.03	17.06	16.70
生产总值	亿元	2.79	6.79	8.05	10.15	15.81	17.80
第一产业	亿元	1.14	1.87	2.03	2.53	3.30	3.70
第二产业	亿元	0.66	1.83	2.43	3.86	8.18	8.76
第三产业	亿元	0.99	3.09	3.59	3.76	4.33	5.34
# 工业增加值	亿元	0.38	1.39	1.90	3.07	7.15	7.38
人均生产总值	元	1631	3957	4737	5974	9277	10433
生产总值指数(上年=100)	上年=100	111.6	115.0	111.2	115.9	122.9	112.1
全社会固定资产投资	万元	17197	53237	69190	120671	274492	372598
地方财政收入	万元	2621	2029	2275	16809	6227	22381
地方财政支出	万元	5602	11263	15133	34017	31552	53286
农村居民人均可支配收入	元	1009	1550	1700	1922	2895	3583
城镇居民人均可支配收入	元				5909	11069	13714
常用耕地面积	公顷	19346	10609	11427	11464	11464	11452
粮食产量	吨	50191	54961	53593	42285	56225	61527
农林牧渔业总产值	万元	21510	34465	37681	44772	54563	61684
社会消费品零售总额	万元	7366	30196	34590	41285	52865	62561
普通小学专任教师数	人	911	1170	1135	1174	1089	1082
普通小学在校学生数	人	24476	19453	18247	16167	13898	12164
普通中学专任教师数	人	609	794	820	895	914	896
普通中学在校学生数	人	10285	12231	12272	12124	11587	11001
卫生机构床位数	张	309	347	353	449	492	486
卫生技术人员	人	444	432	468	471	523	584
# 执业(助理)医师	人	248	205	207	186	178	271
注册护师、护士	人	104	129	129	131	121	156

社会主要指标

2010年	2011年	2012年	2013年	2014年	2015年	2016年	2017年
16.77	16.83	16.90	16.95	17.01	17.06	17.12	17.16
24.95	34.98	44.62	52.58	60.61	68.83	73.00	95.96
5.49	10.90	12.60	13.66	14.74	15.28	15.87	16.64
14.04	17.93	24.96	30.73	36.59	43.09	45.42	60.89
5.42	6.15	7.06	8.18	9.28	10.47	11.71	18.43
11.62	14.50	20.94	26.11	31.33	37.30	43.93	53.34
14745	20822	26457	31066	35687	40408	42720	55985
123.5	119.1	116.1	116.8	112.4	109.6	107.5	107.4
480377	565661	723000	917761	1079825	1323357	1559353	1751727
20003	27761	23554	28060	32013	35075	31960	52743
80024	83851	90846	110669	110419	124968	147557	171679
4407	5645	6622	7556	8508	7987	8702	9489
15991	18869	22021	24399	26936	24420	26401	28740
11475	10914	11058	11223	11666	11708	11775	11831
63718	49743	62665	58921	55175	58666	57703	56266
90094	179082	208938	233416	292219	307462	319740	353680
73855	85114	99383	114505	132024	151067	172136	197795
1044	968	921	888	881	844	903	804
10893	9995	9389	9334	9484	9715	9916	10413
913	913	907	851	849	783	765	861
10907	10532	9756	8716	7919	7210	7051	6851
510	570	650	647	686	791	802	856
707	883	976	1080	1166	1225	1293	1304
155	181	202	211	207	207	208	232
180	195	234	255	277	285	285	300

7-11 旬邑县经济

指标	单位	2000年	2005年	2006年	2007年	2008年	2009年
年底总人口	万人	26.76	27.04	26.98	27.11	27.14	26.08
生产总值	亿元	5.04	11.43	13.61	19.14	28.75	34.70
第一产业	亿元	2.78	5.04	5.66	6.74	8.80	9.43
第二产业	亿元	0.90	3.04	3.77	7.66	14.34	19.26
第三产业	亿元	1.35	3.35	4.18	4.74	5.61	6.01
# 工业增加值	亿元	0.79	2.61	3.35	7.11	13.64	18.51
人均生产总值	元	1904	4227	5039	7077	10599	12779
生产总值指数	上年=100	110.3	133.4	109.4	123.3	119.1	115.9
全社会固定资产投资	万元	8711	60451	88643	117602	180142	250145
地方财政收入	万元	3670	2386	2699	3741	6741	10616
地方财政支出	万元	7159	16118	23320	30920	45000	60600
农村居民人均可支配收入	元	1324	1737	1883	2200	2890	3580
城镇居民人均可支配收入	元	3100	5070	5580	5900	10724	13469
常用耕地面积	公顷	28291	27173	27293	27386	27444	27479
粮食产量	吨	86795	107939	107789	90793	101859	104656
农林牧渔业总产值	万元	39996	80040	89944	114712	145078	157125
社会消费品零售总额	万元	9212	40403	45123	52613	65351	82744
普通小学专任教师数	人	1574	1674	1576	1645	1638	1615
普通小学在校学生数	人	41391	33538	31386	28133	25176	22187
普通中学专任教师数	人	767	1103	1100	1118	1149	1196
普通中学在校学生数	人	15838	22897	23895	24663	25286	26105
卫生机构床位数	张	373	450	476	526	546	576
卫生技术人员	人	657	572	574	671	917	669
# 执业(助理)医师	人	323	235	229	263	411	397
注册护师、护士	人	165	111	112	149	254	199

社会主要指标

2010年	2011年	2012年	2013年	2014年	2015年	2016年	2017年
26.18	26.28	26.38	26.45	26.54	26.58	26.66	26.71
49.32	68.36	86.84	102.28	116.02	104.92	106.63	115.73
14.21	21.18	23.26	24.42	26.82	27.06	29.29	29.35
28.07	39.16	54.36	65.72	75.26	61.94	60.21	64.59
7.04	8.03	9.23	12.14	13.94	15.92	17.13	21.79
27.31	38.34	53.52	64.75	74.10	60.65	54.71	62.77
18492	26065	32983	38723	43789	44772	40055	43368
121.0	118.4	117.9	116.2	110.2	108.4	107.8	108.1
330030	397844	509000	646140	771425	939301	1124337	1305385
15011	24070	27596	30167	20261	22443	18527	24934
90062	113002	132368	142504	145102	153941	188720	203568
4368	5617	6662	7701	8741	8208	8951	9759
15516	18324	21403	23715	26229	23789	25719	27972
27646	27766	27766	27767	27678	27752	27816	27786
116742	98749	126735	118923	108028	112523	110004	105721
232592	352962	386944	434653	486744	512243	526502	542244
96253	110746	127688	147196	169129	193398	222120	251007
1605	1476	1462	1468	1421	1422	1413	1143
20073	18811	16084	15445	15867	16570	17551	16099
1213	1227	1290	1365	1323	1250	1215	1293
24531	23762	17907	14385	12781	12079	11539	9626
700	770	771	832	862	911	929	981
1001	1272	1568	1646	1685	1785	1810	1793
325	293	349	341	327	376	373	383
280	377	459	486	482	512	525	548

7-12 淳化县经济

指　　标	单 位	2000年	2005年	2006年	2007年	2008年	2009年
年底总人口	万人	18.60	19.90	19.84	19.93	19.91	19.29
生产总值	亿元	4.99	9.75	11.64	15.44	20.54	23.48
第一产业	亿元	3.13	5.48	6.21	9.17	12.70	12.16
第二产业	亿元	0.69	1.58	2.34	3.13	4.15	5.72
第三产业	亿元	1.17	2.69	3.09	3.14	3.69	5.60
# 工业增加值	亿元	0.62	1.37	2.00	2.51	3.41	4.77
人均生产总值	元	2702	4920	5858	7765	10310	11786
生产总值指数	上年=100	131.5	115.4	109.6	109.9	115.4	114.2
全社会固定资产投资	万元	17961	39484	50400	71979	96493	132293
地方财政收入	万元	3791	1326	1496	1823	2408	2853
地方财政支出	万元	6302	12452	17935	23458	38041	43718
农村居民人均可支配收入	元	1205	1704	1883	2192	2946	3645
城镇居民人均可支配收入	元				6005	10200	12821
常用耕地面积	公顷	34060	25621	25655	26179	26561	26684
粮食产量	吨	95154	98076	101662	82586	97938	107151
农林牧渔业总产值	万元	57832	104103	118391	154948	215764	223917
社会消费品零售总额	万元	13690	34669	38013	43469	52574	61771
普通小学专任教师数	人	1219	1371	1373	1334	1300	1236
普通小学在校学生数	人	31756	30911	30545	30531	30392	29832
普通中学专任教师数	人	685	844	863	861	890	929
普通中学在校学生数	人	11844	16751	17467	17531	16790	16208
卫生机构床位数	张	245	322	453	459	506	504
卫生技术人员	人	455	438	408	452	520	679
# 执业(助理)医师	人	190	133	124	129	134	231
注册护师、护士	人	75	55	53	66	100	121

社会主要指标

2010年	2011年	2012年	2013年	2014年	2015年	2016年	2017年
19.35	19.39	19.45	19.50	19.57	19.61	19.66	19.70
32.22	36.80	42.67	50.25	53.54	57.38	64.91	74.30
17.65	19.33	21.74	21.39	22.87	23.17	25.02	26.16
8.35	10.44	12.82	16.85	17.23	19.39	24.24	25.41
6.22	7.04	8.11	12.01	13.44	14.82	15.65	22.73
6.05	8.70	10.39	14.04	13.87	15.59	19.39	20.43
16405	18998	21973	25799	27406	29289	33061	37753
114.0	112.2	113.0	113.0	110.0	109.8	108.0	108.1
175421	205100	260000	332899	390043	469909	587976	665090
4285	6043	8001	9500	6066	7037	6241	6662
76851	84086	107593	112882	115757	136172	161053	175098
4476	5622	6572	7518	8451	7929	8639	9465
14911	17450	20173	22311	24654	22346	25240	27284
26817	24221	25432	26034	27330	28754	28756	28762
121995	95825	124294	115544	110000	118043	115709	113476
296990	332235	376957	417469	456662	460098	480087	506629
75552	87260	100652	115805	133871	153041	175833	202889
1240	1165	1114	1028	956	924	881	790
28931	27732	21658	13223	9695	8200	7925	7893
924	970	949	1004	992	981	910	842
15682	14436	12074	10354	8822	7398	6826	6021
498	508	557	602	629	619	599	594
745	783	895	1040	1028	1049	1160	1222
149	177	184	193	174	179	190	227
137	151	167	182	182	187	212	214

7-13 武功县经济

指标	单位	2000年	2005年	2006年	2007年	2008年	2009年
年底总人口	万人	40.30	42.03	42.01	42.22	42.27	41.01
生产总值	亿元	11.84	21.65	25.68	32.57	39.30	44.72
第一产业	亿元	3.19	5.65	7.06	11.60	11.70	12.27
第二产业	亿元	4.28	8.25	9.30	10.51	15.92	16.83
第三产业	亿元	4.37	7.75	9.32	10.46	11.68	15.62
# 工业增加值	亿元	3.80	7.18	7.92	8.84	14.00	14.37
人均生产总值	元	2953	5185	6111	7734	9303	10575
生产总值指数	上年=100	112.8	108.0	112.7	116.4	115.1	113.7
全社会固定资产投资	万元	10119	54713	71497	95208	127523	182489
地方财政收入	万元	3499	2263	2438	3011	4030	5211
地方财政支出	万元	8259	19366	27629	34721	48254	59721
农村居民人均可支配收入	元	1603	2304	2576	2950	3798	4656
城镇居民人均可支配收入	元				7492	12329	15362
常用耕地面积	公顷	28064	27512	27541	27572	27565	27549
粮食产量	吨	189332	218592	245906	206687	224598	229829
农林牧渔业总产值	万元	55705	101333	117548	146163	186759	202288
社会消费品零售总额	万元	30987	86066	96140	112243	139000	166690
普通小学专任教师数	人	2203	2758	2413	2299	2262	2421
普通小学在校学生数	人	63951	48472	44200	40386	38284	40969
普通中学专任教师数	人	1643	2141	2222	2246	2214	2263
普通中学在校学生数	人	33305	43267	43464	42780	40207	38444
卫生机构床位数	张	704	875	885	1003	1011	1010
卫生技术人员	人	1120	844	845	1193	1129	1075
# 执业(助理)医师	人	427	336	337	415	381	431
注册护师、护士	人	341	314	316	350	353	372

社会主要指标

2010年	2011年	2012年	2013年	2014年	2015年	2016年	2017年
41.16	41.30	41.47	41.61	41.74	41.87	42.00	42.09
55.52	63.60	74.14	95.94	110.03	112.45	123.25	140.00
15.10	16.73	18.52	18.79	20.26	20.99	22.37	23.53
22.06	25.50	31.71	48.47	56.94	56.76	61.30	70.78
18.36	21.38	23.91	28.69	32.83	34.70	39.58	45.69
19.06	21.04	25.94	41.12	48.81	47.77	41.60	59.42
13302	15425	17913	23095	26401	26898	29391	33297
113.8	113.0	113.5	113.3	110.5	111.1	108.1	109.0
248226	309552	396000	499265	586460	716964	845582	965663
6724	8663	10927	13245	15274	16529	10972	15135
87894	110030	141676	165429	172433	195187	209098	225441
5592	7035	8167	9335	10521	9857	10660	11638
17666	20758	24142	26677	29585	26865	28808	31246
27542	26501	26528	26767	26906	26937	26955	26967
242925	206590	210562	200004	197222	203144	198003	194191
249821	276303	293249	323023	348078	362655	385201	407256
194730	224978	259003	292646	327179	374897	425042	482761
2518	2544	2462	2378	2152	2055	1949	1815
40881	39652	36203	29735	26163	25399	24967	24981
2241	2240	2092	1958	1979	1867	1804	1808
39063	37168	31269	25798	22903	23075	23233	22443
1028	1211	1478	1541	1633	1689	1746	2166
1138	1221	1319	2093	2122	2197	2196	2279
370	399	436	541	573	601	596	665
413	436	482	695	711	750	795	826

7-14 兴平市经济

指　　标	单 位	2000年	2005年	2006年	2007年	2008年	2009年
年底总人口	万人	55.50	56.17	56.17	56.45	56.48	54.00
生产总值	亿元	20.77	45.87	50.03	58.47	77.07	88.34
第一产业	亿元	4.38	8.26	8.72	10.12	12.80	13.35
第二产业	亿元	10.09	23.48	24.71	28.63	40.97	42.77
第三产业	亿元	6.30	14.13	16.60	19.72	23.30	32.21
# 工业增加值	亿元	8.28	20.49	21.85	25.50	34.91	39.38
人均生产总值	元	3794	8167	8907	10384	13649	15633
生产总值指数	上年=100	111.6	116.5	110.9	113.3	115.3	113.6
全社会固定资产投资	万元	44947	140463	218428	284760	475181	701246
地方财政收入	万元	6869	7007	7923	9508	12858	16209
地方财政支出	万元	12365	21965	34940	45989	65297	81539
农村居民人均可支配收入	元	1609	2359	2597	2960	3908	4787
城镇居民人均可支配收入	元				8858	13600	16992
常用耕地面积	公顷	34562	34942	34990	35004	35146	35423
粮食产量	吨	213083	229172	239948	208773	233780	236882
农林牧渔业总产值	万元	74203	125154	142139	172079	214246	220664
社会消费品零售总额	万元	36300	126282	141043	161907	198094	236630
普通小学专任教师数	人	3076	3234	3105	3039	3086	3159
普通小学在校学生数	人	74895	52492	53951	48510	45066	42166
普通中学专任教师数	人	1925	2369	2406	2356	2343	2469
普通中学在校学生数	人	33732	48106	50637	48947	49895	48664
卫生机构床位数	张	1446	1262	1416	1421	1500	1345
卫生技术人员	人	1695	1410	1404	1325	1447	2025
# 执业(助理)医师	人	725	627	618	592	564	607
注册护师、护士	人	526	422	420	381	413	426

社会主要指标

2010年	2011年	2012年	2013年	2014年	2015年	2016年	2017年
54.20	54.35	54.56	54.72	54.87	55.08	55.23	50.97
107.15	125.00	145.20	175.22	182.77	191.70	217.67	237.08
16.48	18.99	21.00	22.74	24.38	24.93	26.04	24.93
53.56	63.99	79.08	100.77	101.49	105.30	120.58	132.09
37.12	42.02	45.12	51.71	56.90	61.48	71.05	80.07
50.09	57.58	71.75	92.46	91.70	94.41	89.35	118.30
19354	23032	26664	32069	33355	36962	39465	46578
113.3	114.6	113.5	114.5	111.1	110.0	108.4	108.6
916900	1115300	1427000	1820881	2140478	2614660	3014536	3434375
22008	28585	36600	45000	51300	52000	40000	37050
114986	141510	177113	197989	210795	246536	262501	285053
5768	7273	8437	9677	10936	10232	11067	12090
19838	23488	27246	30216	33600	30542	32782	35423
35616	35715	35810	34875	33924	32687	31490	28145
252245	230911	222957	222003	217156	224011	218148	194671
268760	307761	325470	362534	384997	388869	415054	394385
278635	323331	374490	433232	497350	563791	634908	718313
3167	3083	2988	2824	2594	2479	2304	2095
41178	40261	37131	34330	34964	36081	34727	34960
2565	2605	2644	2788	2867	2831	2800	2786
47401	48899	37687	35577	30520	28150	26220	26051
1498	1638	1557	2343	2246	2274	2357	2264
2578	3019	3373	3725	3960	4096	4204	4432
626	721	722	810	841	945	963	1006
616	687	767	879	1010	1042	1234	1315

八、渭南市

资料整理：同小庆　李雯佳

8-1 渭南市经济

指 标	单 位	2000年	2005年	2006年	2007年	2008年	2009年
年底总人口	万人	529.02	547.11	545.65	542.04	543.07	529.03
人口自然增长率	‰		4.46	4.44	4.43	4.48	4.39
年底总户数	万户	136.22	153.46	159.23	161.56	165.36	169.48
生产总值	亿元	165.47	330.17	377.40	456.95	563.09	636.96
第一产业	亿元	37.43	58.66	63.13	80.19	96.26	100.55
第二产业	亿元	60.42	148.71	171.83	206.06	256.22	294.44
第三产业	亿元	67.62	122.80	142.44	170.70	210.61	241.97
# 工业增加值	亿元	51.82	131.28	151.31	181.10	222.49	248.78
人均生产总值	元	3149	6052	6907	8402	10378	11728
生产总值指数	上年=100	108.2	112.4	112.9	114.2	116.3	114.3
第一产业	上年=100	104.3	105.5	107.3	104.9	107.6	106.5
第二产业	上年=100	107.5	117.7	114.8	115.5	117.3	116.3
第三产业	上年=100	112.0	110.6	113.3	116.8	118.7	114.7
# 工业增加值	上年=100	107.6	119.1	115.0	115.6	117.1	113.7
人均生产总值指数	上年=100	107.2	111.2	112.7	114.7	116.6	114.2
非公有制经济增加值	亿元		127.68	150.27	182.89	235.24	279.58
文化产业增加值	亿元						
能源消费总量	万吨标准煤						
单位GDP能耗比上年增长	%			-2.30	-4.85	-5.44	-4.51
就业人员	万人	272.10	297.70	299.74	301.35	303.16	311.97
城镇单位就业人员	万人	35.04	33.75	33.91	34.51	34.73	34.87
# 国有单位	万人	29.80	27.41	27.11	27.12	27.68	27.72
集体单位	万人	2.30	1.93	1.77	1.62	1.53	1.52
# 在岗职工人数	万人	33.90	32.65	32.69	33.39	33.48	34.47
城镇单位就业人员平均工资	元						
城镇单位在岗职工平均工资	元	6192	11822	13577	16792	21092	24589

社会主要指标

2010年	2011年	2012年	2013年	2014年	2015年	2016年	2017年
528.99	530.49	532.10	533.17	534.30	535.99	537.16	538.29
3.26	3.29	3.45	3.61	3.46	3.43	3.66	4.03
171.35	176.56	178.35	180.31	176.56	173.52	173.48	173.42
801.42	1028.97	1157.32	1321.81	1423.75	1430.41	1488.62	1650.63
128.94	160.47	171.54	193.09	207.16	213.92	224.81	230.50
394.55	545.19	610.67	710.74	751.34	697.70	685.20	771.54
277.93	323.31	375.11	417.98	465.25	518.79	578.61	648.59
339.71	476.64	533.55	623.00	652.18	587.63	560.82	625.79
15149	19424	21783	24816	26675	26729	27743	30697
115.0	115.0	114.5	112.0	110.5	108.5	107.5	108.3
107.3	107.0	106.1	104.6	104.9	105.5	104.1	104.8
120.7	120.6	119.6	115.3	112.1	108.6	107.5	109.5
110.6	110.9	110.3	109.5	109.7	109.5	108.7	108.2
121.8	121.3	121.2	115.6	112.2	108.0	106.3	109.6
115.1	114.9	114.1	111.7	110.2	108.2	107.2	108.1
350.19	459.62	526.82	610.86	676.86	695.19	736.92	830.57
				34.89	38.22	42.98	49.38
						1935.00	1976.42
-4.72	-3.60	-3.61	-3.81	-4.33	-3.21	-3.73	-5.65
334.47	351.21	336.87	340.06	365.10	383.20	398.60	377.30
37.35	38.99	39.24	47.31	46.75	45.74	45.04	46.25
27.16	27.45	27.96	24.99	24.93	24.11	23.95	23.47
1.88	1.33	1.11	1.17	1.17	1.18	1.07	0.94
35.47	36.69	36.83	44.02	43.14	42.02	40.32	40.27
		38368	40337	42508	45775	49376	53081
28628	33703	39510	41294	43542	46842	51057	55706

8-1 续表 1

指　　标	单 位	2000年	2005年	2006年	2007年	2008年	2009年
全社会固定资产投资	亿元	49.96	107.76	159.69	215.99	333.59	509.39
# 房地产开发	亿元	2.10	8.19	10.93	16.11	22.17	28.20
商品房销售面积	万平方米	14.82	40.23	73.95	85.53	100.29	100.38
# 住宅	万平方米	12.44	36.89	68.04	80.14	94.11	94.40
地方财政收入	亿元	8.91	9.01	12.02	16.06	21.36	28.25
地方财政支出	亿元	13.76	29.40	40.62	57.88	82.97	116.54
金融机构人民币各项存款余额	亿元	188.73	411.23	471.52	519.80	651.75	847.23
金融机构人民币各项贷款余额	亿元	169.02	236.60	265.33	291.22	319.85	386.38
农村居民人均可支配收入	元	1465	1882	2043	2410	2972	3584
城镇居民人均可支配收入	元	4117	6764	7451	8827	11001	13652
城市人均公园绿地面积	平方米			3.93	7.57	7.61	9.83
城市人均道路面积	平方米		10.27	11.64	17.44	19.75	17.01
城市用水普及率	%	93.34	99.46	99.40	99.23	99.17	93.67
城市燃气普及率	%	63.28	93.13	98.21	94.51	94.81	85.93
常用耕地面积	千公顷	534.61	514.80	513.09	517.91	519.19	520.13
农林牧渔业总产值	亿元	68.91	96.32	107.31	136.00	167.34	174.67
农作物总播种面积	千公顷	701.36	700.11	701.41	652.26	704.83	754.28
# 粮食作物	千公顷	584.29	541.82	531.60	481.05	532.80	572.23
粮食产量	万吨	184.17	190.28	201.19	166.91	228.56	245.13
棉花产量	吨	23455	67884	72441	80389	91711	75932
油料产量	吨	88919	68411	71707	55732	67168	65647
蔬菜产量	吨	563022	633346	680677	693757	960089	1726268

2010年	2011年	2012年	2013年	2014年	2015年	2016年	2017年
742.25	912.94	1172.21	1467.61	1765.63	2085.21	2289.51	2731.22
42.08	68.21	85.11	101.33	81.35	97.33	96.95	113.81
139.72	243.49	257.17	320.96	325.26	220.99	174.48	206.49
127.87	211.93	233.48	301.60	282.85	188.77	159.61	168.89
34.00	44.30	55.06	65.06	67.46	72.06	65.69	73.58
154.30	197.32	242.41	275.87	293.41	336.09	352.51	407.65
998.47	1131.64	1347.73	1522.40	1664.58	1837.37	2061.59	2245.98
471.52	544.34	622.52	726.02	811.40	920.59	1035.35	1071.09
4372	5571	6602	7565	7935	8705	9415	10260
15918	18768	21808	24164	23470	25472	27485	29808
11.88	12.13	12.17	12.20	12.22	12.28	12.77	13.51
16.82	18.83	18.68	8.51	9.51	10.20	10.28	10.62
99.38	99.50	99.76	99.32	99.33	98.83	98.62	100.00
86.70	81.27	83.40	84.73	88.11	92.54	93.21	84.80
521.04	521.65	521.45	519.41	511.14	505.34	493.48	487.79
227.61	283.71	318.00	357.54	384.46	397.54	418.69	430.55
758.77	721.79	703.67	696.67	690.47	687.25	683.44	682.43
583.84	538.00	521.64	520.13	512.98	510.77	508.14	505.71
264.19	210.47	224.34	211.17	206.01	217.27	211.53	211.54
61501	60070	59365	53612	40219	36399	32229	21980
65647	66322	69754	64097	73583	72976	72924	73826
1918245	2013540	2142860	2250100	2388100	2532330	2701945	2821900

8-1　续表 2

指　　标	单 位	2000年	2005年	2006年	2007年	2008年	2009年
水果产量	吨	1319485	1283589	1578790	1573896	1799235	2376744
# 苹果	吨	1107810	961794	1200284	1210942	1348448	1751151
肉类产量	吨	86651	122491	129062	78877	105348	158135
# 猪牛羊肉	吨	72786	108438	115479	67440	93551	145831
奶类产量	吨	87825	124251	130950	165509	221754	296480
# 牛奶	吨	14910	56694	62355	92229	137557	180886
禽蛋产量	吨	65429	66358	67933	56948	59407	77839
水产品产量	吨	13660	15300	15022	7277	7508	8205
规模以上工业企业单位数	个	278	265	267	265	283	422
规模以上工业总产值	亿元	100.27	337.71	377.63	474.27	638.00	767.22
纱产量	万吨	1.78	2.31	0.01	2.68	2.67	3.74
布产量	万米	10644	9013	283	7087	3544	3834
原煤产量	万吨	704.65	1191.24	1122.86	1561.10	1521.79	1614.64
发电量	亿千瓦小时	103.59	167.67	218.81	240.61	232.21	259.20
粗钢产量	万吨	19.78	204.42	254.50	263.51	204.20	373.09
钢材产量	万吨	17.54	152.74	224.02	271.11	244.03	394.64
水泥产量	万吨	243.61	275.72	338.80	440.30	482.96	436.49
建筑业企业单位数	个	90	93	93	90	93	93
建筑业企业年末从业人员	万人	3.39	5.11	4.26	4.44	4.73	5.27
建筑业总产值	亿元	16.92	62.36	73.03	89.04	98.23	144.05
房屋建筑施工面积	万平方米	107.77	229.69	282.73	330.95	381.83	579.29
房屋建筑竣工面积	万平方米	48.75	125.23	132.87	177.88	225.87	223.01
公路里程	公里	5198	5945	11941	14940	17072	17388
# 等级公路	公里	5056	5773	7671	11861	13204	14206
# 高速公路	公里	96	270	270	270	270	270
民用汽车拥有量	辆	32318	66357	97672	113515	116766	150868
# 私人汽车	辆	16351	36219	68370	71219	69307	106794
邮电业务总量	亿元	8.25	29.83	38.35	47.70	56.64	57.28
邮政业务总量	亿元	0.41	1.41	1.75	2.12	2.46	2.99
电信业务总量	亿元	7.84	28.41	36.60	45.58	54.18	54.29

2010年	2011年	2012年	2013年	2014年	2015年	2016年	2017年
2542490	2738925	2820252	2830857	2920632	3105551	3272056	3453566
1826027	1929095	1949679	1929175	1937295	1991745	2049356	2148145
178342	196762	206230	215707	222017	220137	219035	216651
164682	180683	189877	197534	204697	201226	201230	199637
335594	363871	378295	392582	402279	403968	398424	393017
221499	230575	232135	246145	251677	250884	247946	246334
85662	97722	100370	105196	105138	108352	110172	110866
17375	17115	20004	26151	29823	44818	47581	48305
527	342	411	415	450	490	512	573
1039.83	1360.03	1634.36	1728.47	1959.32	2053.87	2141.37	2052.56
3.73	3.94	3.34	2.06	2.53	3.01	2.16	1.90
1448	1223	190					
1884.41	2487.57	3045.32	2494.41	2292.21	2341.05	2340.58	1577.41
282.89	275.04	321.69	339.95	334.66	293.96	302.18	304.18
408.07	559.18	525.12	545.70	589.21	622.26	567.31	716.58
459.91	562.58	581.09	558.48	612.74	626.74	683.32	719.35
523.21	575.78	810.36	1014.60	946.50	763.94	736.49	766.15
90	89	88	104	116	125	130	140
7.90	5.65	5.16	12.71	7.12	7.05	7.39	7.93
221.13	314.48	328.60	215.64	239.21	261.28	276.87	337.71
909.23	1104.86	1396.69	1358.83	1388.51	1612.00	1224.51	1504.87
323.05	919.81	472.54	532.49	546.06	495.68	484.68	511.00
17716	17764	18073	18182	18402	18644	19029	19262
14627	14715	15066	15200	15389	15710	16076	16324
324	324	324	324	324	356	367	367
266699	309902	361235	396764	394396	434758	478700	526579
205237	238791	277933	312502	316876	361220	411327	460703
24.46	32.16	35.05	38.56	49.95	64.96	103.12	81.27
2.60	2.94	2.56	2.98	3.36	4.24	5.65	7.45
21.86	29.22	32.49	35.58	46.59	60.72	97.47	73.82

8-1 续表 3

指　　标	单 位	2000年	2005年	2006年	2007年	2008年	2009年
固定电话用户	万户	38.01	100.05	105.41	105.25	98.53	94.86
移动电话用户	万户	15.84	103.54	117.86	166.31	190.77	221.43
互联网宽带用户	万户	1.68	9.25	10.30	13.92	19.25	21.91
限额以上企业数	个						203
批发业	个						18
零售业	个						100
住宿业	个						27
餐饮业	个						58
社会消费品零售总额	亿元	58.53	93.02	108.65	131.96	175.03	202.80
进出口总额	万美元		9768	11646	14903	11994	11505
# 出口额	万美元		6195	9321	12291	9314	8454
实际外商直接投资额	万美元		1725	2041	3448	5499	4470
入境旅游人数	万人次	1.30	3.00	3.67	4.56	6.41	9.05
# 外国人	万人次	0.86	2.14	2.38	3.75	4.13	5.37
国际旅游外汇收入	万美元	222.89	526.52	641.70	821.30	1153.80	1628.32
国内旅游人数	万人次	308.70	600.00	688.83	798.84	898.69	1103.48
国内旅游收入	亿元	5.43	18.08	20.95	26.20	36.33	50.32
星级饭店数	个		16	16	23	24	27
幼儿园数	所	1305	654	545	532	499	483
在园儿童数	万人	7.94	6.13	6.09	3.93	6.45	6.73
普通小学学校数	所	3886	2600	2392	2146	1854	1609
普通小学专任教师数	人	23937	27199	27001	26163	25391	24548
普通小学在校学生数	万人	71.31	45.77	43.79	41.03	38.23	35.89
普通中学学校数	所	388	429	422	405	408	397
普通中学专任教师数	人	18760	25542	26560	26926	27163	27435
普通中学在校学生数	万人	36.23	48.66	49.67	47.87	45.69	42.36
卫生机构数	个	482	433	424	399	351	345
卫生机构床位数	张	9331	10680	11020	11550	12845	13276
卫生技术人员	人	12449	13730	14048	14589	14177	14643
# 执业(助理)医师	人	5769	6136	6137	5900	5808	5687
注册护师、护士	人	3421	3626	3867	4208	3947	4051

2010年	2011年	2012年	2013年	2014年	2015年	2016年	2017年
90.08	87.50	85.83	84.39	82.46	79.97	74.44	64.96
246.08	282.51	314.95	337.60	362.98	407.79	413.84	448.62
31.47	39.86	50.58	60.75	65.84	72.99	93.01	107.21
260	366	433	504	510	567	625	699
18	21	31	35	45	50	58	73
136	217	256	303	310	346	386	427
34	41	47	54	54	51	55	67
72	87	99	112	101	120	126	132
240.77	284.08	335.00	387.70	441.98	503.25	574.01	651.85
16927	17390	23329	24335	14.17(亿元)	10.55(亿元)	12.13(亿元)	11.57(亿元)
10110	13420	14434	20201	11.91(亿元)	8.66(亿元)	10.65(亿元)	10.20(亿元)
3051	5019	6183	5008	1216	289	3	3152
15.04	18.87	19.62	20.13	28.90	30.02	34.30	37.36
6.02	7.13	4.72	5.12	14.40	19.00	17.80	18.80
2707.70	3545.00	5604.36	5757.00	7093.00	7410.00	7523.00	7350.00
1313.50	2039.00	2492.46	2900.00	3173.10	4200.00	4780.00	5311.20
65.75	116.30	152.03	212.00	247.68	323.80	361.00	426.00
24	33	33	33	29	34	31	51
575	1002	1037	1086	1102	1194	1188	1388
8.46	14.75	16.16	17.19	18.13	19.35	19.67	19.57
1362	1266	1175	1038	937	787	753	450
23624	21287	20544	19487	18861	17845	17480	17856
34.25	32.60	27.65	26.97	27.21	27.56	28.26	29.23
390	385	368	346	329	328	314	252
27479	29117	27084	27912	26700	23891	25084	23645
39.02	36.11	32.05	29.31	26.74	24.79	23.47	22.35
358	3893	3882	4137	4203	4246	4291	4356
13950	15913	18147	19724	20832	22183	26972	29345
15943	19126	21270	24504	25780	26869	30575	34784
5955	5775	5980	6878	7266	7710	8651	9605
4690	5935	6792	8184	8891	9616	11593	13256

8-2 临渭区经济

指　　标	单 位	2000年	2005年	2006年	2007年	2008年	2009年
年底总人口	万人	88.44	91.93	91.87	91.69	91.85	87.78
生产总值	亿元	32.92	68.27	80.78	96.38	121.88	141.83
第一产业	亿元	6.17	9.10	11.24	14.09	16.19	16.98
第二产业	亿元	12.55	31.40	38.01	43.71	55.51	65.25
第三产业	亿元	14.20	27.77	31.53	38.58	50.18	59.61
# 工业增加值	亿元	8.27	22.59	27.58	32.45	40.96	45.75
人均生产总值	元	3744	7423	8790	10501	13281	15439
生产总值指数	上年=100	109.4	115.7	112.2	119.4	120.1	118.1
全社会固定资产投资	万元	111528	313769	385353	530267	909865	1356388
地方财政收入	万元	9739	6267	7558	11530	16321	21164
地方财政支出	万元	13532	30299	40015	62413	90949	129574
农村居民人均可支配收入	元	1609	2160	2322	2638	3150	3736
城镇居民人均可支配收入	元	4275	7172	7684	9025	11282	14008
常用耕地面积	公顷	76522	67050	67691	69026	68898	68415
粮食产量	吨	346528	361597	365206	291701	387019	396689
农林牧渔业总产值	万元	115753	168098	184307	238723	291390	302580
社会消费品零售总额	万元	105365	198885	258417	338217	455266	525235
普通小学专任教师数	人	4041	3854	3762	3565	3488	3603
普通小学在校学生数	人	113200	75800	71900	65400	62400	28700
普通中学专任教师数	人	3319	3943	4055	4155	4080	4390
普通中学在校学生数	人	62500	80500	79500	77800	71800	70600
卫生机构床位数	张	2135	2158	2179	2426	2763	2961
卫生技术人员	人	1418	1514	1493	2425	2842	3471
# 执业(助理)医师	人	1039	1102	1078	1590	1914	2077
注册护师、护士	人	398	431	434	854	976	1357

社会主要指标

2010	2011年	2012年	2013年	2014年	2015年	2016年	2017年
87.78	88.19	88.78	88.88	89.07	89.45	89.82	90.01
173.53	220.26	262.52	253.16	291.18	306.81	332.67	369.66
21.61	26.50	29.33	31.76	33.90	35.08	36.77	37.64
81.08	108.20	134.91	115.80	138.77	141.42	151.99	169.51
70.84	85.57	98.28	105.58	118.52	130.31	143.91	162.51
57.34	77.82	101.21	75.60	89.55	113.19	86.53	92.11
18886	25034	29669	30817	34143	34300	37037	41113
118.4	117.6	117.4	112.1	111.5	111.7	110.0	108.2
1614135	1919684	2668700	3206501	3708456	4899200	5650000	6717655
27666	38611	47578	58439	64761	67403	60259	51543
176929	226591	274551	365762	380995	432053	472469	483563
4565	5820	6887	7870	8940	9045	9805	10663
16495	19679	23280	26143	29149	26897	29092	31640
69277	68702	69495	69522	65963	65683	63547	61591
429995	350510	367542	337679	333084	349473	342034	342311
383463	476007	527055	590453	630349	653461	687069	704352
607186	716307	889531	1037532	1196605	1361381	1560768	1772398
3856	3952	3882	2534	2679	2558	2542	2652
30245	35264	40563	42491	42580	42919	44604	47034
4693	4986	4659	3419	4090	3623	3450	3353
72654	75285	72364	50770	44572	41026	37128	33542
4035	3987	4121	3998	2695	3534	5678	5938
4530	6097	5698	9031	5820	6260	5277	9858
2578	3012	2896	3120	3240	3512	2960	3308
1475	1892	1762	1889	1920	2038	2317	2861

8-3 华州区经济

指 标	单 位	2000年	2005年	2006年	2007年	2008年	2009年
年底总人口	万人	34.38	36.40	36.18	35.18	35.29	32.24
生产总值	亿元	9.60	36.08	37.82	45.16	54.47	64.76
第一产业	亿元	1.56	2.27	2.51	3.11	4.29	4.51
第二产业	亿元	5.43	28.13	28.58	33.58	39.99	48.56
第三产业	亿元	2.61	5.68	6.74	8.47	10.19	11.69
# 工业增加值	亿元	4.92	27.75	27.85	32.69	38.80	46.92
人均生产总值	元	2800	10515	10422	12657	15460	18342
生产总值指数	上年=100	108.8	120.4	107.2	114.2	116.4	114.2
全社会固定资产投资	万元	23463	52893	96453	144769	260615	440127
地方财政收入	万元	5800	16929	26706	30349	40099	48482
地方财政支出	万元	7712	28663	43825	53939	67593	84112
农村居民人均可支配收入	元	1350	1425	1645	2371	2948	3600
城镇居民人均可支配收入	元		4618	7343	9165	11420	14218
常用耕地面积	公顷	24648	23888	23903	23964	24061	24032
粮食产量	吨	121266	121441	136142	130644	146650	152411
农林牧渔业总产值	万元	30798	39861	44759	56021	70344	76316
社会消费品零售总额	万元	22672	30818	34000	40363	71944	83624
普通小学专任教师数	人	1588	1931	1836	1820	1726	1626
普通小学在校学生数	人	44144	24692	22513	21088	20429	20310
普通中学专任教师数	人	1309	1826	1802	1763	1749	1681
普通中学在校学生数	人	23987	28622	28195	25778	23619	20729
卫生机构床位数	张	1074	912	880	980	1083	1127
卫生技术人员	人	1045	839	793	750	988	1006
# 执业(助理)医师	人	335	337	293	320	386	450
注册护师、护士	人	287	189	208	218	264	286

社会主要指标

2010年	2011年	2012年	2013年	2014年	2015年	2016年	2017年
32.24	32.31	32.43	32.53	32.60	32.66	32.73	32.80
77.01	92.13	105.01	105.50	107.94	100.70	88.20	94.98
5.84	7.00	7.94	8.74	9.40	9.64	10.05	10.35
58.30	70.20	80.65	78.43	78.44	68.86	53.61	57.10
12.87	14.93	16.42	18.33	20.10	22.20	24.54	27.53
56.34	67.80	78.11	76.66	77.20	67.29	52.28	55.58
23887	28547	32441	32482	33146	30862	26976	28988
115.7	114.3	125.8	108.0	109.2	109.5	103.7	108.7
659621	820000	1043243	1307663	1527463	1742333	1880227	2226200
40000	45000	39306	34300	34300	30000	21600	23600
115223	150001	195794	144750	151161	183378	171039	207170
4288	5480	6505	7487	8438	8430	9088	9885
16364	19293	22438	24749	27348	25140	26963	29332
24039	24043	23958	23922	23922	23952	23746	23632
147912	108749	119562	112300	110102	117639	114575	114008
101497	121850	138149	155283	166851	171806	179231	184469
95375	112154	130094	155118	175058	198929	225232	255760
1577	1551	1485	1426	1424	1327	1215	1212
20387	19532	14330	13767	13650	14155	14738	15364
1657	1624	1494	1389	1255	1171	1010	987
18525	16210	12896	12181	11588	10765	10169	9754
1030	1197	1351	1379	912	1373	1747	1908
1036	944	1157	1181	1191	1219	1431	2189
470	492	528	532	520	505	64	363
290	297	423	425	426	447	602	770

8-4 潼关县经济

指　　标	单 位	2000年	2005年	2006年	2007年	2008年	2009年
年底总人口	万人	14.46	15.78	15.57	15.27	15.38	15.56
生产总值	亿元	5.48	7.12	9.19	11.38	14.27	17.00
第一产业	亿元	0.74	0.85	0.73	1.03	1.43	1.51
第二产业	亿元	2.07	2.01	3.42	4.44	5.76	7.45
第三产业	亿元	2.66	4.26	5.04	5.90	7.08	8.04
# 工业增加值	亿元	1.73	1.75	2.98	3.99	5.29	6.80
人均生产总值	元	3803	4464	5862	7378	9308	11059
生产总值指数	上年=100	102.8	107.4	113.1	113.9	116.0	115.1
全社会固定资产投资	万元	11515	14887	18477	34929	63028	130638
地方财政收入	万元	6120	3650	3690	4103	5338	7268
地方财政支出	万元	6117	9035	13232	19508	31133	44510
农村居民人均可支配收入	元	1533	1853	1950	2341	2910	3524
城镇居民人均可支配收入	元				7461	10763	13317
常用耕地面积	公顷	11568	9971	9997	10089	10214	10379
粮食产量	吨	36680	43175	36996	48051	48139	52855
农林牧渔业总产值	万元	11343	12354	14543	20330	26499	29620
社会消费品零售总额	万元	17984	25229	28652	32364	43648	50855
普通小学专任教师数	人	892	1258	1198	1126	1080	1025
普通小学在校学生数	人	23117	15929	15271	13769	12030	10571
普通中学专任教师数	人	437	739	775	798	848	802
普通中学在校学生数	人	9046	15088	16175	16012	16781	15789
卫生机构床位数	张	296	363	363	451	464	463
卫生技术人员	人	584	594	640	676	681	655
# 执业(助理)医师	人	116	224	237	258	263	245
注册护师、护士	人	55	186	184	174	174	179

社会主要指标

2010年	2011年	2012年	2013年	2014年	2015年	2016年	2017年
15.56	15.59	15.66	15.76	15.79	15.84	15.91	15.94
20.30	26.80	31.66	34.66	37.16	35.76	37.03	45.59
1.92	2.61	2.99	3.24	3.42	3.52	3.66	3.79
9.61	13.97	17.02	19.11	19.93	16.42	15.77	22.64
8.78	10.22	11.65	12.31	13.81	15.82	17.60	19.16
8.83	13.03	15.90	17.84	18.58	14.78	13.47	20.00
13217	17207	20262	22064	23558	22611	23326	28737
115.1	116.2	115.5	112.5	110.4	106.3	106.4	107.6
232321	256600	333952	436600	538087	577135	63984	786321
10018	14680	19230	24530	28010	31742	22306	21018
60068	80018	100518	106600	118600	142800	136600	138800
4302	5382	6388	7391	8381	8368	9063	9930
15394	18196	21089	23346	26101	23911	25693	27780
10417	11449	10654	10720	10661	10593	10660	10703
52858	43106	46481	43100	42009	45339	44039	44056
35871	45705	52526	60204	64299	66261	69086	71616
61104	71912	88602	105972	121674	138248	156679	177301
978	946	1035	860	835	709	681	678
9578	9004	8856	6572	7475	7656	8847	8627
831	975	915	814	754	613	574	675
14271	11042	10485	7918	7886	7411	6667	5511
449	448	545	468	525	536	674	804
650	792	768	816	820	858	890	1334
244	231	318	249	259	263	278	295
185	240	230	328	242	258	292	359

8-5 大荔县经济

指　　标	单 位	2000年	2005年	2006年	2007年	2008年	2009年
年底总人口	万人	68.93	72.30	72.19	71.99	72.06	69.39
生产总值	亿元	17.26	26.08	30.02	37.54	45.89	52.13
第一产业	亿元	6.73	7.67	7.90	10.84	13.42	14.11
第二产业	亿元	2.72	4.67	5.73	7.19	8.29	9.87
第三产业	亿元	7.81	13.74	16.39	19.51	24.19	28.15
# 工业增加值	亿元	2.33	3.82	4.53	5.59	6.15	7.00
人均生产总值	元	2509	3608	4156	5207	6372	7233
生产总值指数	上年=100	106.4	112.4	113.9	114.4	116.2	114.5
全社会固定资产投资	万元	34007	45226	66985	133254	252825	310705
地方财政收入	万元	8552	2427	2670	3671	4100	5540
地方财政支出	万元	11509	29740	39206	51552	74874	109720
农村居民人均可支配收入	元	1626	2156	2354	2713	3250	3851
城镇居民人均可支配收入	元	3406	5158	5544	8455	10776	13315
常用耕地面积	公顷	73044	72125	71411	71638	72057	73303
粮食产量	吨	255228	195279	193210	214184	308209	315671
农林牧渔业总产值	万元	111191	164666	171458	212373	265320	274530
社会消费品零售总额	万元	68669	120282	139122	165406	219472	253931
普通小学专任教师数	人	2896	3267	3319	3253	3212	3226
普通小学在校学生数	人	91600	50300	56900	53500	51300	48400
普通中学专任教师数	人	2525	3296	3297	3321	3294	3314
普通中学在校学生数	人	52600	61400	68600	63900	62400	21400
卫生机构床位数	张	1055	1073	1073	1072	1072	1111
卫生技术人员	人	808	979	1097	908	1098	1424
# 执业(助理)医师	人	331	459	534	405	438	442
注册护师、护士	人	277	216	259	237	350	370

社会主要指标

2010年	2011年	2012年	2013年	2014年	2015年	2016年	2017年
69.39	69.56	69.65	69.75	69.90	70.11	70.29	70.44
63.80	81.23	93.17	96.96	102.83	104.54	115.98	134.25
18.27	23.68	26.63	28.78	31.13	31.96	33.75	34.58
12.91	19.44	21.94	25.67	25.09	21.15	25.23	36.46
32.61	38.11	44.60	42.51	46.61	51.43	57.00	63.21
9.45	15.21	16.94	20.36	22.26	17.92	20.14	30.40
8851	11692	13386	13911	14727	14933	16521	19078
114.5	114.5	113.8	111.9	109.6	108.6	108.3	107.4
436649	549320	711220	935331	1175836	1281863	1468776	1791690
7239	10510	13311	16610	19174	21111	19603	18257
131032	165158	213522	250532	262388	300869	323746	370039
4660	5969	7051	8070	9184	9306	10106	11001
15431	18147	21200	23596	26168	24264	26193	28335
74173	75493	76399	75705	74380	74031	70692	67571
343211	353901	290095	278100	270535	286422	275547	278689
350657	435449	483972	543715	584115	597803	630040	648934
302531	356178	412646	475266	537858	612249	694628	785341
3102	3020	3075	2893	2861	2785	2495	2381
45477	44385	34874	35235	36839	36705	37366	38148
3261	3315	3201	2997	2950	2888	2674	2552
47203	45326	34119	32522	29103	27303	26317	25795
1230	1883	1866	2247	2475	2475	3225	3394
1559	1634	2310	4304	3511	3763	4042	4251
542	453	644	798	913	991	1098	1102
516	528	746	948	1105	1228	1426	1597

8-6 合阳县经济

指　　标	单 位	2000年	2005年	2006年	2007年	2008年	2009年
年底总人口	万人	43.46	44.82	44.73	44.33	44.42	43.68
生产总值	亿元	7.96	16.74	20.46	23.86	27.51	32.87
第一产业	亿元	2.72	4.29	4.91	5.80	6.83	7.18
第二产业	亿元	1.95	2.57	4.47	5.20	5.43	8.00
第三产业	亿元	3.28	9.87	11.08	12.87	15.25	17.69
# 工业增加值	亿元	1.20	1.97	3.68	4.19	4.16	6.27
人均生产总值	元	1866	3265	3782	4543	5356	7402
生产总值指数	上年=100	108.4	112.8	113.3	113.4	114.8	114.1
全社会固定资产投资	万元	22538	32424	57227	75729	145160	205297
地方财政收入	万元	6650	2155	2335	3272	4412	6267
地方财政支出	万元	8742	20317	27830	39558	58368	78998
农村居民人均可支配收入	元	1380	1580	1682	1858	2360	3007
城镇居民人均可支配收入	元				6480	10410	13034
常用耕地面积	公顷	58054	58384	57603	58058	58815	57973
粮食产量	吨	168013	161041	180547	203879	205766	247514
农林牧渔业总产值	万元	50056	75133	84481	104572	131251	138019
社会消费品零售总额	万元	21998	66289	72848	83293	115664	134808
普通小学专任教师数	人	1787	2260	2237	2066	1981	1977
普通小学在校学生数	人	54075	40446	38649	36416	34694	32591
普通中学专任教师数	人	1292	1742	1883	1890	1981	1987
普通中学在校学生数	人	25688	38375	39633	40309	38312	37316
卫生机构床位数	张	463	474	495	625	781	806
卫生技术人员	人	796	820	796	760	804	893
# 执业(助理)医师	人	225	331	317	286	304	312
注册护师、护士	人	182	187	183	198	214	233

社会主要指标

2010年	2011年	2012年	2013年	2014年	2015年	2016年	2017年
43.68	43.77	43.83	43.93	44.02	44.12	44.32	44.41
40.27	50.69	56.96	66.98	71.54	72.64	78.50	92.37
9.45	13.15	15.13	16.07	17.49	18.20	19.18	19.75
11.00	14.55	15.35	21.02	20.21	17.82	17.97	26.41
19.82	22.99	26.49	29.89	33.84	36.62	41.35	46.21
8.93	12.03	12.56	17.93	16.76	16.70	12.63	19.72
9070	11593	13005	15265	16268	16485	17752	20820
114.3	114.2	114.0	110.1	108.9	106.9	106.3	108.0
320479	550737	699193	779109	967484	1162898	1356451	1614160
10009	14021	17908	21906	24568	26008	18006	18609
109880	125800	169800	192000	211500	233900	253021	285100
3761	4867	5912	6785	7620	7646	8311	9122
15380	17902	20784	23133	25563	23749	25495	27600
58311	58342	58383	58628	58395	58535	58324	58406
274941	201833	220180	207000	197372	207610	203091	204038
176347	240399	274949	310376	332370	344712	363275	374359
159208	188554	218052	250669	286438	327164	373720	425136
1992	1732	1640	1605	1646	1345	1278	1320
30778	27712	22974	21117	20728	20663	21072	21409
2057	2079	2053	1870	2233	2549	1846	1451
34296	31888	28176	25533	23785	20991	19527	18060
745	765	696	939	1393	1559	1816	1818
1002	1090	1234	1984	2197	2250	2415	2993
340	471	368	656	741	726	720	784
269	215	423	686	817	844	933	1078

8-7 澄城县经济

指　标	单 位	2000年	2005年	2006年	2007年	2008年	2009年
年底总人口	万人	38.51	38.92	38.76	38.46	38.53	38.65
生产总值	亿元	11.00	18.97	21.58	26.20	32.24	36.81
第一产业	亿元	3.63	4.60	5.24	7.52	9.08	9.59
第二产业	亿元	3.89	8.14	9.44	10.65	12.83	14.94
第三产业	亿元	3.48	6.22	6.90	8.03	10.32	12.29
# 工业增加值	亿元	3.17	6.82	7.79	8.64	10.13	11.30
人均生产总值	元	2857	4887	5556	6786	8374	9552
生产总值指数	上年=100	109.1	112.1	113.8	116.7	118.1	115.0
全社会固定资产投资	万元	24042	58373	87147	140052	258639	430446
地方财政收入	万元	6300	4348	4783	6738	9218	12550
地方财政支出	万元	10905	21581	28182	37889	56898	79989
农村居民人均可支配收入	元	1270	1653	1819	2165	2673	3272
城镇居民人均可支配收入	元			6684	8467	10785	13428
常用耕地面积	公顷	49100	41160	41046	45343	45653	45298
粮食产量	吨	126508	117621	127288	102846	137101	182454
农林牧渔业总产值	万元	57706	78823	86789	112378	150426	156443
社会消费品零售总额	万元	43522	60234	67573	82056	109132	126851
普通小学专任教师数	人	2016	1676	1790	1777	1739	1640
普通小学在校学生数	人	50200	33700	32500	31800	31206	24187
普通中学专任教师数	人	1436	2006	2105	2127	2095	2097
普通中学在校学生数	人	32700	38000	37500	36600	36100	33900
卫生机构床位数	张	930	949	955	967	990	998
卫生技术人员	人	1000	927	917	910	954	975
# 执业(助理)医师	人	482	439	434	429	449	461
注册护师、护士	人	197	270	292	320	352	381

社会主要指标

2010年	2011年	2012年	2013年	2014年	2015年	2016年	2017年
38.64	38.73	38.85	38.95	39.03	39.15	39.24	39.32
50.16	65.49	69.60	82.89	85.12	78.30	79.18	85.50
12.03	15.28	17.53	18.87	19.64	20.21	21.30	21.72
23.82	33.26	32.02	39.38	38.15	26.29	22.04	23.69
14.31	16.95	20.05	24.64	27.33	31.80	35.85	40.09
19.48	27.91	25.87	37.98	37.14	25.10	20.38	21.62
12453	16144	17943	21309	21831	20030	20201	21766
116.8	115.8	114.6	113.7	110.2	106.0	101.4	107.6
695548	806800	1013932	1203338	1412965	1593556	1027127	1253020
16320	22899	28869	35836	40180	40300	28526	26606
102863	135383	166968	183596	200369	236656	239836	289858
3936	5007	5938	6800	7691	7687	8302	9058
15751	18759	22079	24750	27374	25219	27124	29362
45548	45494	45504	46307	46925	46655	46884	47193
212046	164266	177655	175100	167303	174436	175766	172478
206979	271788	311150	343357	368722	380550	402459	412496
149648	177017	203271	234267	265571	302866	345757	391627
1781	1591	1335	1276	1304	1190	1151	1405
20898	21325	18406	17533	17139	16654	16897	17293
2132	2314	2156	2171	2022	1792	1819	1860
32837	30247	26790	24494	22007	19816	18179	15936
1180	1120	1270	1420	1496	1796	1755	1859
1029	1089	1249	1608	1638	1905	2003	2360
487	514	641	683	683	693	594	692
410	435	468	655	701	800	1046	1105

8-8 蒲城县经济

指　　标	单 位	2000年	2005年	2006年	2007年	2008年	2009年
年底总人口	万人	73.37	76.10	75.98	75.82	75.93	74.36
生产总值	亿元	21.71	37.57	42.67	49.05	61.56	69.49
第一产业	亿元	6.34	8.17	8.92	9.66	13.08	13.60
第二产业	亿元	7.66	15.65	18.23	20.95	24.68	28.71
第三产业	亿元	7.71	13.75	15.52	18.44	23.80	27.19
# 工业增加值	亿元	6.61	14.04	16.17	18.36	21.92	24.98
人均生产总值	元	2982	5036	5696	6462	8113	9152
生产总值指数	上年=100	107.9	113.1	115.5	113.5	116.2	114.8
全社会固定资产投资	万元	56599	102398	184658	255448	460964	748061
地方财政收入	万元	11252	5340	7200	8822	12201	19600
地方财政支出	万元	14023	26623	37043	49637	81324	115513
农村居民人均可支配收入	元	1402	1810	1983	2355	2985	3585
城镇居民人均可支配收入	元	4084	6628	7296	8754	10797	13462
常用耕地面积	公顷	103630	103433	103406	103342	101020	101397
粮食产量	吨	250270	311425	292927	281705	352696	392646
农林牧渔业总产值	万元	102439	105486	144391	182564	225119	231769
社会消费品零售总额	万元	75160	119519	130395	151063	216153	250311
普通小学专任教师数	人	3415	3681	3579	3390	3255	3094
普通小学在校学生数	人	108500	63500	60500	57200	53300	49170
普通中学专任教师数	人	2593	3640	3862	3975	4049	4047
普通中学在校学生数	人	53000	73100	75000	71900	66900	60405
卫生机构床位数	张	796	995	995	995	1471	1546
卫生技术人员	人	1129	1151	1200	1210	1481	1663
# 执业(助理)医师	人	497	521	554	561	908	1059
注册护师、护士	人	202	215	225	231	369	428

社会主要指标

2010年	2011年	2012年	2013年	2014年	2015年	2016年	2017年
74.35	74.54	74.49	74.59	74.75	74.98	75.04	75.20
83.86	111.08	125.47	139.19	148.42	151.66	163.14	180.93
16.74	19.68	21.34	22.22	23.62	24.37	25.46	26.11
36.07	54.23	63.10	70.70	72.76	68.65	72.07	81.38
31.05	37.17	41.03	46.27	52.05	58.64	65.61	73.44
31.59	48.72	56.97	63.59	65.63	64.80	62.60	67.46
11043	14921	16838	18673	19876	20258	21749	24166
116.5	116.2	114.4	111.8	109.7	110.2	108.8	108.0
1008311	1087565	1404123	1652167	2143040	2573714	3030153	3543581
25601	36000	45500	54624	61600	65534	55300	57115
151581	196775	237162	265041	304836	348416	372132	419300
4388	5555	6603	7615	8590	8557	9250	10097
16033	19031	22342	24800	27677	25476	27476	29772
100731	99261	97855	94933	93352	91033	88093	88571
405500	336481	360256	330097	329654	352984	342191	345384
284873	335754	363911	411106	440782	455728	479333	493902
294484	347603	403465	466659	529634	603488	688507	779058
2839	2759	2649	2039	2073	2057	2159	2392
46438	41518	39161	33762	32593	43219	44884	46065
4341	4403	4278	4425	4022	3952	3591	3059
54407	47756	44463	31484	27006	34283	31307	29441
1695	1695	1700	2452	2643	3474	3649	3765
1745	1945	2287	2364	3537	3896	3399	4048
1140	1228	1244	1286	1323	1356	1459	1102
529	608	652	705	811	1550	1660	1510

8-9 白水县经济

指　　标	单 位	2000年	2005年	2006年	2007年	2008年	2009年
年底总人口	万人	27.74	28.13	27.91	27.61	27.59	27.99
生产总值	亿元	7.95	13.61	16.98	19.72	24.69	28.36
第一产业	亿元	2.95	4.50	5.49	6.89	8.12	8.58
第二产业	亿元	2.20	3.27	4.75	4.76	6.30	7.56
第三产业	亿元	2.79	5.84	6.74	8.07	10.27	12.21
# 工业增加值	亿元	1.62	2.69	4.07	4.10	5.40	6.32
人均生产总值	元	2882	4904	6060	7104	8946	10279
生产总值指数	上年=100	103.3	110.1	113.5	113.1	115.3	114.5
全社会固定资产投资	万元	15492	31000	36034	49102	89474	162173
地方财政收入	万元	5306	2425	3130	4100	5500	7500
地方财政支出	万元	7417	16845	23048	31521	45613	61899
农村居民人均可支配收入	元	1162	1448	1616	1957	2467	3210
城镇居民人均可支配收入	元				7243	10464	13086
常用耕地面积	公顷	27917	29251	28687	28340	28255	28214
粮食产量	吨	80691	79712	98478	112701	116302	115652
农林牧渔业总产值	万元	46749	69273	91426	118886	137484	146905
社会消费品零售总额	万元	36052	44995	51004	58595	77336	90247
普通小学专任教师数	人	1427	1717	1744	1776	1773	1609
普通小学在校学生数	人	41200	26800	24199	21602	20078	18530
普通中学专任教师数	人	885	1431	1589	1611	1634	1629
普通中学在校学生数	人	21100	27849	27934	26710	25977	15010
卫生机构床位数	张	248	408	350	478	499	435
卫生技术人员	人	310	452	651	546	575	733
# 执业(助理)医师	人	101	201	223	275	291	291
注册护师、护士	人	97	137	152	161	173	173

社会主要指标

2010年	2011年	2012年	2013年	2014年	2015年	2016年	2017年
27.99	28.05	28.17	28.27	28.33	28.39	28.34	28.40
37.85	47.69	54.65	53.09	60.96	60.05	63.12	72.23
13.19	16.02	18.10	20.27	22.79	23.72	24.98	25.66
10.40	15.13	17.50	14.86	17.95	13.44	12.47	17.80
14.26	16.54	19.05	17.96	20.21	22.88	25.67	28.77
8.90	13.03	16.26	14.36	17.45	13.33	12.36	16.02
13723	17020	19441	18814	21540	21700	22252	25323
115.0	114.0	114.2	112.1	108.6	106.8	106.0	107.7
264156	377599	441076	611437	772468	891993	926857	1080300
10006	14105	17700	21510	23700	24200	11300	11805
90582	114208	140294	152612	167935	188745	206769	230466
4070	5250	6242	7215	8218	8314	9046	9883
15389	17959	20922	23202	25824	23923	25754	27856
28355	28533	28577	28704	28718	28735	26165	26387
137284	111129	117880	110759	105208	111623	109079	109004
227528	273846	313727	359886	398236	414710	437159	450236
110574	131007	150523	177284	202726	231956	263575	299055
1560	1513	1423	1500	1183	1127	1086	1048
17682	17322	14193	13913	13279	13679	14138	11198
1562	1706	1601	1552	1519	1432	1395	1347
13107	21105	19142	17058	15431	13592	12183	14524
480	556	522	526	592	914	1083	916
1011	1123	1207	1129	1292	1360	1425	1318
189	257	208	228	291	315	306	296
193	174	182	223	296	486	447	354

8-10 富平县经济

指 标	单 位	2000年	2005年	2006年	2007年	2008年	2009年
年底总人口	万人	75.53	76.96	76.81	76.51	76.62	74.40
生产总值	亿元	13.50	25.87	30.84	36.57	44.55	50.01
第一产业	亿元	4.24	7.75	8.09	10.32	13.28	13.70
第二产业	亿元	3.14	7.94	10.00	11.20	13.43	15.48
第三产业	亿元	6.11	10.18	12.75	15.05	17.84	20.84
# 工业增加值	亿元	2.63	7.15	8.69	10.26	12.17	13.75
人均生产总值	元	1792	3412	4048	4770	5818	6526
生产总值指数	上年=100	109.2	111.0	112.8	113.9	115.5	114.0
全社会固定资产投资	万元	17859	63362	89147	124257	196551	329498
地方财政收入	万元	8703	3594	3829	5117	7003	10792
地方财政支出	万元	11862	27953	38382	53031	90489	120641
农村居民人均可支配收入	元	1454	1922	1924	2366	2945	3581
城镇居民人均可支配收入	元	3200	5547	6290	7830	10784	13412
常用耕地面积	公顷	74871	71272	71245	71179	71122	71193
粮食产量	吨	280985	343325	390618	404812	405495	413882
农林牧渔业总产值	万元	90214	127893	138639	167294	205764	214605
社会消费品零售总额	万元	58785	121540	130496	151161	203067	234965
普通小学专任教师数	人	3146	3690	3651	3487	3407	3369
普通小学在校学生数	人	103900	70860	64071	59906	54510	51104
普通中学专任教师数	人	2673	3481	3677	3868	4030	4238
普通中学在校学生数	人	55600	71216	71817	72394	69326	65144
卫生机构床位数	张	919	1173	1355	1355	2120	1560
卫生技术人员	人	1602	2690	1549	1457	1486	1520
# 执业(助理)医师	人	405	480	500	515	525	535
注册护师、护士	人	416	490	498	511	521	531

社会主要指标

2010年	2011年	2012年	2013年	2014年	2015年	2016年	2017年
74.39	74.61	74.68	74.78	74.94	75.17	75.21	75.37
60.43	80.02	94.00	117.91	126.60	128.98	137.39	144.48
16.96	20.61	23.02	25.69	26.33	27.10	28.44	29.03
19.68	32.18	39.35	57.62	60.49	57.12	58.55	58.11
23.79	27.23	31.63	34.60	39.80	44.76	50.40	57.34
17.62	29.67	36.46	54.50	65.71	55.12	53.53	52.16
7886	10740	12593	15779	16914	17184	18273	19190
114.4	115.1	115.4	112.7	111.2	110.1	109.2	108.3
465245	632245	815418	1030000	1299700	1573000	1858000	2180452
14491	22211	28693	36276	40365	44634	45000	48603
159496	203315	251983	281364	308006	350247	372205	458520
4329	5524	6551	7514	8476	8515	9171	10020
15718	18673	22015	24591	27321	25417	27468	29765
71554	71132	70987	71002	70814	70171	68101	66601
441645	363948	379999	360006	355004	372374	360201	360364
285970	355447	397056	445089	477479	494383	520442	532776
286719	338064	390653	451395	511263	581531	661500	754525
3246	2678	2960	2748	2882	2476	2824	2778
47793	45340	39187	34386	36974	37128	37601	39291
4269	4224	4048	3793	2440	3555	3113	3215
59584	53561	48827	38142	21390	33126	29821	30014
1655	1561	2220	2357	2221	2270	2700	4587
1845	2089	2140	2314	2429	2448	3321	4392
1040	1082	1090	1135	1140	1250	1534	1229
720	765	810	1027	1045	1145	1746	1694

8-11 韩城市经济

指　　标	单 位	2000年	2005年	2006年	2007年	2008年	2009年
年底总人口	万人	38.25	39.53	39.49	39.32	39.43	39.15
生产总值	亿元	17.57	56.90	70.30	80.86	101.10	120.71
第一产业	亿元	3.26	4.54	5.66	6.62	7.56	7.66
第二产业	亿元	9.63	36.94	46.70	52.48	67.93	84.18
第三产业	亿元	4.68	15.42	17.94	21.76	25.61	28.87
# 工业增加值	亿元	8.99	33.98	43.65	49.17	63.48	78.19
人均生产总值	元	4638	15531	18069	21561	25676	30091
生产总值指数	上年=100	108.1	115.8	117.2	115.2	116.6	116.8
全社会固定资产投资	万元	39806	279913	227819	318020	467396	693954
地方财政收入	万元	9205	16273	21125	31459	43008	55208
地方财政支出	万元	11666	28851	38325	57623	80155	107521
农村居民人均可支配收入	元	1708	2179	2496	3213	3972	4846
城镇居民人均可支配收入	元	3655	7046	8019	9726	12386	15501
常用耕地面积	公顷	28678	26107	26252	26192	26047	26070
粮食产量	吨	97416	72597	93675	68132	86138	79493
农林牧渔业总产值	万元	53595	66737	80186	98260	119615	123472
社会消费品零售总额	万元	47788	84068	97905	116845	151513	176252
普通小学专任教师数	人	1737	2337	2317	2203	2142	2020
普通小学在校学生数	人	49604	35185	33189	31159	29026	26819
普通中学专任教师数	人	1453	2241	2306	2222	2228	2164
普通中学在校学生数	人	28643	36500	35700	33500	31400	29700
卫生机构床位数	张	635	1216	1434	1203	1200	1200
卫生技术人员	人	824	1792	1771	1794	1804	1810
# 执业(助理)医师	人	346	986	912	817	820	864
注册护师、护士	人	478	703	756	871	861	459

社会主要指标

	2010年	2011年	2012年	2013年	2014年	2015年	2016年	2017年
	39.15	39.25	39.53	39.63	39.71	39.86	39.98	40.06
	145.22	197.28	221.95	287.20	299.78	308.64	319.70	346.61
	9.37	11.54	12.94	13.24	13.82	14.33	15.19	15.62
	103.24	147.71	166.91	219.00	225.82	228.06	230.88	247.91
	32.61	38.03	42.10	54.96	60.14	66.25	73.63	83.08
	96.10	138.90	157.24	207.67	210.95	210.76	205.92	217.54
	36791	50325	56347	72561	75568	77577	80086	87120
	118.2	120.6	113.6	113.9	111.2	110.4	111.7	109.5
	947184	1204021	1565642	2007864	2523942	3112607	4067211	4903747
	69822	87065	153156	190263	170031	187655	216239	301452
	151609	189025	211518	280945	307921	344624	386603	483984
	5854	7499	8852	10179	11400	11429	12400	13538
	18042	21308	24717	27312	30071	27504	29784	32420
	26107	26406	26882	27240	25305	23370	24709	24573
	87302	77541	83268	77600	72790	72576	68721	65086
	158898	205574	231794	258311	276872	287983	305760	315781
	215139	253057	289210	326808	369903	421444	482436	552575
	1905	1593	1446	1692	1569	1533	1172	1200
	25443	24243	22365	22001	21526	21047	20982	21950
	2172	2385	2379	2034	1849	1798	1906	2147
	27469	25686	23105	21281	20594	19848	20041	19199
	1200	1558	1558	1995	2068	1968	2073	2243
	1814	2366	2780	3090	3158	3125	3509	3285
	868	938	1075	1305	1097	1287	1164	1157
	459	753	1080	1121	1068	1325	1497	1145

8-12 华阴市经济

指 标	单 位	2000年	2005年	2006年	2007年	2008年	2009年
年底总人口	万人	25.95	26.24	26.16	25.86	25.97	25.83
生产总值	亿元	10.19	19.67	20.83	26.95	30.75	40.49
第一产业	亿元	1.45	1.95	1.96	2.36	2.99	3.15
第二产业	亿元	5.21	9.54	9.72	12.67	14.06	21.46
第三产业	亿元	3.53	8.18	9.15	11.92	13.70	15.89
# 工业增加值	亿元	4.79	8.28	8.67	11.36	12.01	18.70
人均生产总值	元	4016	7679	8033	10383	11629	15588
生产总值指数	上年=100	121.0	112.3	112.0	114.2	115.4	115.3
全社会固定资产投资	万元	37519	52903	54533	74186	156492	286569
地方财政收入	万元	4710	3550	4844	6101	8608	12133
地方财政支出	万元	7138	13119	19254	25096	38238	53267
农村居民人均可支配收入	元	1345	1703	1891	2409	2968	3621
城镇居民人均可支配收入	元	5477	6674	7350	8819	10968	13612
常用耕地面积	公顷	14049	13022	13043	13051	13052	12996
粮食产量	吨	67980	83760	80452	63006	83636	95504
农林牧渔业总产值	万元	19215	28476	30388	37407	46053	48894
社会消费品零售总额	万元	29946	48764	55788	66784	87185	100971
普通小学专任教师数	人	946	1528	1568	3965	3988	1399
普通小学在校学生数	人	32900	20300	18300	16600	15000	14500
普通中学专任教师数	人	848	1220	1230	1217	1196	1135
普通中学在校学生数	人	14000	18200	17800	16700	15400	14000
卫生机构床位数	张	886	1172	1121	1170	1143	1366
卫生技术人员	人	963	1135	1135	1125	1067	1225
# 执业(助理)医师	人	297	368	369	366	390	395
注册护师、护士	人	256	270	265	263	265	270

社会主要指标

2010年	2011年	2012年	2013年	2014年	2015年	2016年	2017年
25.83	25.89	26.03	26.13	26.19	26.26	26.28	26.34
48.75	58.31	65.41	73.73	78.77	78.12	70.02	84.96
3.57	4.41	5.04	5.25	5.63	5.79	6.05	6.24
26.94	32.70	36.72	38.60	39.95	34.81	22.37	32.26
18.24	21.20	23.65	29.88	33.19	37.52	41.61	46.46
23.62	28.60	31.87	34.18	38.27	33.82	20.89	30.67
18765	22548	25196	28272	30111	29788	26655	32293
115.2	115.0	115.0	113.5	111.6	106.9	100.1	108.2
489608	585214	735121	962916	1216500	1443800	990559	1215021
15835	22674	28844	35233	38701	39315	27518	22937
74055	94208	123223	126280	127778	145994	152133	186688
4287	5389	6402	7325	8241	8236	8862	9656
15871	18712	21668	24246	26719	24611	26567	28866
12728	12798	12758	12727	12703	12580	12557	12567
97623	73768	80480	78100	77000	82176	80052	80004
60345	75313	85727	97577	104549	107973	113091	116610
125691	148939	173492	196026	223045	253254	287296	325706
1088	1459	1186	1111	1082	924	979	1044
14122	13623	12497	12415	13160	12677	14300	15174
1059	1230	968	927	777	1137	787	715
11162	12490	9421	8776	7981	8737	8050	8415
1063	1105	1143	1141	1241	1261	1296	1311
1497	1097	1192	1137	1159	1199	1187	1506
297	291	478	502	503	300	316	386
284	299	271	402	415	433	417	591

九、延安市

资料整理：胡　狄　李雯佳

9-1 延安市经济

指　　标	单 位	2000年	2005年	2006年	2007年	2008年	2009年
年底总人口	万人	196.64	211.85	212.02	213.49	214.49	217.07
人口自然增长率	‰			4.61	4.62	4.70	4.64
年底总户数	万户	50.00	65.28	68.67	71.42	73.76	77.55
生产总值	亿元	130.63	394.65	541.86	647.46	760.84	728.26
第一产业	亿元	19.13	29.47	34.52	41.32	52.15	55.07
第二产业	亿元	78.69	286.90	415.77	498.40	578.20	515.89
第三产业	亿元	32.81	78.28	91.57	107.74	130.49	157.30
# 工业增加值	亿元	74.65	277.60	404.15	484.02	562.11	497.21
人均生产总值	元	6690	18815	25567	30432	35555	33898
生产总值指数	上年=100	109.8	116.2	116.5	115.1	116.3	112.2
第一产业	上年=100	103.1	110.2	110.6	104.5	107.1	106.3
第二产业	上年=100	114.9	118.8	118.3	115.4	117.0	110.5
第三产业	上年=100	109.5	110.0	112.2	117.6	116.6	120.2
# 工业增加值	上年=100	115.4	119.6	118.4	115.5	117.2	110.4
人均生产总值指数	上年=100	108.7	114.8	115.3	114.6	115.6	111.7
非公有制经济增加值	亿元		55.91	65.28	74.56	104.61	118.71
文化产业增加值	亿元						
能源消费总量	万吨标准煤						
单位GDP能耗比上年增长	%			-2.85	-4.78	-4.56	-4.54
就业人员	万人	91.03	96.88	100.09	101.61	105.93	107.79
城镇单位就业人员	万人	18.07	19.66	20.27	21.43	22.31	22.15
# 国有单位	万人	16.84	17.89	18.58	19.80	20.52	20.30
集体单位	万人	1.04	1.04	1.01	0.95	1.05	0.95
# 在岗职工人数	万人	17.30	18.99	19.60	20.73	21.60	20.66
城镇单位就业人员平均工资	元						
城镇单位在岗职工平均工资	元	6970	15864	18404	23140	29530	34347

社会主要指标

2010年	2011年	2012年	2013年	2014年	2015年	2016年	2017年
218.87	219.40	219.81	220.61	221.43	223.13	225.28	226.31
4.27	4.27	4.39	4.46	4.34	4.32	4.62	4.58
80.80	81.85	83.59	86.46	85.81	87.27	87.85	87.40
885.42	1113.35	1271.02	1354.14	1386.09	1198.27	1082.91	1312.59
71.19	86.69	97.06	105.00	113.70	110.88	117.62	119.88
635.49	815.45	934.85	974.39	968.89	724.79	574.20	757.43
178.74	211.21	239.11	274.75	303.50	362.60	391.09	435.28
614.45	789.45	904.64	941.33	930.77	699.36	539.38	708.91
40621	50807	57876	61493	62714	53908	48300	58132
113.6	111.0	110.5	106.5	106.2	101.7	101.3	107.7
107.0	107.4	106.1	104.3	105.5	104.7	104.8	105.0
114.8	110.9	110.3	105.6	105.3	99.4	97.9	106.7
111.0	112.8	112.7	110.1	109.3	107.5	107.0	110.3
115.0	110.8	110.3	105.5	105.0	98.9	96.9	107.1
112.7	110.4	110.3	106.2	105.8	101.1	100.4	106.9
151.47	201.55	235.25	266.65	292.62	280.77	282.99	378.35
				15.35	16.58	18.45	20.29
						704.43	727.00
-5.38	-3.50	-3.50	-3.50	-3.40	-3.80	-3.50	-4.04
111.18	115.56	117.71	128.30	134.00	135.28	136.96	138.61
23.11	24.05	24.62	31.79	34.83	33.62	33.65	33.35
21.01	21.95	22.36	15.92	18.51	16.82	16.79	16.30
1.12	1.00	1.02	1.05	0.97	1.09	1.08	0.79
21.48	23.06	23.17	29.50	32.65	30.99	30.92	30.79
		46183	51459	53651	56459	58460	63164
38313	42676	47867	52900	55520	58727	60226	64824

9-1 续表 1

指 标	单 位	2000年	2005年	2006年	2007年	2008年	2009年
全社会固定资产投资	亿元	48.10	160.19	231.67	315.33	406.35	557.48
# 房地产开发	亿元	1.28	2.74	5.45	5.22	10.38	8.18
商品房销售面积	万平方米	9.39	24.34	11.72	45.13	64.52	38.71
# 住宅	万平方米	9.04	22.21	11.27	44.55	57.17	38.71
地方财政收入	亿元	8.86	45.08	60.37	72.69	80.05	90.47
地方财政支出	亿元	16.47	56.36	83.09	101.07	130.52	156.93
金融机构人民币各项存款余额	亿元	97.61	301.99	395.15	442.05	545.75	645.36
金融机构人民币各项贷款余额	亿元	84.91	177.46	201.03	219.82	245.23	302.05
农村居民人均可支配收入	元	1444	2195	2461	2845	3551	4258
城镇居民人均可支配收入	元	5083	7471	8500	9801	12232	15217
城市人均公园绿地面积	平方米		4.36	4.67	7.96	8.53	9.55
城市人均道路面积	平方米		4.17	4.39	4.70	4.84	4.86
城市用水普及率	%		39.66	66.01	66.57	84.99	85.27
城市燃气普及率	%		90.08	92.07	89.52	92.35	93.99
常用耕地面积	千公顷	256.45	233.64	231.86	231.36	231.16	233.51
农林牧渔业总产值	亿元	35.23	51.99	57.44	70.41	90.86	96.41
农作物总播种面积	千公顷	322.25	270.16	211.31	208.17	251.81	257.00
# 粮食作物	千公顷	278.30	217.14	216.26	161.28	203.94	208.98
粮食产量	万吨	66.60	74.49	75.93	50.46	70.86	77.10
棉花产量	吨	110	191	245	489	411	483
油料产量	吨	16123	19376	17909	16700	16965	23043
蔬菜产量	吨	121194	500989	519766	551495	611565	710075

2010年	2011年	2012年	2013年	2014年	2015年	2016年	2017年
724.53	815.21	1032.06	1321.04	1541.07	1637.17	1359.33	1283.65
8.13	8.08	20.31	18.40	26.66	50.98	77.84	63.94
20.28	23.98	41.51	52.16	58.43	55.58	66.57	128.87
20.19	21.37	39.68	51.35	55.28	52.51	64.73	119.04
105.19	120.73	139.26	155.38	168.10	161.17	130.55	140.42
192.71	223.82	264.24	294.68	310.41	315.60	327.34	353.28
728.54	826.26	987.21	1103.83	1231.77	1360.00	1451.53	1565.91
360.97	410.49	476.84	566.84	679.61	828.86	925.39	1108.72
5173	6565	7655	8681	8955	9789	10568	11525
17880	21188	24748	27643	26399	28590	30693	33168
9.58	9.55	9.58	9.79	11.97	10.41	10.65	10.33
5.05	5.12	4.84	5.42	6.96	7.22	7.83	7.69
86.01	86.37	86.85	87.90	81.24	89.65	84.94	85.03
93.99	94.01	94.02	95.00	99.57	95.47	98.81	99.02
234.57	235.29	240.42	240.55	244.87	247.15	245.93	255.44
125.16	152.29	169.69	187.81	203.20	197.63	209.77	214.09
252.57	239.42	241.65	245.52	244.58	247.93	250.32	254.45
209.56	196.25	197.84	199.39	200.40	201.85	202.52	201.28
82.04	68.47	76.58	74.35	78.68	72.21	78.01	76.71
484	514	919	875	931	839	834	773
23042	23000	21844	21149	22701	21386	23610	28246
881386	930065	1000274	1060400	1130000	1210374	1299300	1384600

9-1 续表 2

指　　标	单 位	2000年	2005年	2006年	2007年	2008年	2009年
水果产量	吨	467899	1014649	1225550	1433105	1724977	2069785
# 苹果	吨	436758	952877	1178175	1380908	1642816	1969101
肉类产量	吨	46384	62793	31043	29315	36114	54419
# 猪牛羊肉	吨	41975	56514	27259	25602	31096	48198
奶类产量	吨	1909	5491	5850	6290	6535	6553
# 牛奶	吨	771	3848	3881	4242	4600	4873
禽蛋产量	吨	13683	16884	15934	17256	19514	21961
水产品产量	吨	1693	2119	2197	2439	1810	1978
规模以上工业企业单位数	个	122	92	94	67	95	134
规模以上工业总产值	亿元	131.00	537.11	765.24	905.20	1085.33	969.50
天然原油产量	万吨	213.56	1058.57	1180.32	1333.37	1410.85	1514.06
发电量	亿千瓦小时	3.39	3.08	3.12	2.94	5.37	5.82
钢材产量	万吨	0.56	1.26	1.26			
水泥产量	万吨	6.78	3.96		12.03	15.67	12.05
建筑业企业单位数	个	34	44	44	46	63	63
建筑业企业年末从业人员	万人	0.78	1.45	1.34	1.17	1.96	2.16
建筑业总产值	亿元	5.13	16.35	19.80	28.30	41.10	44.00
房屋建筑施工面积	万平方米	118.35	204.95	268.87	255.55	378.17	324.05
房屋建筑竣工面积	万平方米	36.20	115.18	100.10	123.92	219.33	158.91
公路里程	公里	4499	5465	13842	12602	13311	14337
# 等级公路	公里	3049	5061	8625	10604	11969	13610
# 高速公路	公里		58	235	235	235	235
民用汽车拥有量	辆	22851	49599	100969	115258	137479	128002
# 私人汽车	辆	9581	22104	80898	98079	101208	70009
邮电业务总量	亿元	3.93	21.38	27.74	36.86	44.49	44.12
邮政业务总量	亿元	0.35	0.88	1.06	1.20	1.25	1.42
电信业务总量	亿元	3.59	20.50	26.68	35.66	43.23	42.70

	2010年	2011年	2012年	2013年	2014年	2015年	2016年	2017年
	2332987	2565509	2711394	2540347	2702089	2861916	3191242	3378659
	2215184	2438139	2600206	2440059	2614373	2734600	3031843	3231505
	61937	68355	71154	74182	76254	76135	75793	74585
	55760	60930	64154	66736	68829	67998	67692	67457
	7098	7563	7335	7583	7379	7408	7213	7545
	5277	5427	5492	5733	5471	5451	5339	5332
	23969	25933	26693	27932	27782	28737	29379	29964
	2595	2705	2908	2928	3030	3035	3052	3062
	122	91	113	115	129	140	144	171
	1227.31	1504.86	1646.76	1612.32	1708.57	1417.24	1090.42	1302.77
	1602.12	1623.14	1685.70	1691.02	1716.44	1675.15	1514.27	1516.49
	4.83	5.00	7.54	7.32	7.15	5.60	38.46	42.61
	9.40	69.87	75.98	90.12	122.17	124.36	142.53	158.24
	63	97	111	116	131	147	154	160
	2.01	2.26	2.37	2.48	4.57	4.70	5.59	4.69
	53.95	68.44	84.10	84.88	101.16	104.87	116.79	124.76
	342.88	410.53	503.40	506.44	659.02	583.35	686.18	938.09
	102.55	184.67	118.47	132.49	176.20	191.56	202.17	221.85
	14926	15727	16756	17057	17110	17621	17805	18162
	14343	15129	15950	16247	16277	16572	16823	17207
	427	427	427	537	537	716	802	802
	179370	197714	215297	231446	246119	264708	284879	310707
	144707	160665	176661	193852	208855	228274	250444	275891
	17.26	22.34	23.12	25.27	34.52	45.94	64.18	56.08
	1.22	1.66	1.03	1.26	1.57	1.77	2.47	2.98
	16.04	20.68	22.09	24.01	32.95	44.17	61.71	53.10

9-1　续表 3

指　　标	单 位	2000年	2005年	2006年	2007年	2008年	2009年
固定电话用户	万户	15.38	30.16	34.02	35.17	33.69	30.13
移动电话用户	万户	8.01	84.59	116.86	150.96	203.15	206.20
互联网宽带用户	万户	0.59	7.44	10.65	14.64	20.54	16.70
限额以上企业数	个						101
批发业	个						12
零售业	个						33
住宿业	个						36
餐饮业	个						20
社会消费品零售总额	亿元	22.63	47.53	54.70	65.85	84.80	96.86
进出口总额	万美元		1295	1309	2115	2532	2241
# 出口	万美元		1236	1273	2093	2531	2224
实际外商直接投资额	万美元			43	20	272	174
入境旅游人数	万人次	0.40	1.53	1.67	2.23	3.60	5.05
# 外国人	万人次	0.13	0.76	0.81	0.61	1.30	1.47
国际旅游外汇收入	万美元	52	151	162	220	279	364
国内旅游人数	万人次	184	508	563	650	742	1019
国内旅游收入	亿元	4.12	20.20	25.49	35.01	42.84	53.63
星级饭店数	个		18	18	26	26	33
幼儿园数	所	155	198	216	233	269	304
在园儿童数	万人	3.57	4.02	4.03	4.31	4.74	5.52
普通小学学校数	所	4707	2400	2192	1614	1302	591
普通小学专任教师数	人	14189	14931	14594	14065	14018	13510
普通小学在校学生数	万人	36.16	23.52	22.36	21.33	20.02	18.94
普通中学学校数	所	180	180	183	173	160	152
普通中学专任教师数	人	6805	10709	11154	11504	11546	11143
普通中学在校学生数	万人	12.75	21.03	21.39	20.78	19.52	18.03
卫生机构数	个	367	397	407	363	341	424
卫生机构床位数	张	5249	6385	6855	7190	7121	7790
卫生技术人员	人	7206	8368	8395	8722	9192	9766
# 执业(助理)医师	人	3543	3738	3528	3646	3638	3852
注册护师、护士	人	1718	2173	2175	2277	2552	2891

2010年	2011年	2012年	2013年	2014年	2015年	2016年	2017年
47.81	38.69	38.59	36.81	34.70	33.84	33.10	32.62
212.54	201.78	216.46	201.96	213.75	219.27	228.15	261.82
16.59	20.10	20.87	21.36	23.36	25.17	37.27	47.29
140	169	194	233	329	370	428	444
15	15	22	28	70	77	86	86
60	84	95	119	155	174	212	222
39	35	42	48	59	71	78	79
26	35	35	38	45	48	52	57
117.06	140.48	168.30	192.28	218.24	241.09	257.95	284.65
2247	3684	6623	9598	7.14(亿元)	6.84(亿元)	1.46(亿元)	1.78(亿元)
2241	3684	6623	9598	7.14(亿元)	6.84(亿元)	1.17(亿元)	1.64(亿元)
1027	1566	2000	802	1063		840	1553
8.54	12.01	12.71	6.90	4.92	3.52	3.46	3.95
6.06	7.75	4.48	0.48	1.83	1.50	2.02	1.96
659	909	975	671	555	406	375	380
1442	2038	2177	2841	3141	3497	4022	5055
76.08	109.43	117.38	151.49	171.75	192.23	227.74	298.45
34	34	42	42	48	51	49	45
349	428	467	523	559	583	572	579
6.36	8.52	10.45	11.43	12.35	12.86	12.85	12.66
386	346	325	319	307	301	299	255
13537	12511	12210	12034	11975	11504	11713	11830
18.90	18.00	17.30	17.20	17.55	18.63	19.65	20.89
139	130	129	123	121	120	120	114
10736	10806	10279	10443	10216	9446	10066	10143
16.71	15.91	14.41	13.59	13.12	12.73	12.75	12.76
463	3419	3447	3541	3571	3244	3151	3029
8519	8962	10119	11091	11971	12865	13384	13197
10252	11286	12171	13391	13835	15214	16030	17087
4017	3648	3989	4402	4269	4466	4803	5266
3175	3759	4384	4958	5351	6203	6894	7451

9-2 宝塔区经济

指 标	单 位	2000年	2005年	2006年	2007年	2008年	2009年
年底总人口	万人	34.04	40.55	40.59	40.98	41.21	46.44
生产总值	亿元	21.45	78.54	108.69	129.31	135.07	125.18
第一产业	亿元	2.20	3.34	3.81	4.54	5.86	5.91
第二产业	亿元	11.92	46.97	71.45	83.53	79.97	60.28
第三产业	亿元	7.34	28.24	33.43	41.25	49.24	58.99
# 工业增加值	亿元	9.92	43.66	66.83	77.95	73.40	52.79
人均生产总值	元	6356	19568	26791	31702	32863	30334
生产总值指数	上年=100	116.8	115.9	119.2	112.1	113.6	110.2
全社会固定资产投资	万元	130412	305353	441357	500212	956043	1054746
地方财政收入	万元	10455	38990	48801	65595	70977	76015
地方财政支出	万元	14626	44277	55828	72612	101824	110881
农村居民人均可支配收入	元	1487	2177	2381	2622	3458	4157
城镇居民人均可支配收入	元	5083	7471	9109	10580	12748	15771
常用耕地面积	公顷	32042	34078	33034	32547	32280	32130
粮食产量	吨	86061	94336	60984	57539	88115	90842
农林牧渔业总产值	万元	36098	54575	59268	72896	96301	98796
社会消费品零售总额	万元	78021	202186	239517	293540	384611	430075
普通小学专任教师数	人	2502	2980	3064	2921	2894	2830
普通小学在校学生数	人	68558	51767	49762	46625	44639	43496
普通中学专任教师数	人	1359	2448	2740	2850	2808	2768
普通中学在校学生数	人	25776	50397	52488	52674	50293	46918
卫生机构床位数	张	1631	2425	2689	2910	2789	3093
卫生技术人员	人	1901	2975	2594	3216	2966	3741
# 执业(助理)医师	人	899	1247	1098	1327	1453	1508
注册护师、护士	人						1304

社会主要指标

2010年	2011年	2012年	2013年	2014年	2015年	2016年	2017年
47.57	47.65	47.69	47.85	48.15	48.17	48.93	49.18
146.38	172.83	203.31	214.91	241.33	273.78	255.14	294.73
8.08	10.05	10.70	11.20	12.21	12.28	12.84	13.00
66.33	76.54	94.81	98.05	109.54	108.60	82.58	110.16
71.97	86.24	97.80	105.65	119.57	152.90	159.72	171.57
57.86	65.89	82.19	81.42	91.29	105.25	71.47	87.55
31143	36303	42650	45336	50277	56848	52551	60081
113.2	111.4	113.1	106.4	110.2	106.0	101.9	108.8
1372678	1555031	2021413	2629433	3026712	3208315	3663213	3904228
85312	94053	106436	117871	131976	143825	108050	120534
121655	145627	182449	216626	281407	249721	286122	300380
5051	6379	7483	8493	9529	9090	9835	10658
18486	21906	25520	28378	31358	29777	32039	34570
32221	32152	32450	32382	32431	32360	31201	31685
96850	82648	90198	85023	89917	88917	90011	92859
134951	166710	184619	198094	214744	202553	214136	221711
509042	601629	697014	881976	1014119	1121350	1173856	1267267
2888	2624	2702	2631	2753	2816	2991	3150
40760	42913	44803	48836	52960	57839	61470	65726
2789	2684	2669	2720	2678	2815	2994	3037
42127	41206	40972	41052	40427	40759	41524	42941
3558	3787	4636	4901	5103	5776	5837	5484
4014	4671	5519	5901	6026	6622	6786	7184
1686	1685	1854	2034	1984	2138	2249	2440
1417	1732	2279	2494	2627	3091	3269	3455

9-3 安塞区经济

指　　标	单　位	2000年	2005年	2006年	2007年	2008年	2009年
年底总人口	万人	15.10	16.56	16.57	16.62	16.70	17.09
生产总值	亿元	14.16	38.48	53.84	66.06	82.45	64.12
第一产业	亿元	1.56	2.52	2.59	3.08	3.49	3.60
第二产业	亿元	10.53	31.72	46.31	57.17	71.88	51.66
第三产业	亿元	2.07	4.24	4.93	5.81	7.09	8.86
# 工业增加值	亿元	10.44	31.25	45.83	56.59	71.18	50.83
人均生产总值	元	9308	23610	32491	39796	49491	38286
生产总值指数	上年=100	100.7	108.0	115.2	120.2	116.1	114.0
全社会固定资产投资	万元	12709	140169	122824	157460	193697	294862
地方财政收入	万元	11656	36147	57591	66824	70886	73366
地方财政支出	万元	13578	46360	60886	75735	80669	100549
农村居民人均可支配收入	元	1706	2399	2868	3295	3904	4646
城镇居民人均可支配收入	元				10170	12926	16223
常用耕地面积	公顷	28279	25800	25800	25800	25800	27200
粮食产量	吨	59048	68307	46169	43479	62515	65106
农林牧渔业总产值	万元	29187	43586	44879	53774	62305	65058
社会消费品零售总额	万元	10948	25112	29124	33864	42718	47660
普通小学专任教师数	人	734	1075	1070	1074	915	827
普通小学在校学生数	人	29506	18324	15833	14915	13543	13699
普通中学专任教师数	人	561	773	781	772	799	771
普通中学在校学生数	人	10635	14201	13795	12144	11767	11556
卫生机构床位数	张	294	359	354	345	436	478
卫生技术人员	人	391	477	440	467	450	585
# 执业(助理)医师	人	203	217	182	192	173	206
注册护师、护士	人						169

社会主要指标

2010年	2011年	2012年	2013年	2014年	2015年	2016年	2017年
17.17	17.24	17.29	17.38	17.43	17.54	17.71	17.79
72.24	94.76	105.75	104.45	106.44	96.68	76.66	86.09
4.28	5.17	6.48	7.00	7.32	7.31	8.07	8.26
58.36	78.59	86.90	82.16	82.18	69.19	46.76	53.08
9.60	11.00	12.37	15.29	16.94	20.18	21.83	24.75
57.35	77.33	85.43	80.81	80.29	67.08	44.60	50.68
99081	55077	61251	60178	61155	55276	43501	48506
114.2	115.5	111.6	106.7	106.2	106.5	96.5	107.8
457436	602069	829918	1133312	1350074	1466676	1191196	454090
77830	90067	107262	123673	142521	144319	106123	95070
121954	134439	170488	197082	209096	204795	187270	196094
5562	6936	8046	9148	10374	10437	11271	12258
19208	22706	26680	29695	32852	29801	31946	34502
27200	27200	27200	27200	27200	27260	27260	37243
71319	59918	68568	65687	71490	69521	68243	68544
77578	92326	113293	125010	131228	131628	147381	158052
56338	65646	76279	97133	108438	119499	124557	137548
1031	1046	995	862	891	843	846	837
13995	13819	13918	13980	14168	14784	15327	16352
830	730	700	662	642	644	648	650
11359	10615	9532	8735	8633	8486	8877	9389
481	535	566	646	683	634	645	584
605	577	630	730	875	885	934	940
219	184	175	218	233	224	232	267
175	182	195	254	326	351	382	364

9-4　延长县经济

指　　标	单　位	2000年	2005年	2006年	2007年	2008年	2009年
年底总人口	万人	14.20	14.41	14.42	14.42	14.47	12.60
生产总值	亿元	4.40	12.12	17.53	20.10	23.88	22.31
第一产业	亿元	1.15	1.80	2.07	2.44	3.24	3.35
第二产业	亿元	1.69	6.88	11.35	12.81	14.95	11.95
第三产业	亿元	1.56	3.44	4.11	4.86	5.68	7.01
# 工业增加值	亿元	1.61	6.57	11.05	12.39	14.43	11.34
人均生产总值	元	3097	8411	12158	13939	16524	15385
生产总值指数	上年=100	106.5	117.2	117.1	111.0	112.4	110.1
全社会固定资产投资	万元	4493	75330	40863	61437	131437	173115
地方财政收入	万元	1084	10495	16910	18918	21800	23330
地方财政支出	万元	6025	23072	32869	36019	48530	56058
农村居民人均可支配收入	元	956	1666	1844	2199	2904	3473
城镇居民人均可支配收入	元				8810	11303	13920
常用耕地面积	公顷	17925	17077	16413	16237	16237	16181
粮食产量	吨	33287	31655	20200	21431	34337	36336
农林牧渔业总产值	万元	17909	31921	34577	42162	57719	59866
社会消费品零售总额	万元	10074	18457	20231	24001	30677	34198
普通小学专任教师数	人	913	675	688	679	675	687
普通小学在校学生数	人	26315	10687	10470	10206	9768	9361
普通中学专任教师数	人	453	653	656	664	620	554
普通中学在校学生数	人	9112	12572	12230	11581	9767	8559
卫生机构床位数	张	260	219	219	209	222	248
卫生技术人员	人	371	442	379	381	354	377
# 执业(助理)医师	人	185	171	147	169	152	156
注册护师、护士	人						103

社会主要指标

2010年	2011年	2012年	2013年	2014年	2015年	2016年	2017年
12.55	12.58	12.60	12.61	12.64	12.78	12.81	12.86
25.48	29.60	34.09	36.28	39.48	43.29	37.83	46.24
4.79	5.89	7.31	8.02	8.69	8.79	8.80	8.93
12.83	13.99	15.86	17.59	19.24	21.43	14.42	20.74
7.86	9.72	10.92	10.68	11.55	13.07	14.61	16.58
12.17	13.19	14.95	16.52	18.07	20.16	13.10	19.26
20260	23555	27075	29885	31271	34057	29562	36022
113.3	111.3	113.0	112.1	107.9	108.3	99.3	109.4
226308	263890	344507	451605	530201	576617	458395	620489
25686	28259	30543	33130	34562	32700	24385	24096
78767	90619	104224	117890	136330	137408	153477	196090
4258	5378	6282	7124	8007	8671	9286	10140
16333	19305	22529	25007	27615	27076	29106	31464
16510.2	16510	16510	16530	16570	16570	14867	14715
38742	33263	38374	35598	40077	27832	27047	30027
85331	104211	128152	141856	153645	152321	147698	150874
40353	46899	54168	68369	76493	84372	89109	100016
682	638	633	621	559	324	393	421
8850	8404	7426	6112	6425	7284	7739	8640
523	539	495	413	393	314	339	341
7290	7183	5244	4660	4225	4274	4623	4419
289	322	327	333	464	432	541	565
374	414	428	494	514	545	705	762
151	102	121	131	118	150	185	236
108	120	122	142	191	182	248	310

9-5 延川县经济

指　　标	单　位	2000年	2005年	2006年	2007年	2008年	2009年
年底总人口	万人	18.03	18.36	18.37	18.51	18.60	16.85
生产总值	亿元	10.65	37.13	44.04	45.32	51.67	52.53
第一产业	亿元	0.91	1.47	1.60	1.88	2.74	2.94
第二产业	亿元	7.79	31.22	37.37	37.32	41.82	41.00
第三产业	亿元	1.94	4.44	5.07	6.12	7.12	8.59
# 工业增加值	亿元	6.67	29.71	35.64	35.08	38.93	37.58
人均生产总值	元	6066	20366	23973	24577	27840	28189
生产总值指数	上年=100	118.7	106.4	109.7	106.9	112.6	106.5
全社会固定资产投资	万元	127539	425193	515423	719538	68066	84529
地方财政收入	万元	2621	11456	13910	15316	16236	17376
地方财政支出	万元	8440	26258	33318	44568	56671	64251
农村居民人均可支配收入	元	748	1503	1805	2012	2718	3278
城镇居民人均可支配收入	元				7474	10248	12933
常用耕地面积	公顷	15618	24417	24417	24477	24714	24712
粮食产量	吨	18165	40330	32919	32153	42684	45723
农林牧渔业总产值	万元	15239	23697	26375	32152	47564	51926
社会消费品零售总额	万元	8827	23863	25742	30087	38271	42618
普通小学专任教师数	人	1198	1088	1023	964	1048	1048
普通小学在校学生数	人	32556	19456	17356	15935	15023	13648
普通中学专任教师数	人	525	787	807	773	772	722
普通中学在校学生数	人	9360	15640	26026	15210	14260	12614
卫生机构床位数	张	353	340	358	379	390	425
卫生技术人员	人	467	568	544	543	525	526
# 执业(助理)医师	人	240	270	255	241	235	238
注册护师、护士	人						125

社会主要指标

2010年	2011年	2012年	2013年	2014年	2015年	2016年	2017年
16.85	16.89	16.93	16.97	17.01	17.03	17.10	17.18
65.05	81.26	82.38	91.95	97.69	69.49	68.11	93.05
3.54	4.28	4.80	5.35	5.94	6.73	7.55	7.73
52.06	65.74	64.80	71.53	74.95	43.95	39.13	61.39
9.45	11.24	12.78	15.07	16.81	18.81	21.43	23.93
48.39	61.32	59.88	69.49	72.19	40.98	36.03	57.86
38612	48165	48714	55785	57499	40828	39912	54293
106.0	107.5	96.3	102.7	110.6	88.5	108.7	110.7
110034	120772	167027	237162	346565	469079	633618	841354
18420	19200	20224	42799	34133	30810	42864	49842
83300	103900	131695	139296	181568	188311	191282	196104
4002	4970	5815	6530	7634	8354	9063	9875
15183	17977	20961	23497	26089	26212	28072	30391
24712	24838	24838	24805	24805	24138	23684	22818
45917	40212	43263	40054	43018	26797	31767	31780
62222	74289	83862	97488	109300	118827	133672	136680
50059	58047	66966	84996	95486	106093	118251	135124
959	927	709	762	772	552	569	593
13158	12600	12328	11904	10591	10461	10469	10888
713	649	653	653	611	450	423	458
11872	10679	8470	8232	7985	6901	6175	6301
425	438	349	504	554	580	722	724
504	527	390	462	479	537	579	669
226	180	152	147	156	169	198	221
123	156	117	159	180	194	233	301

9-6 子长县经济

指　　标	单　位	2000年	2005年	2006年	2007年	2008年	2009年
年底总人口	万人	22.92	24.65	24.67	25.14	25.25	21.66
生产总值	亿元	8.06	21.11	30.56	34.63	43.89	50.54
第一产业	亿元	2.07	2.60	2.90	3.41	4.64	4.71
第二产业	亿元	3.91	12.50	20.50	23.12	29.57	34.51
第三产业	亿元	2.07	6.01	7.16	8.10	9.68	11.33
# 工业增加值	亿元	3.69	12.16	20.11	22.61	28.98	33.82
人均生产总值	元	3524	8719	12393	13902	17417	19971
生产总值指数	上年=100	110.0	117.9	121.2	112.9	115.4	114.1
全社会固定资产投资	万元	16112	68854	82416	132796	321078	398664
地方财政收入	万元	5139	25555	27468	35032	39040	70416
地方财政支出	万元	9747	37680	46515	56381	91363	127255
农村居民人均可支配收入	元	1219	1948	2249	2519	3368	4129
城镇居民人均可支配收入	元		5398	7915	9996	12895	16119
常用耕地面积	公顷	29362	28413	28612	28737	28968	29145
粮食产量	吨	76418	77318	56811	56749	75877	80432
农林牧渔业总产值	万元	34503	43156	46984	57164	78410	80294
社会消费品零售总额	万元	19186	32241	36018	43382	55199	61585
普通小学专任教师数	人	1251	1469	1427	1434	1493	1441
普通小学在校学生数	人	43411	27059	26271	25581	23695	20532
普通中学专任教师数	人	578	940	947	948	1037	1009
普通中学在校学生数	人	13965	20542	20628	20965	18360	16435
卫生机构床位数	张	333	337	423	450	478	511
卫生技术人员	人	463	505	533	587	632	693
# 执业(助理)医师	人	345	239	226	288	274	268
注册护师、护士	人						222

社会主要指标

2010年	2011年	2012年	2013年	2014年	2015年	2016年	2017年
21.71	21.76	21.80	21.72	21.76	21.88	22.00	22.10
59.44	68.93	74.56	81.61	79.75	74.50	74.97	102.09
5.49	6.47	6.61	7.34	7.20	6.35	6.99	7.14
41.86	48.57	52.23	57.87	53.72	45.15	42.07	64.92
12.09	13.89	15.72	16.70	18.83	23.00	25.91	30.03
41.10	47.66	51.23	57.02	52.46	43.78	40.65	63.39
27412	31714	34234	38205	36684	34145	34172	46302
113.2	108.8	112.7	115.5	106.2	104.5	102.0	112.3
519338	645574	764434	980242	1161298	1221006	1101865	811419
84199	92697	64380	70146	65998	44837	39368	50076
136472	153731	159055	168409	157032	160224	182394	200066
5050	6277	7357	8357	9335	9021	9752	10635
18988	22669	26387	29395	32570	28679	30772	33221
29618	29994	30370	30834	31263	31521	31567	31651
82239	67727	77259	75025	77657	31848	75785	78154
93722	111102	114146	125566	128972	115647	128305	128829
72669	85016	98050	124394	139086	153968	170615	188062
1456	1401	1388	1271	1165	1161	1110	1044
19746	19781	19842	18140	17340	17845	18505	19236
949	998	1011	1114	1096	1002	908	1066
15682	15219	15071	13338	12897	12527	12656	12130
553	585	655	889	948	993	1020	1049
799	839	827	956	989	1095	1247	1273
315	255	284	344	362	301	332	383
218	258	265	276	305	328	506	519

9-7 志丹县经济

指　　标	单　位	2000年	2005年	2006年	2007年	2008年	2009年
年底总人口	万人	11.80	13.44	13.45	13.54	13.61	13.92
生产总值	亿元	14.36	69.05	106.77	129.65	151.08	121.08
第一产业	亿元	1.38	1.80	2.20	2.59	3.01	3.05
第二产业	亿元	11.24	61.57	97.54	118.93	138.13	105.92
第三产业	亿元	1.74	5.68	7.03	8.14	9.94	12.11
# 工业增加值	亿元	10.82	60.96	96.78	118.03	137.08	104.67
人均生产总值	元	12189	52268	79385	96038	111249	88729
生产总值指数	上年=100	112.7	135.9	127.3	118.2	125.2	114.5
全社会固定资产投资	万元	28228	108341	148643	219175	459430	569417
地方财政收入	万元	11116	76557	95850	113642	124498	140112
地方财政支出	万元	13319	57267	88416	124045	146824	150650
农村居民人均可支配收入	元	1398	2270	2392	2796	3447	4203
城镇居民人均可支配收入	元	4489	7535	8650	10147	12796	16110
常用耕地面积	公顷	24680	20019	20161	20338	20426	20400
粮食产量	吨	49605	56884	39456	36531	54322	55913
农林牧渔业总产值	万元	23400	28190	33308	38878	45799	47300
社会消费品零售总额	万元	13653	24361	27974	33957	43218	48318
普通小学专任教师数	人	705	993	1018	998	1040	944
普通小学在校学生数	人	22607	17499	16645	15868	15237	13766
普通中学专任教师数	人	274	482	551	591	528	503
普通中学在校学生数	人	5838	11935	12315	11782	10227	9262
卫生机构床位数	张	211	342	374	391	414	403
卫生技术人员	人	319	416	406	477	496	555
# 执业(助理)医师	人	162	162	151	156	164	187
注册护师、护士	人						145

社会主要指标

2010年	2011年	2012年	2013年	2014年	2015年	2016年	2017年
14.06	14.11	14.16	14.24	14.31	14.48	14.66	14.71
138.63	167.28	175.97	168.07	166.62	132.21	107.59	126.11
3.83	4.36	4.45	4.71	5.02	5.03	5.14	5.34
121.87	148.09	154.76	143.51	140.13	103.22	76.08	90.80
12.93	14.82	16.76	19.85	21.48	23.95	26.37	29.97
120.41	146.26	152.57	141.67	137.54	100.19	72.75	87.25
99081	118741	124496	118233	116722	91874	73841	85876
114	111.8	110.1	105.6	105.6	98.9	101.7	107.6
758848	993582	1292650	1736502	2058818	2177816	872237	546034
154516	177127	200275	225084	254706	231913	165304	178019
170746	207264	235356	265512	283425	275173	218000	211442
5116	6792	7872	8872	10001	9971	10688	11584
18978	22678	26670	30004	33403	29547	31585	34080
21248	21252	21200	21197	24417	27547	30187	30225
56027	46012	55146	51455	53180	54024	56488	56573
59115	69157	72235	80143	85421	93086	101813	101002
57106	67009	77914	99128	111056	122938	133322	148024
914	871	812	802	804	815	794	812
12806	12251	12315	12912	13297	14370	15268	16536
508	473	457	445	437	424	431	429
8445	7977	7024	6515	6681	6659	6383	6160
464	503	563	663	744	744	749	759
601	681	677	824	817	996	999	1130
189	152	184	216	166	195	270	274
192	229	239	302	319	404	407	458

9-8 吴起县经济

指　　标	单　位	2000年	2005年	2006年	2007年	2008年	2009年
年底总人口	万人	12.10	12.30	12.31	12.35	12.40	14.21
生产总值	亿元	6.48	38.44	55.92	68.48	84.67	82.87
第一产业	亿元	1.46	2.41	2.61	3.03	3.35	3.37
第二产业	亿元	2.88	31.28	47.56	58.50	72.91	69.24
第三产业	亿元	2.14	4.75	5.75	6.94	8.41	10.26
# 工业增加值	亿元	2.61	30.67	46.73	57.49	71.74	67.87
人均生产总值	元	5379	31050	45390	55539	68393	66715
生产总值指数	上年=100	109.1	116.0	124.5	121.1	122.9	114.9
全社会固定资产投资	万元	26153	201782	299293	460306	531586	646426
地方财政收入	万元	4725	73408	122905	136888	148480	160717
地方财政支出	万元	7632	72080	115764	146404	146618	185612
农村居民人均可支配收入	元	1396	2086	2363	2745	3619	4415
城镇居民人均可支配收入	元				10380	13006	16361
常用耕地面积	公顷	20000	20090	20090	20090	20262	20262
粮食产量	吨	51949	51089	33040	37386	32773	51036
农林牧渔业总产值	万元	24477	40932	41704	48989	56990	57373
社会消费品零售总额	万元	11143	18227	19841	23688	29724	33201
普通小学专任教师数	人	635	619	672	687	776	785
普通小学在校学生数	人	21787	14291	13936	13388	12328	12178
普通中学专任教师数	人	333	674	717	812	822	856
普通中学在校学生数	人	6764	13859	14493	14127	14082	13289
卫生机构床位数	张	204	316	426	442	422	418
卫生技术人员	人	273	317	399	445	475	567
# 执业(助理)医师	人	137	170	108	168	160	177
注册护师、护士	人						145

社会主要指标

2010年	2011年	2012年	2013年	2014年	2015年	2016年	2017年
14.52	14.54	14.56	14.70	14.76	14.96	15.15	15.21
120.93	171.61	201.07	208.80	211.51	137.27	108.65	127.70
3.56	4.03	4.29	4.64	4.94	4.89	4.71	4.88
106.38	154.66	182.11	187.18	187.65	110.73	81.65	97.12
10.99	12.92	14.67	16.98	18.92	21.65	22.29	25.70
104.84	152.79	179.86	185.90	185.07	107.87	78.35	93.62
84178	118128	138193	143333	142591	92374	72168	84123
118.1	114.5	110.2	105.9	104.1	101.7	100.2	107.7
841570	1067603	1400536	1825088	2198550	2243489	995371	1181925
181108	207388	263388	311389	355688	288168	175888	192700
210513	234699	281933	333299	371574	316301	248158	243006
5298	6878	8005	9110	10358	10302	11064	12022
19322	22781	26744	29873	33198	30168	32218	34857
20262	20263	24520	24881	25066	25327	25320	25652
58877	49699	58662	56742	62146	61065	62318	69380
60037	68180	70880	79048	83532	87264	84473	86403
39237	46024	53167	67763	75889	83554	97018	109225
748	833	845	897	836	823	825	904
11834	11638	11491	11638	12098	12545	13165	14255
675	546	565	558	563	563	563	569
12388	11256	8959	8259	7845	7326	7230	7500
398	385	415	415	580	627	694	730
578	567	603	690	731	823	923	947
192	151	174	202	212	220	231	234
157	170	193	244	257	311	388	430

9-9　甘泉县经济

指　　标	单　位	2000年	2005年	2006年	2007年	2008年	2009年
年底总人口	万人	7.46	7.91	7.92	7.98	8.02	7.74
生产总值	亿元	3.30	10.63	13.06	15.78	19.38	18.08
第一产业	亿元	0.75	1.19	1.31	1.57	2.06	2.14
第二产业	亿元	1.16	6.68	8.45	10.38	13.24	11.08
第三产业	亿元	1.39	2.76	3.30	3.84	4.08	4.87
# 工业增加值	亿元	1.05	6.37	8.20	10.09	12.90	10.69
人均生产总值	元	4460	13524	16489	19845	24225	22511
生产总值指数	上年=100	114.5	114.3	110.2	112.3	116.1	108.7
全社会固定资产投资	万元	26044	80488	69862	90063	108461	126982
地方财政收入	万元	2398	18234	24818	29080	32602	35216
地方财政支出	万元	4943	24032	30734	35456	41676	45583
农村居民人均可支配收入	元	1678	2604	2829	3136	3671	4331
城镇居民人均可支配收入	元		6720	7639	9300	11579	14304
常用耕地面积	公顷	10754	9314	9294	9292	9485	9492
粮食产量	吨	26172	32061	22869	26406	35008	35921
农林牧渔业总产值	万元	12209	20122	21202	26372	35578	37732
社会消费品零售总额	万元	6612	12383	13695	16102	20624	22980
普通小学专任教师数	人	686	745	714	669	647	607
普通小学在校学生数	人	13647	8044	7533	6830	6445	6241
普通中学专任教师数	人	219	438	457	483	466	435
普通中学在校学生数	人	4471	7582	7533	6867	6167	5643
卫生机构床位数	张	155	184	205	209	213	218
卫生技术人员	人	248	337	339	350	346	366
# 执业(助理)医师	人	125	133	105	120	118	129
注册护师、护士	人						95

社会主要指标

2010年	2011年	2012年	2013年	2014年	2015年	2016年	2017年
7.73	7.75	7.78	7.82	7.84	7.88	7.93	7.97
20.60	18.31	20.50	22.02	22.65	21.77	20.59	23.57
2.58	3.05	3.63	3.98	4.22	4.21	4.42	4.62
12.69	9.55	10.45	9.81	9.70	8.01	5.28	7.13
5.33	5.71	6.42	8.23	8.73	9.55	10.89	11.82
12.24	9.01	9.82	9.24	9.20	7.33	4.42	6.23
26649	23655	26399	27309	28927	27699	26031	29659
113.4	98.3	109.1	106.5	104.4	95.8	98.8	106.9
166041	77771	106647	148609	190374	224949	153823	225439
39456	32018	34607	35347	33017	29016	16806	13835
57095	63242	76644	89377	91394	100133	105458	112724
5301	6594	7689	8642	9662	9778	10462	11368
16779	19750	23108	25835	28607	27291	29419	31896
9533	9586	9586	9558	6110	6006	6023	6013
45474	37119	41577	39597	42427	43489	49973	47180
45387	53936	64988	73320	78243	79187	81123	83317
27169	31329	36218	45795	51286	56928	58501	62769
609	605	594	572	580	567	566	559
6232	6405	5977	6252	6719	7114	7382	7545
415	399	385	401	383	381	399	359
5379	4749	4205	3863	3659	3615	3640	3647
220	221	257	263	308	317	323	315
392	435	423	426	428	510	526	557
116	138	142	147	142	146	156	160
132	141	143	146	146	191	200	214

9-10 富县经济

指　　标	单　位	2000年	2005年	2006年	2007年	2008年	2009年
年底总人口	万人	14.26	14.83	14.84	14.86	14.93	14.93
生产总值	亿元	3.65	8.94	11.07	10.18	12.68	14.56
第一产业	亿元	1.72	2.36	2.90	3.52	4.35	5.03
第二产业	亿元	0.39	2.91	3.45	1.44	2.48	2.44
第三产业	亿元	1.53	3.67	4.72	5.22	5.85	7.09
# 工业增加值	亿元	0.28	2.80	3.32	1.24	2.20	2.11
人均生产总值	元	2580	6058	7463	6856	8516	9736
生产总值指数	上年=100	110.2	116.1	109.4	97.0	114.7	116.3
全社会固定资产投资	万元	8295	19933	26344	46650	70140	87973
地方财政收入	万元	2485	3174	3737	4505	5373	6565
地方财政支出	万元	6882	16253	22178	30026	47960	54565
农村居民人均可支配收入	元	1704	2380	2690	3126	3859	4573
城镇居民人均可支配收入	元				8100	10498	13101
常用耕地面积	公顷	14833	10167	9949	9947	9847	9847
粮食产量	吨	57802	50139	33723	30370	47490	47240
农林牧渔业总产值	万元	30114	44898	50968	64458	82405	94132
社会消费品零售总额	万元	11560	22065	25542	30362	38607	42969
普通小学专任教师数	人	1139	1313	1316	1268	1215	1162
普通小学在校学生数	人	23066	15282	15368	14947	14880	15013
普通中学专任教师数	人	574	852	870	885	889	774
普通中学在校学生数	人	8950	14358	14800	13997	13152	11715
卫生机构床位数	张	280	318	196	283	285	364
卫生技术人员	人	489	496	500	505	511	517
# 执业(助理)医师	人	199	210	166	183	190	196
注册护师、护士	人						121

社会主要指标

2010年	2011年	2012年	2013年	2014年	2015年	2016年	2017年
14.98	15.02	15.05	15.15	15.21	15.47	15.69	15.76
19.39	25.32	30.12	34.54	40.48	41.07	44.71	54.92
7.17	8.73	10.37	11.42	12.47	12.21	13.39	13.86
4.48	6.75	8.93	9.59	13.66	13.38	13.77	21.37
7.75	9.84	10.82	13.53	14.35	15.48	17.55	19.68
4.12	6.31	8.45	8.23	12.24	11.84	12.11	19.56
12965	16879	20033	21519	26667	26775	28697	34922
125.5	115.1	112.3	106.9	112.0	109.5	108.9	109.2
119151	170678	300393	445067	519674	587474	958350	884152
11793	17051	22508	26751	30844	27707	21431	23151
78555	93900	102100	115300	114500	137700	144300	155060
5497	6981	8084	9086	10313	10282	11134	12183
15498	18454	21647	24331	27136	26552	28649	31087
10069	9847	9847	9864	9864	9895	9999	10054
45256	36807	37304	35389	36257	36426	37408	36609
141870	171521	185474	208475	227397	217842	241647	249351
50519	59021	68223	86492	97440	106892	115030	130524
1132	1096	1087	1057	857	853	831	787
14661	14220	11379	10230	10214	10883	11548	12444
696	688	701	727	734	708	691	648
11166	10511	8239	6984	6681	6703	6808	6692
457	455	530	551	571	576	665	652
508	503	508	517	602	726	714	823
191	130	161	170	145	169	177	207
125	145	153	154	187	262	265	326

9-11 洛川县经济

指　　标	单　位	2000年	2005年	2006年	2007年	2008年	2009年
年底总人口	万人	19.09	20.11	20.13	20.21	20.30	21.92
生产总值	亿元	15.00	48.02	65.11	85.47	94.61	104.62
第一产业	亿元	3.40	6.62	7.57	8.98	10.81	11.33
第二产业	亿元	9.15	35.95	51.46	69.29	75.31	82.98
第三产业	亿元	2.44	5.45	6.08	7.20	8.49	10.32
# 工业增加值	亿元	8.99	35.75	51.19	68.94	74.85	82.45
人均生产总值	元	7889	24307	32359	42377	46708	51476
生产总值指数	上年=100	111.6	120.8	112.9	119.0	103.7	108.9
全社会固定资产投资	万元	9700	70858	99934	203685	289422	310890
地方财政收入	万元	5914	4542	6314	7661	8617	11410
地方财政支出	万元	8431	19519	27719	34566	63181	64330
农村居民人均可支配收入	元	2131	3080	3303	4020	4500	5301
城镇居民人均可支配收入	元				9216	11428	14095
常用耕地面积	公顷	22898	12197	11956	11896	11384	11460
粮食产量	吨	95220	84299	59762	51573	76753	97282
农林牧渔业总产值	万元	81322	111236	126268	157670	194974	202713
社会消费品零售总额	万元	21398	41543	48608	57852	73438	81736
普通小学专任教师数	人	1735	1541	1422	1247	1321	1313
普通小学在校学生数	人	31717	22568	23175	22984	22104	21645
普通中学专任教师数	人	847	1250	1185	1212	1281	1227
普通中学在校学生数	人	14107	21785	22121	21880	21691	20389
卫生机构床位数	张	501	510	510	504	483	595
卫生技术人员	人	647	613	514	538	544	585
# 执业(助理)医师	人	299	309	255	256	260	290
注册护师、护士	人						127

社会主要指标

2010年	2011年	2012年	2013年	2014年	2015年	2016年	2017年
22.08	22.14	22.19	22.32	22.38	22.76	22.96	23.06
128.15	177.02	213.04	248.48	231.16	182.07	151.73	182.59
14.30	17.99	19.14	20.67	22.05	19.40	21.14	21.31
102.73	146.39	179.41	209.57	190.28	141.06	106.83	134.39
11.12	12.64	14.49	18.25	18.83	21.60	23.76	26.88
102.14	145.65	178.59	209.64	188.54	139.19	104.86	132.26
58243	80058	96115	111140	103427	80669	66380	79347
113.0	108.1	112.5	101.5	97.9	100.5	95.5	100.7
376963	375282	493777	645291	556379	584924	668448	791326
14876	16927	21031	24401	26100	24701	24755	17177
91701	104149	127918	152218	140935	174179	164414	176857
6352	7978	9278	10410	11742	10785	11713	12786
16660	19875	23294	26136	28993	28086	29967	32307
11535	11322	11237	10657	10471	10286	10138	9885
108610	88175	94413	94540	99282	99886	105975	105112
255664	322117	342897	375878	400197	360148	386336	387282
96243	111348	128415	163235	183797	203647	219456	250245
1242	1234	1191	1058	1096	1160	1117	1101
20209	20069	16428	15182	14414	15280	17108	18040
1179	1161	1148	1243	1239	1226	1225	1112
18675	17665	16287	14799	13473	12241	11445	10733
528	549	592	704	678	783	718	717
637	764	778	899	942	975	989	1029
278	232	252	276	265	273	290	309
171	262	266	316	353	367	376	396

9-12 宜川县经济

指　　标	单　位	2000年	2005年	2006年	2007年	2008年	2009年
年底总人口	万人	11.22	11.55	11.56	11.63	11.68	11.69
生产总值	亿元	1.93	4.72	5.41	6.32	8.41	9.66
第一产业	亿元	0.70	1.55	1.81	2.14	3.50	4.02
第二产业	亿元	0.19	0.49	0.60	0.62	0.77	0.73
第三产业	亿元	1.04	2.67	3.00	3.56	4.14	4.90
# 工业增加值	亿元	0.12	0.42	0.50	0.50	0.62	0.56
人均生产总值	元	1704	4138	4678	5448	7215	8267
生产总值指数	上年=100	100.3	113.5	112.4	112.3	118.6	114.1
全社会固定资产投资	万元	8287	18377	25272	40048	51537	68149
地方财政收入	万元	1170	1337	1708	2106	2806	4028
地方财政支出	万元	4991	15217	20295	28423	42082	52350
农村居民人均可支配收入	元	1004	1762	2071	2486	3406	4193
城镇居民人均可支配收入	元			6892	8806	11322	14198
常用耕地面积	公顷	16559	11684	11693	11796	11941	12851
粮食产量	吨	39790	36175	25059	26739	42782	40932
农林牧渔业总产值	万元	12803	25136	30301	36537	60197	70063
社会消费品零售总额	万元	7395	13318	14268	17731	22658	25196
普通小学专任教师数	人	944	654	611	614	551	468
普通小学在校学生数	人	19579	9735	8741	7932	7036	6488
普通中学专任教师数	人	352	474	505	553	564	550
普通中学在校学生数	人	6600	11144	11306	10722	9850	9369
卫生机构床位数	张	171	171	201	202	208	227
卫生技术人员	人	302	305	332	347	450	381
# 执业(助理)医师	人	137	174	159	154	152	157
注册护师、护士	人						103

社会主要指标

2010年	2011年	2012年	2013年	2014年	2015年	2016年	2017年
11.73	11.77	11.79	11.86	11.92	12.09	12.18	12.24
13.24	15.74	18.58	22.33	24.22	25.32	27.92	30.39
6.53	7.71	9.35	10.26	11.08	11.17	11.73	11.80
0.89	0.93	1.12	1.69	1.74	1.71	1.98	2.48
5.82	7.10	8.11	10.39	11.40	12.44	14.21	16.11
0.69	0.69	0.85	1.07	1.16	1.06	1.28	1.72
11308	13397	15776	17573	20370	21096	23006	24885
112.3	110.9	109.9	106.5	107.4	106.6	108.5	107.3
88893	91192	123603	181101	234681	277587	321558	344813
6180	7119	8258	9505	11152	12616	15162	16769
63905	88595	100650	113693	105068	115119	138806	148216
5104	6477	7565	8496	9626	9644	10376	11366
16653	19668	22972	25867	28772	27237	29252	31499
11759	11748	11854	11807	14851	14669	14683	14923
41030	33715	37083	36614	37235	36322	35047	35217
111822	132110	162137	181592	196008	197875	202531	203724
29704	34621	40079	50902	57255	63209	71248	79826
421	388	369	346	315	299	377	374
6201	6128	6101	6386	6639	6982	7504	8177
519	505	550	552	557	581	588	607
9346	9175	8753	9360	9089	8991	9545	9637
285	305	350	387	416	461	509	506
374	348	417	450	465	515	558	614
153	130	149	156	133	136	147	168
104	98	145	158	185	224	238	262

9-13 黄龙县经济

指　标	单 位	2000年	2005年	2006年	2007年	2008年	2009年
年底总人口	万人	4.70	4.88	4.88	4.88	4.89	4.95
生产总值	亿元	1.28	2.59	2.91	3.55	4.60	5.51
第一产业	亿元	0.77	1.17	1.27	1.61	2.19	2.60
第二产业	亿元	0.14	0.21	0.22	0.25	0.32	0.38
第三产业	亿元	0.38	1.20	1.41	1.70	2.09	2.52
# 工业增加值	亿元	0.08	0.08	0.09	0.07	0.08	0.11
人均生产总值	元	2748	5389	5967	7277	9403	11247
生产总值指数	上年=100	104.5	107.6	106.8	115.8	117.3	114.2
全社会固定资产投资	万元	6066	11152	11457	18294	26569	32789
地方财政收入	万元	767	530	630	780	904	1041
地方财政支出	万元	4192	12020	14400	19010	25018	34153
农村居民人均可支配收入	元	1346	2081	2269	2725	3200	3821
城镇居民人均可支配收入	元				6983	8750	10876
常用耕地面积	公顷	9481	10762	10760	10751	10699	10747
粮食产量	吨	27728	75490	51826	52128	67491	73964
农林牧渔业总产值	万元	13028	20341	21293	27305	36553	43472
社会消费品零售总额	万元	3487	6277	6697	7961	9747	10831
普通小学专任教师数	人	503	441	444	370	337	338
普通小学在校学生数	人	6625	4528	4410	4090	3484	3288
普通中学专任教师数	人	179	242	241	254	255	272
普通中学在校学生数	人	2712	3829	3869	3765	3553	3150
卫生机构床位数	张	188	160	166	165	165	165
卫生技术人员	人	149	146	116	132	170	171
# 执业(助理)医师	人	81	81	62	65	67	97
注册护师、护士	人						28

社会主要指标

2010年	2011年	2012年	2013年	2014年	2015年	2016年	2017年
4.94	4.95	4.95	4.96	4.97	4.97	4.99	5.02
6.35	7.64	8.86	11.15	12.16	13.27	13.97	15.53
2.76	3.45	3.72	3.92	4.56	4.81	4.88	5.02
0.47	0.53	0.89	1.32	1.07	1.23	1.07	1.25
3.12	3.66	4.25	5.91	6.45	7.23	8.02	9.26
1.56	0.15	0.46	0.80	0.51	0.63	0.41	0.53
12834	15454	17895	20496	24512	26695	28040	31041
111.2	110.1	111.1	108.3	108.2	108.4	106.8	108.2
42533	46600	61109	82000	105400	135025	166004	221498
1295	1809	2410	3224	4226	4750	5690	7203
49974	56487	74078	94321	99232	100810	93137	103664
4570	5813	6766	7585	8503	8958	9710	10531
12779	15181	17671	19721	21975	24889	26879	29228
10885	11636	11865	11891	12050	11950	11756	11611
79483	67014	77375	82121	86149	95918	90572	69900
45806	57232	63990	69163	80656	82839	85086	87846
12722	14689	16915	21331	23777	26155	29075	32326
329	322	338	316	292	240	245	238
3101	2810	2496	2227	2186	2276	2262	2339
268	271	260	271	262	254	230	240
3014	2955	2572	2110	2012	1795	1738	1658
156	157	159	161	167	167	192	202
108	196	202	234	238	230	246	293
43	59	60	68	72	76	78	87
18	32	34	56	60	70	72	87

9–14 黄陵县经济

指　　标	单　位	2000年	2005年	2006年	2007年	2008年	2009年
年底总人口	万人	11.72	12.30	12.31	12.37	12.42	13.06
生产总值	亿元	7.11	17.57	26.19	34.41	48.16	56.94
第一产业	亿元	1.31	1.83	2.16	2.54	2.94	3.03
第二产业	亿元	3.21	10.93	18.10	24.61	36.73	43.79
第三产业	亿元	2.58	4.81	5.92	7.26	8.50	10.12
# 工业增加值	亿元	2.77	10.45	17.45	23.80	35.62	42.47
人均生产总值	元	6062	14296	21221	27816	38840	45828
生产总值指数	上年=100	106.9	111.9	110.3	118.2	124.6	117.1
全社会固定资产投资	万元	11947	76025	124882	161668	238765	375456
地方财政收入	万元	4977	12546	15332	19099	24348	46560
地方财政支出	万元	8393	21446	28080	35667	55198	75570
农村居民人均可支配收入	元	2047	2690	3024	3516	4285	5091
城镇居民人均可支配收入	元			7836	9347	11964	14897
常用耕地面积	公顷	14022	9622	9681	9450	9113	9084
粮食产量	吨	44778	46787	35079	32129	48452	50286
农林牧渔业总产值	万元	22037	32068	37309	45707	53786	55410
社会消费品零售总额	万元	23946	35313	39727	46014	58471	65235
普通小学专任教师数	人	1244	1338	1125	1140	1106	1060
普通小学在校学生数	人	22251	15953	14120	13964	12067	10040
普通中学专任教师数	人	551	696	697	707	705	702
普通中学在校学生数	人	9243	12457	12326	12115	12062	11422
卫生机构床位数	张	668	704	670	630	616	645
卫生技术人员	人	773	771	646	734	892	702
# 执业(助理)医师	人	304	355	293	327	240	243
注册护师、护士	人						204

社会主要指标

2010年	2011年	2012年	2013年	2014年	2015年	2016年	2017年
12.99	13.00	13.01	13.03	13.05	13.12	13.17	13.23
69.90	83.56	103.40	109.57	112.61	87.56	95.85	129.55
4.29	5.49	6.23	6.83	7.98	7.70	7.97	8.00
54.65	65.11	82.57	84.54	85.05	57.12	62.58	92.61
10.97	12.96	14.60	18.20	19.58	22.73	25.30	28.94
53.09	63.20	80.36	82.42	82.22	53.99	59.34	89.02
53677	64308	79509	83359	86357	66940	72911	98126
114.1	111.6	111.6	110.2	110.8	98.4	107.3	109.2
495320	633456	823193	1037461	723916	768097	855318	990176
60464	79797	94946	103688	88293	85239	89842	152807
102533	121781	147243	156013	127301	145943	155397	214950
6130	7723	8974	10096	11267	10581	11405	12460
17578	20904	24479	27392	30213	27784	29922	32495
9016	8938	8938	8945	9774	9619	9241	8971
50552	42437	46616	45638	47939	50013	49456	45752
78114	100021	110239	122464	142682	137067	143451	145868
76983	90154	103960	131332	148109	162274	179431	205546
1126	1005	992	839	1056	1051	1049	1010
9408	8947	8520	8231	8439	8630	8705	8724
672	684	685	684	619	627	627	627
10357	9922	8785	7976	7609	7024	6848	6345
705	720	720	755	755	775	769	910
758	764	769	811	729	755	824	866
258	250	281	293	281	269	258	280
235	234	233	246	216	228	310	329

十、汉中市

资料整理：左　丹　伍池宏

10-1 汉中市经济

指标	单位	2000年	2005年	2006年	2007年	2008年	2009年
年底总人口	万人	368.93	348.46	349.62	350.48	351.33	342.09
人口自然增长率	‰		2.30	2.45	2.46	2.45	2.38
年底总户数	万户	107.29	113.45	113.95	117.88	121.70	124.34
生产总值	亿元	119.23	217.72	249.83	299.71	366.19	415.64
第一产业	亿元	31.41	48.07	55.64	66.77	87.64	91.71
第二产业	亿元	38.41	85.38	99.01	115.39	135.03	152.48
第三产业	亿元	49.41	84.27	95.18	117.55	143.52	171.45
# 工业增加值	亿元	26.77	64.72	75.67	87.82	99.22	108.58
人均生产总值	元	3250	6255	7158	8562	10435	11819
生产总值指数	上年=100	108.2	111.9	112.1	113.9	113.8	114.5
第一产业	上年=100	103.8	109.2	108.1	106.0	107.9	106.4
第二产业	上年=100	109.3	112.0	115.6	114.9	113.8	113.6
第三产业	上年=100	110.2	113.0	110.8	117.3	116.8	119.3
# 工业增加值	上年=100	106.0	114.1	118.1	116.3	113.8	111.0
人均生产总值指数	上年=100	107.5	111.2	111.8	113.6	113.5	114.3
非公有制经济增加值	亿元		91.83	111.62	140.86	175.89	203.14
文化产业增加值	亿元						
能源消费总量	万吨标准煤						
单位GDP能耗比上年增长	%			-3.40	-4.80	-5.60	-4.38
就业人员	万人	207.51	188.84	212.64	209.45	208.00	207.83
城镇单位就业人员	万人	24.96	21.97	22.03	21.90	21.49	23.98
# 国有单位	万人	20.38	16.28	15.88	15.60	15.39	15.34
集体单位	万人	2.90	1.64	1.27	1.19	1.03	1.27
# 在岗职工人数	万人	24.96	21.97	22.03	21.90	21.49	21.50
城镇单位就业人员平均工资	元						
城镇单位在岗职工平均工资	元	6437	12248	13957	17968	22333	26629

社会主要指标

2010年	2011年	2012年	2013年	2014年	2015年	2016年	2017年
341.76	341.51	341.84	342.50	343.15	343.81	344.63	344.93
2.47	2.44	2.55	2.63	2.42	2.42	2.72	2.80
125.97	127.59	128.77	129.93	130.74	131.86	132.97	138.46
509.70	647.48	754.57	890.31	1002.83	1059.61	1156.49	1333.30
110.39	142.29	159.47	171.52	183.98	191.53	205.74	209.98
199.50	267.58	320.42	391.01	453.60	459.02	495.03	617.88
199.81	237.61	274.68	327.78	365.25	409.06	455.72	505.44
146.32	203.17	245.70	303.16	353.28	345.46	365.69	463.97
14907	18952	22084	26020	29252	30849	33597	38671
115.1	115.5	115.2	112.7	111.6	109.6	109.0	109.6
106.6	106.6	105.8	105.3	105.4	105.0	104.5	105.1
119.6	122.2	121.8	118.6	115.5	110.4	110.7	112.8
114.3	113.7	112.9	109.3	109.5	110.4	109.1	107.8
120.6	125.5	124.7	120.7	116.5	108.8	109.3	113.4
115.2	115.6	115.1	112.5	111.4	109.3	108.7	109.4
252.35	327.03	387.88	467.60	516.86	545.60	595.87	694.76
				24.05	26.36	29.38	33.29
						872.07	918.43
-3.63	-3.61	-3.56	-3.51	-4.05	-4.96	-4.66	-3.87
206.37	205.33	199.50	203.50	202.10	203.33	202.46	202.57
25.01	25.66	26.37	30.02	30.87	30.32	29.97	30.22
15.81	15.82	16.21	15.16	15.52	15.62	15.66	15.34
1.36	1.33	1.26	1.26	1.91	1.71	1.86	1.86
22.15	22.85	23.35	27.32	27.67	27.07	26.44	26.31
		39106	42160	44417	48893	52736	56830
30148	35119	40739	43710	46348	51411	55739	60395

10-1 续表 1

指 标	单 位	2000年	2005年	2006年	2007年	2008年	2009年
全社会固定资产投资	亿元	38.84	75.00	90.88	120.05	163.63	238.43
# 房地产开发	亿元	6.15	12.49	14.11	22.85	22.97	24.21
商品房销售面积	万平方米	41.42	79.53	101.69	112.59	106.86	145.17
# 住宅	万平方米	39.77	76.34	97.34	104.85	101.52	140.78
地方财政收入	亿元	5.20	6.40	7.69	10.24	12.33	14.39
地方财政支出	亿元	13.00	25.02	32.62	48.41	77.72	116.63
金融机构人民币各项存款余额	亿元	154.46	307.97	369.98	404.58	534.07	676.57
金融机构人民币各项贷款余额	亿元	150.31	150.12	165.42	179.26	178.28	241.57
农村居民人均可支配收入	元	1428	1893	2038	2393	2884	3446
城镇居民人均可支配收入	元	4117	6257	6925	8209	10155	12562
城市人均公园绿地面积	平方米			6.28	6.45	14.29	14.10
城市人均道路面积	平方米		6.02	6.15	4.16	5.87	5.86
城市用水普及率	%		81.87	76.16	78.05	81.97	75.76
城市燃气普及率	%		28.18	28.56	37.17	68.31	61.09
常用耕地面积	千公顷	231.56	202.15	200.16	201.03	202.35	202.99
农林牧渔业总产值	亿元	55.15	83.22	94.79	114.63	150.49	159.10
农作物总播种面积	千公顷	459.67	445.75	447.17	408.56	492.99	443.62
# 粮食作物	千公顷	346.36	301.73	303.56	264.88	277.21	284.10
粮食产量	万吨	124.50	111.69	116.89	93.23	102.12	109.87
棉花产量	吨	181	37	36	33	29	10
油料产量	吨	105420	146944	124889	134942	151344	159260
蔬菜产量	吨	1018968	1024168	1095835	1198475	1385397	1597018

2010年	2011年	2012年	2013年	2014年	2015年	2016年	2017年
312.80	411.33	534.86	679.27	845.04	1039.40	1209.89	1443.21
38.22	57.21	73.41	69.09	82.10	68.20	85.40	97.61
165.34	216.45	185.02	164.35	127.16	124.69	141.83	168.54
157.78	205.14	176.90	156.36	118.92	116.62	128.96	153.92
18.62	23.55	30.09	35.83	40.89	44.67	45.19	45.65
126.79	159.25	195.84	214.40	234.00	258.65	280.17	311.70
798.11	932.82	1072.86	1246.83	1390.67	1591.92	1752.53	1916.92
300.08	347.95	402.44	491.85	554.85	630.54	680.21	773.86
4183	5283	6181	7053	7439	8164	8855	9666
14509	17019	19827	22167	21725	23625	25595	27812
14.09	14.95	14.96	14.81	14.57	13.20	13.37	14.28
6.29	6.91	7.42	7.51	7.91	7.54	9.09	12.27
75.70	81.86	80.54	81.00	79.71	82.49	81.45	82.23
67.64	83.71	90.93	97.71	99.95	90.97	89.91	88.56
203.59	204.62	205.26	205.08	205.15	204.05	203.77	210.21
190.34	245.56	274.66	305.07	325.51	339.66	364.26	371.33
448.03	432.95	438.11	442.29	517.53	518.09	518.97	522.22
285.87	267.00	268.90	269.24	268.25	267.39	266.28	265.12
114.13	95.14	101.36	102.66	101.75	103.24	103.65	104.28
2	3	3	3	1	53	53	53
170121	176689	178941	184756	189144	192065	192038	194722
1744760	1794085	1910851	2024013	2143400	2272298	2427099	2559066

10-1 续表 2

指　　标	单 位	2000年	2005年	2006年	2007年	2008年	2009年
水果产量	吨	62087	198409	192948	263457	266842	335157
# 苹果	吨	4677	3909	4473	4720	4814	4875
肉类产量	吨	157802	223341	245898	191607	212744	250761
# 猪牛羊肉	吨	147844	207893	227945	171346	196206	232094
奶类产量	吨	4833	8883	9407	9742	10771	11679
# 牛奶	吨	4636	8268	8710	9139	9495	10552
禽蛋产量	吨	20818	38739	40632	48718	53279	55237
水产品产量	吨	12204	18173	18331	19427	20202	21118
规模以上工业企业单位数	个	251	231	252	250	266	340
规模以上工业总产值	亿元	68.43	165.41	204.37	241.11	260.60	310.79
纱产量	吨	919	2070	2283	3676	6207	8184
布产量	万米	293.91	823.80	1278.00	1157.10	1128.93	1341.48
原煤产量	万吨	8.62	8.40	14.90	21.93	26.22	61.47
发电量	亿千瓦小时	11.29	14.78	14.68	20.89	23.74	22.61
粗钢产量	万吨	27.38	98.06	126.75	117.20	94.25	145.59
钢材产量	万吨	27.38	21.15	38.48	64.24	54.08	125.52
水泥产量	万吨	108.04	203.37	234.54	255.00	264.38	308.62
汽车产量	辆	291	1294	4666			
建筑业企业单位数	个	119	85	92	94	97	98
建筑业企业年末从业人员	万人	3.64	3.32	3.48	3.18	3.07	3.43
建筑业总产值	亿元	9.00	16.64	16.65	20.46	25.39	37.72
房屋建筑施工面积	万平方米	258.13	336.70	313.18	377.75	417.87	511.50
房屋建筑竣工面积	万平方米	138.06	153.35	137.90	168.34	159.93	219.69
公路里程	公里	6227	7305	14003	13662	12398	14298
# 等级公路	公里	4667	5608	5695	8385	8930	11458
# 高速公路	公里		106	166	192	210	210
民用汽车拥有量	辆	24391	43110	56024	68029	78171	86510
# 私人汽车	辆	10129	24733	40180	49155	57610	66799
邮电业务总量	亿元	5.61	19.40	24.56	29.60	37.17	35.79
邮政业务总量	亿元	0.48	1.52	2.04	2.50	2.99	3.60
电信业务总量	亿元	5.13	17.89	22.52	27.10	34.18	32.19

2010年	2011年	2012年	2013年	2014年	2015年	2016年	2017年
305389	382869	397746	411483	430669	455763	462576	490377
4954	4806	4559	4602	4593	4711	4863	5039
279910	297264	312077	324562	316589	332560	330139	326375
259511	274839	289308	300905	292967	308697	306626	302402
13097	13783	13756	13820	13967	13688	13297	13361
11693	12171	12101	12144	12213	11905	11568	11533
62068	69111	70095	71569	71434	72899	73842	74659
23498	23594	26240	31248	35100	37671	40805	42625
353	254	324	348	392	425	461	565
404.41	545.42	718.09	856.10	873.56	922.03	992.02	1171.69
8172	8862	9740	14477	13614	15816	18393	18241
1040.00	1179.00	1112.00	1291.00	714.00	916.00	846.00	489.00
101.78	135.09	169.49	199.87	219.20	236.89	234.96	428.27
32.88	28.56	30.88	35.21	45.01	48.84	62.70	64.13
182.35	201.41	301.14	428.19	434.74	384.32	347.11	466.21
145.89	155.53	233.65	455.98	455.20	332.97	265.20	425.72
508.35	618.80	664.71	702.14	700.09	698.46	663.33	611.24
98	94	105	102	114	119	129	155
4.23	3.42	4.33	4.88	5.14	6.19	6.09	6.73
52.26	70.00	87.68	102.91	120.87	145.19	178.17	229.93
708.71	875.80	991.16	1201.75	1347.01	1333.54	1571.13	1483.90
266.97	312.28	337.04	413.84	482.91	460.09	610.21	593.60
15051	15974	17935	18462	18828	19312	20062	20494
13785	14021	15598	16216	16791	17329	18262	18738
307	431	428	465	465	502	505	573
101494	113814	131267	153494	174218	198993	231104	265384
79665	91305	107585	128854	150810	176642	209485	242940
16.77	21.91	23.05	25.96	34.91	47.70	74.79	58.35
3.30	4.04	3.22	3.84	4.45	5.15	6.42	7.51
13.47	17.87	19.83	22.13	30.46	42.56	68.37	50.84

10-1 续表 3

指 标	单 位	2000年	2005年	2006年	2007年	2008年	2009年
固定电话用户	万户	22.61	66.61	72.20	72.52	65.94	61.80
移动电话用户	万户	9.89	60.80	74.31	105.33	120.00	138.35
互联网宽带用户	万户	1.29	5.47	6.90	10.18	13.82	13.82
限额以上企业数	个						123
批发业	个						16
零售业	个						58
住宿业	个						36
餐饮业	个						13
社会消费品零售总额	亿元	42.91	65.30	76.10	91.80	116.66	133.02
进出口总额	万美元		2267	2130	2944	3720	4071
# 出口	万美元		1913	1869	2205	3111	3268
实际外商直接投资额	万美元		541	251	674	826	3597
入境旅游人数	万人次	0.51	0.69	0.76	1.10	1.25	1.52
# 外国人	万人次		0.18	0.19	0.21	0.24	0.29
国际旅游外汇收入	万美元	64	98	148	260	330	490
国内旅游人数	万人次	452	560	620	732	820	1030
国内旅游收入	亿元	4.07	8.10	12.50	17.00	23.00	31.60
星级饭店数	个		14	14	28	28	31
幼儿园数	所	405	141	158	164	171	192
在园儿童数	万人	8.33	4.78	4.67	3.31	4.59	4.47
普通小学学校数	所	3603	2196	1909	1758	1570	1325
普通小学专任教师数	人	18274	16813	16628	16524	16265	16016
普通小学在校学生数	万人	38.63	30.27	29.23	27.93	26.32	24.99
普通中学学校数	所	249	254	248	244	241	232
普通中学专任教师数	人	10822	12463	12844	13191	13373	13643
普通中学在校学生数	万人	18.51	22.13	21.94	21.77	21.63	21.75
卫生机构数	个	596	523	468	402	402	401
卫生机构床位数	张	11197	10194	10586	10598	11447	12200
卫生技术人员	人	13619	12916	13058	12873	13930	14260
# 执业(助理)医师	人	7407	5198	5299	5473	5408	5669
注册护师、护士	人	3157	3108	3217	3392	4015	4191

2010年	2011年	2012年	2013年	2014年	2015年	2016年	2017年
62.68	59.34	57.08	55.58	53.31	52.58	49.79	46.05
151.10	177.80	199.94	215.21	234.63	251.83	266.71	298.39
21.77	24.42	29.64	32.53	35.49	38.98	50.35	65.64
204	231	294	332	372	395	423	555
24	25	35	44	52	50	52	75
100	125	162	189	215	231	248	311
51	50	57	56	53	59	63	75
29	31	40	43	52	55	60	94
157.50	184.44	216.05	248.15	281.65	319.00	369.17	421.05
4422	4595	5426	7315	6.37(亿元)	5.54(亿元)	7.02(亿元)	9.13(亿元)
3032	3948	5256	6670	4.54(亿元)	4.34(亿元)	4.80(亿元)	6.13(亿元)
1595	2428	3014	3100	4005	1054	2013	3323
1.72	2.01	2.31	2.79	3.40	3.87	4.25	4.72
1.22	1.42	1.51	1.84	2.20	2.62	2.90	2.97
690	830	998	1269	1561	1836	2120	2450
1210	1504	1903	2247	2625	2911	3256	4235
48.70	63.00	81.50	105.18	130.42	151.70	172.00	230.00
30	30	29	29	29	29	30	30
655	731	750	745	777	809	780	768
7.37	8.80	9.68	9.94	10.17	10.07	10.07	10.03
972	876	769	742	700	559	489	476
15631	14330	13948	13266	12819	12218	12208	12049
23.85	22.67	21.22	19.71	19.52	19.54	19.74	19.94
225	219	207	208	212	212	211	210
13866	14998	14246	15209	15290	14355	15728	15646
21.44	21.12	20.17	19.21	18.77	18.31	18.10	18.02
412	3951	3897	3858	3858	3814	3698	3644
13309	14580	16332	18212	19805	20960	20580	22441
15833	16499	17619	19434	20065	20356	21973	24020
5231	5484	5901	6367	6191	5757	6660	6986
4903	5145	5786	6713	7237	7410	8308	9271

10-2 汉台区经济

指　　标	单　位	2000年	2005年	2006年	2007年	2008年	2009年
年底总人口	万人	50.50	53.94	54.22	54.77	54.81	53.26
生产总值	亿元	27.23	49.59	55.89	66.18	80.64	91.59
第一产业	亿元	2.81	4.59	5.11	6.18	7.97	8.35
第二产业	亿元	12.88	20.49	23.07	25.76	31.00	33.21
第三产业	亿元	11.54	24.51	27.71	34.24	41.67	50.03
# 工业增加值	亿元	9.81	14.52	16.24	17.71	20.25	20.06
人均生产总值	元	5436	9358	10340	12150	14718	16762
生产总值指数	上年=100	109.9	111.5	112.1	115.0	115.1	114.5
全社会固定资产投资	万元	118595	204500	257700	320100	388604	539100
地方财政收入	万元	15824	16519	20068	25808	32369	37366
地方财政支出	万元	17314	28459	34110	45615	69458	83245
农村居民人均可支配收入	元	1878	2639	2850	3236	3878	4603
城镇居民人均可支配收入	元	4308	6671	7704	8981	10602	12922
常用耕地面积	公顷	16855	15381	15548	15497	15579	15539
粮食产量	吨	131827	114229	122689	96184	103464	114289
农林牧渔业总产值	万元	46954	78562	87369	106057	136899	144554
社会消费品零售总额	万元	168963	237000	282300	341300	443600	530300
普通小学专任教师数	人	2358	2254	2375	2351	2309	2263
普通小学在校学生数	人	44500	39700	39800	38300	36000	34400
普通中学专任教师数	人	1835	2049	2108	2179	2167	2199
普通中学在校学生数	人	27900	30700	31200	30900	31000	31900
卫生机构床位数	张	4396	3866	4022	3951	4305	4409
卫生技术人员	人	3588	3937	4025	4192	4438	4694
# 执业(助理)医师	人	1305	1539	1551	1585	1541	1783
注册护师、护士	人	1064	1193	1309	1485	1685	1782

社会主要指标

2010年	2011年	2012年	2013年	2014年	2015年	2016年	2017年
53.52	53.55	53.62	53.76	53.91	54.01	54.03	54.08
111.01	135.47	156.29	177.14	203.89	230.25	252.27	287.39
10.05	12.95	14.44	16.11	16.51	16.97	18.32	18.72
43.13	54.61	63.75	73.68	88.71	101.71	111.74	130.84
57.83	67.91	78.10	87.36	98.67	111.58	122.22	137.83
27.12	34.61	41.34	48.17	58.24	67.03	72.82	82.37
20753	25304	29167	32993	37874	42670	46698	53169
116.1	115.9	114.5	112.1	112.9	111.7	110.8	110.2
728000	920900	1200500	1550500	2076000	2556200	3402800	4102200
45069	56689	69571	81545	93427	107394	110065	111685
109315	141726	179216	212643	216471	264497	285947	319687
5522	6984	8171	9331	10497	8308	9014	9848
15109	17768	20966	23450	26030	23832	25810	28016
15383	15056	14923	14815	14773	14618	14064	13787
116797	97100	103517	104845	103886	107582	107944	110074
173000	222837	248738	276641	294765	306742	330189	336786
626236	736933	862409	990676	1124390	1273379	1454853	1663571
2255	2063	2141	2067	1883	1803	1799	1764
34039	31481	31195	30058	28897	29248	30135	31141
2151	2150	2194	2260	2186	2230	2413	2373
32014	30906	30884	31684	27706	27460	27183	26908
4666	5084	6499	6823	7389	8014	7307	7288
5095	5223	5889	6265	6603	7061	7668	7512
1759	1763	2079	2146	2157	2136	2381	2180
2132	2160	2550	2799	3112	3281	3542	3549

10-3 南郑区经济

指　　标	单　位	2000年	2005年	2006年	2007年	2008年	2009年
年底总人口	万人	53.89	49.04	49.21	49.24	49.35	47.31
生产总值	亿元	21.14	31.89	35.99	42.15	51.62	58.71
第一产业	亿元	5.63	5.92	6.66	8.05	10.17	10.67
第二产业	亿元	8.37	16.43	18.71	21.80	26.59	28.70
第三产业	亿元	7.14	9.55	10.62	12.30	14.85	19.34
# 工业增加值	亿元	6.55	13.89	15.87	18.48	22.43	23.58
人均生产总值	元	3970	6504	7325	8563	10471	11849
生产总值指数	上年=100	91.6	113.9	111.1	113.3	113.6	114.0
全社会固定资产投资	万元	25245	74300	72871	100200	132500	176768
地方财政收入	万元	4938	10387	12574	15089	18634	22438
地方财政支出	万元	13031	26341	34989	48996	81756	105050
农村居民人均可支配收入	元	1517	2042	2216	2694	3360	4005
城镇居民人均可支配收入	元				8451	10167	12748
常用耕地面积	公顷	30612	30390	30252	30203	30202	30264
粮食产量	吨	177861	165769	169791	135507	144523	159429
农林牧渔业总产值	万元	84635	107290	118670	143454	181303	192085
社会消费品零售总额	万元	51383	72134	77381	88298	106873	126101
普通小学专任教师数	人	2538	2576	2470	2423	2372	2337
普通小学在校学生数	人	53300	46300	43300	40800	38200	36100
普通中学专任教师数	人	1527	1814	1847	1887	1956	2032
普通中学在校学生数	人	25200	32500	33000	34200	32600	33300
卫生机构床位数	张	775	775	965	965	965	965
卫生技术人员	人	1283	1121	1125	1096	1110	1094
# 执业(助理)医师	人	597	571	561	553	567	589
注册护师、护士	人	461	419	421	423	417	430

社会主要指标

2010年	2011年	2012年	2013年	2014年	2015年	2016年	2017年
47.19	47.12	47.18	47.31	47.43	47.52	47.73	47.77
73.72	94.63	114.90	134.46	154.04	164.88	174.07	192.42
12.81	16.56	18.59	20.71	21.26	22.30	24.06	24.41
38.26	50.16	64.25	78.12	91.67	96.08	96.81	111.11
22.65	27.91	32.06	35.63	41.12	46.50	53.20	56.90
32.03	42.55	55.43	67.96	80.04	82.79	81.38	92.60
15602	20067	24370	28459	32519	34730	36550	40296
115.4	117.6	115.9	113.5	111.9	111.5	108.3	109.6
241000	330500	442500	573000	839100	1033900	1247800	1513400
27005	35128	44944	55098	64961	71567	72118	69609
127390	166598	218682	235237	264583	293040	311035	346227
4848	6125	7228	8305	9368	8217	8910	9697
14718	17353	20442	22880	25465	23661	25649	27893
30264	30250	30224	30164	30446	29194	29198	34351
165901	138018	147416	149315	148007	148153	148790	147828
228253	295814	330886	367411	392411	412008	443339	449362
153568	176908	206638	237114	268842	304305	348278	395137
2272	1964	1934	1812	1725	1543	1507	1485
33835	31949	29787	28772	28631	28542	28812	29374
2033	2862	3013	2624	2662	2765	2711	2719
30982	30905	30053	29653	29029	28580	28726	28926
965	965	965	1090	1090	1551	1588	1941
1231	1298	1449	1740	1779	2192	2090	2325
768	729	452	571	583	677	709	710
354	405	413	508	517	676	696	819

10-4 城固县经济

指　　标	单　位	2000年	2005年	2006年	2007年	2008年	2009年
年底总人口	万人	50.06	46.59	46.71	46.82	46.91	46.47
生产总值	亿元	20.37	32.23	36.94	43.67	54.79	61.75
第一产业	亿元	7.75	10.15	12.48	15.07	19.86	20.78
第二产业	亿元	6.98	10.06	10.91	12.51	14.94	17.55
第三产业	亿元	5.64	12.02	13.55	16.09	19.99	23.42
# 工业增加值	亿元	5.96	8.45	9.10	10.36	12.09	14.08
人均生产总值	元	4122	7014	7919	9339	11691	13152
生产总值指数	上年=100	107.2	111.1	111.1	113.0	114.5	114.6
全社会固定资产投资	万元	37500	82500	108000	147451	202300	284100
地方财政收入	万元	6594	3668	4099	4721	5707	6719
地方财政支出	万元	10790	22384	31774	39768	66003	79692
农村居民人均可支配收入	元	1704	2086	2205	2511	3275	4012
城镇居民人均可支配收入	元	4311	6037	6603	7752	10270	12755
常用耕地面积	公顷	28557	25694	24274	24240	24278	24290
粮食产量	吨	175790	153787	165933	133367	145073	150956
农林牧渔业总产值	万元	132389	180892	211046	255088	336215	355277
社会消费品零售总额	万元	55120	73460	84723	99438	122900	146900
普通小学专任教师数	人	3237	2346	2258	2329	2245	2168
普通小学在校学生数	人	53300	39200	38200	38100	37500	36000
普通中学专任教师数	人	1844	1951	1924	2018	2023	2034
普通中学在校学生数	人	26500	32100	31000	30500	30300	30300
卫生机构床位数	张	1018	1157	1178	1195	1225	1238
卫生技术人员	人	1309	1597	1655	1701	1758	1798
# 执业(助理)医师	人	399	553	601	630	655	689
注册护师、护士	人	219	369	412	437	468	497

社会主要指标

2010年	2011年	2012年	2013年	2014年	2015年	2016年	2017年
46.51	46.45	46.51	46.62	46.74	46.83	47.20	47.24
77.53	101.44	117.30	138.29	168.84	192.52	217.22	246.74
25.10	32.27	36.02	40.10	41.58	42.77	45.75	46.93
25.02	35.56	41.58	54.60	76.35	93.72	107.73	129.19
27.42	33.61	39.70	43.59	50.91	56.03	63.75	70.62
20.83	30.30	35.53	47.68	66.97	83.18	95.92	109.12
16677	21824	25237	29699	36171	41150	46203	52251
115.3	115.7	115.4	113.4	113.2	113.8	112.3	110.5
412600	545800	707500	916900	1387600	1722400	2183500	2643900
9271	12160	16519	20325	23730	28726	30615	29122
112701	153850	182600	211118	227081	280012	306988	340164
4898	6199	7309	8383	9473	8236	8953	9772
14725	17346	20468	22916	25437	23648	25611	27850
24332	24328	24326	24325	24150	24143	23999	23908
157017	131008	139827	141604	140327	141017	141359	141453
426444	549088	612689	679674	726539	748832	800481	819382
177880	207887	243754	280159	318687	361240	413078	471445
2110	2033	1902	1881	1900	1879	1951	1939
34803	34031	30732	27475	27261	27533	28205	28602
2090	2141	2150	2213	2214	2191	2207	2179
29635	29846	26946	26435	25411	24561	24315	24176
1264	1351	1494	1555	1828	1777	1835	2345
1797	1764	1815	1856	1742	1736	1820	3070
639	592	625	654	714	752	970	939
478	479	481	685	989	1256	884	1155

10-5 洋县经济

指标	单位	2000年	2005年	2006年	2007年	2008年	2009年
年底总人口	万人	44.08	39.42	39.52	39.57	39.68	38.46
生产总值	亿元	11.71	20.49	23.26	28.02	34.98	40.08
第一产业	亿元	3.25	5.25	6.51	7.97	10.50	10.99
第二产业	亿元	4.97	8.25	8.98	10.67	12.97	15.43
第三产业	亿元	3.49	6.99	7.77	9.38	11.52	13.66
# 工业增加值	亿元	4.43	5.28	5.66	6.74	7.97	9.32
人均生产总值	元	2722	5197	5886	7081	8815	10090
生产总值指数	上年=100	133.1	109.7	110.6	113.8	115.5	115.1
全社会固定资产投资	万元	21262	103026	115183	130000	191691	285900
地方财政收入	万元	3612	3167	3632	4228	5633	7182
地方财政支出	万元	8450	21313	28054	35632	55451	75167
农村居民人均可支配收入	元	1154	1498	1570	1768	2313	3063
城镇居民人均可支配收入	元					9255	12136
常用耕地面积	公顷	27799	28158	28135	28082	27913	27896
粮食产量	吨	159063	163236	174135	140508	154306	167528
农林牧渔业总产值	万元	56354	92423	108113	133752	176483	186761
社会消费品零售总额	万元	24186	36757	41150	48404	59270	70700
普通小学专任教师数	人	2783	2461	2402	2309	2236	2169
普通小学在校学生数	人	42367	36274	35326	31182	30663	30667
普通中学专任教师数	人	1405	1420	1463	1523	1567	1604
普通中学在校学生数	人	27568	26737	26118	25881	25803	25476
卫生机构床位数	张	703	760	768	943	934	1051
卫生技术人员	人	799	911	958	1221	1388	1331
# 执业(助理)医师	人	562	586	602	537	612	607
注册护师、护士	人	237	305	320	332	376	358

社会主要指标

2010年	2011年	2012年	2013年	2014年	2015年	2016年	2017年
38.42	38.37	38.41	38.47	38.54	38.61	38.70	38.74
49.23	62.36	73.76	85.05	94.40	100.26	106.53	120.90
13.21	17.00	19.13	21.28	22.40	23.35	25.05	25.57
19.68	25.52	31.69	38.09	42.47	43.60	43.03	52.65
16.33	19.84	22.94	25.67	29.53	33.31	38.45	42.68
12.31	16.27	21.99	27.21	29.93	29.65	27.90	34.81
12778	16242	19212	22125	24516	25966	27525	31224
116.0	115.6	115.1	113.0	125.0	110.4	108.0	109.5
410200	480200	614700	765900	1033000	1281200	964500	1149000
20617	14119	17798	16385	19942	24171	24656	23934
10303	141333	169489	188892	221117	247469	276666	306952
3790	4885	5755	6618	7419	8164	8882	9695
14116	16784	19788	22212	24700	23379	25366	27610
27895	27859	27923	27732	27636	27790	27972	28031
176625	147023	155658	157626	156204	157065	157752	157255
224183	288202	322047	356278	380783	398639	427962	436301
85730	100588	118068	135736	154241	174905	223779	256720
2070	1943	2041	1951	1981	1985	1995	1556
27315	26255	25144	23827	23826	23980	23440	24209
1675	1711	1798	1700	1760	1689	1678	1650
25416	25317	25230	23386	22953	22650	22650	22602
1317	1419	1420	1438	1526	1446	1595	1791
1292	1295	1383	1397	1700	1643	1668	1756
612	620	696	708	677	678	761	762
360	362	368	375	525	528	536	980

10−6 西乡县经济

指　　标	单　位	2000年	2005年	2006年	2007年	2008年	2009年
年底总人口	万人	39.80	35.04	35.11	35.19	35.34	34.27
生产总值	亿元	7.36	14.37	16.69	20.35	25.63	29.33
第一产业	亿元	2.59	4.44	5.17	6.25	8.40	8.79
第二产业	亿元	1.81	3.60	4.16	4.97	5.96	7.17
第三产业	亿元	2.96	6.32	7.36	9.14	11.27	13.37
# 工业增加值	亿元	1.54	2.35	2.75	3.30	3.81	4.53
人均生产总值	元	1844	4084	4765	5783	7267	8291
生产总值指数	上年=100	106.1	110.1	112.7	113.6	114.7	114.9
全社会固定资产投资	万元	14009	51800	60325	79000	137900	214200
地方财政收入	万元	3542	1915	2336	3505	4903	6767
地方财政支出	万元	8668	17460	23873	33061	54560	70061
农村居民人均可支配收入	元	1019	1289	1427	1698	2360	3065
城镇居民人均可支配收入	元	4015	6517	6975	7816	9501	12465
常用耕地面积	公顷	29215	20972	21213	21479	21684	21793
粮食产量	吨	132214	113674	112727	90189	99147	105037
农林牧渔业总产值	万元	44683	79045	87995	107675	144632	153199
社会消费品零售总额	万元	25660	41800	48100	63200	80100	70049
普通小学专任教师数	人	1685	1472	1421	1391	1376	1328
普通小学在校学生数	人	41549	26988	26716	25775	24835	24575
普通中学专任教师数	人	1107	1311	1355	1404	1429	1407
普通中学在校学生数	人	23301	26501	26576	24583	24096	22018
卫生机构床位数	张	813	895	895	907	907	1216
卫生技术人员	人	1096	1194	1201	1213	1259	1288
# 执业(助理)医师	人	165	411	448	483	518	561
注册护师、护士	人	124	207	231	256	282	358

社会主要指标

2010年	2011年	2012年	2013年	2014年	2015年	2016年	2017年
34.20	34.15	34.20	34.28	34.36	34.43	34.46	34.50
36.08	44.31	54.96	65.20	75.38	81.20	90.69	101.73
10.54	13.62	15.26	17.04	17.42	18.47	19.96	20.31
9.27	10.89	15.99	20.82	25.97	27.05	31.66	39.83
16.27	19.80	23.72	27.34	31.99	35.68	39.07	41.59
6.06	6.90	11.46	15.68	18.89	19.05	22.41	28.70
10534	12966	16082	19042	21964	23610	26331	29505
115.5	115.5	115.3	112.8	112.9	112.0	110.1	108.7
335255	440000	553500	696500	844900	990300	995800	1176400
10061	12582	16006	18681	22069	25458	25802	24008
91916	136382	164500	179588	199500	222550	239611	256329
3802	4905	5788	6662	7541	8180	8875	9669
14536	17065	20068	22405	24914	23612	25605	27845
21797	21746	21711	21861	21950	21950	21950	21950
110108	92056	98264	99524	98670	102531	102853	104724
182510	236337	264662	294714	313732	330407	356141	362564
83033	97476	114828	132255	151181	171520	221146	253124
1287	1181	1130	1067	1203	1193	1239	1241
24361	23907	23918	24125	24312	24522	24496	24492
1414	1589	1541	1574	1334	1337	1344	1377
21821	21458	21917	21863	21467	21530	20841	21105
1289	1314	1397	1985	1824	2048	2080	2050
1188	1355	1404	1548	1630	1704	1798	1898
388	434	414	369	448	491	437	680
359	436	452	478	633	755	806	937

10-7 勉县经济

指　　标	单　位	2000年	2005年	2006年	2007年	2008年	2009年
年底总人口	万人	41.89	40.87	41.03	41.02	41.09	38.96
生产总值	亿元	12.12	24.67	30.20	38.27	44.24	48.85
第一产业	亿元	3.63	4.98	5.83	6.92	9.25	9.67
第二产业	亿元	4.74	12.46	16.22	21.37	21.01	23.33
第三产业	亿元	3.75	7.23	8.15	9.98	13.99	15.84
# 工业增加值	亿元	3.49	10.10	13.59	18.28	16.81	18.23
人均生产总值	元	2893	5809	7235	9328	10777	11877
生产总值指数	上年=100	161.9	119.2	116.3	116.1	114.6	113.8
全社会固定资产投资	万元	33286	71500	83200	125000	167200	253700
地方财政收入	万元	5222	5173	6926	10098	12814	13090
地方财政支出	万元	9154	20336	26628	39853	95590	134676
农村居民人均可支配收入	元	1182	1651	1860	2136	2989	3571
城镇居民人均可支配收入	元					9912	12613
常用耕地面积	公顷	27207	23727	24104	23923	24303	24790
粮食产量	吨	159570	147576	151982	120598	134060	144774
农林牧渔业总产值	万元	60506	93656	105056	126528	168082	177695
社会消费品零售总额	万元	37790	64926	73500	85800	105657	126200
普通小学专任教师数	人	1873	1817	1781	1752	1726	1718
普通小学在校学生数	人	44800	34200	32600	30200	28000	26100
普通中学专任教师数	人	1199	1386	1417	1463	1472	1495
普通中学在校学生数	人	20400	28100	28500	28300	27800	27200
卫生机构床位数	张	1137	1133	1213	1249	1249	1287
卫生技术人员	人	1821	1672	1841	1934	1963	2146
# 执业(助理)医师	人	499	537	575	616	611	675
注册护师、护士	人	274	312	395	394	387	400

社会主要指标

2010年	2011年	2012年	2013年	2014年	2015年	2016年	2017年
38.83	38.78	38.80	38.87	38.95	39.02	39.37	39.40
59.77	78.66	96.59	105.44	111.41	105.76	101.16	129.27
11.66	15.07	16.95	18.89	19.56	20.50	22.14	22.41
30.35	42.17	54.95	58.85	60.11	49.56	38.00	61.18
17.76	21.41	24.69	27.70	31.74	35.70	41.02	45.68
24.16	34.41	46.16	48.87	49.03	37.11	23.89	44.58
15366	20270	24900	27150	28632	27126	25807	32821
115.7	116.2	115.6	113.3	112.8	106.6	102.0	109.3
355900	485000	632400	815900	423000	533000	669500	839100
17667	21825	25574	29690	31020	31243	27939	31621
119508	135055	164777	187699	195829	223185	263309	274556
4440	5624	6642	7612	8556	8189	8910	9707
14715	17378	20228	22610	25188	23630	25662	27828
25089	25591	26231	26284	26321	26480	26605	28034
150511	125106	132994	134696	133513	132014	132523	131460
210786	272296	304966	338204	359608	377187	405494	410295
153500	180447	211579	243200	275434	311823	357194	404557
1657	1525	1481	1335	1288	1245	1199	1333
24451	21959	20068	17853	17257	16744	16794	16888
1514	1659	1665	1635	1676	1638	1686	1589
25971	25205	24610	23224	22515	21178	20562	20327
1324	1456	1603	1759	1963	1824	1931	2325
1927	2043	2101	2047	2171	2388	2584	2832
508	574	655	588	628	710	698	704
450	489	547	572	623	676	845	863

10–8 宁强县经济

指标	单位	2000年	2005年	2006年	2007年	2008年	2009年
年底总人口	万人	33.16	31.80	31.89	31.91	31.98	30.98
生产总值	亿元	7.45	12.81	15.33	18.40	23.13	26.33
第一产业	亿元	3.37	4.69	5.61	6.60	8.35	8.72
第二产业	亿元	2.28	3.12	4.20	5.10	6.01	6.78
第三产业	亿元	1.80	5.00	5.52	6.70	8.77	10.83
# 工业增加值	亿元	1.97	2.18	3.14	3.83	4.37	4.77
人均生产总值	元	2252	3831	4610	5728	6944	8217
生产总值指数	上年=100	110.9	113.4	114.8	115.1	113.4	114.5
全社会固定资产投资	万元	30632	33504	48508	82500	137119	231400
地方财政收入	万元	2826	3827	2887	3600	4554	5782
地方财政支出	万元	7151	17566	23620	31083	70680	142687
农村居民人均可支配收入	元	992	1410	1519	1823	2552	3146
城镇居民人均可支配收入	元	3434	5698	6321	8177	9771	12468
常用耕地面积	公顷	24734	20699	20311	20527	20758	20960
粮食产量	吨	94324	77624	79315	79449	85404	88548
农林牧渔业总产值	万元	53517	78295	89512	105388	138088	145949
社会消费品零售总额	万元	19615	39388	45061	53114	65298	77400
普通小学专任教师数	人	1381	1395	1436	1478	1525	1556
普通小学在校学生数	人	38607	31850	30756	29845	28398	27007
普通中学专任教师数	人	747	988	1071	1135	1168	1257
普通中学在校学生数	人	13757	19902	20363	20522	20937	21679
卫生机构床位数	张	502	541	504	612	751	813
卫生技术人员	人	398	500	502	627	1209	1275
# 执业(助理)医师	人	278	380	382	329	441	470
注册护师、护士	人	83	108	110	123	277	282

社会主要指标

2010年	2011年	2012年	2013年	2014年	2015年	2016年	2017年
30.89	30.85	30.85	30.86	30.88	30.94	30.88	30.91
32.05	41.65	48.50	55.85	61.94	64.12	71.54	83.30
10.53	13.58	15.20	16.95	17.41	18.19	19.49	19.84
8.48	12.43	14.78	17.64	20.07	18.25	21.15	29.31
13.03	15.64	18.52	21.26	24.46	27.69	30.90	34.15
6.02	9.35	11.31	13.68	14.37	11.78	13.77	20.65
10359	13493	15719	18100	20063	20746	23144	26960
115.6	115.8	114.5	112.7	112.7	112.2	110.1	108.6
331000	315000	408200	541600	717400	889700	999600	1011300
7339	9121	11701	13808	16072	17418	15544	12232
119583	112026	157816	151795	169701	186927	200081	227177
3899	4914	5754	6548	7373	8068	8746	9555
14562	17183	20018	22489	24985	23602	25599	27788
21136	21136	21256	21259	21263	21267	21249	21296
92005	77003	82208	83255	82549	85233	85656	87409
176280	227324	254727	283862	301567	315377	337556	343467
93914	109121	127535	146315	165795	187705	213193	245093
1540	1478	1354	1359	1243	1100	1090	1287
25095	23412	20370	15954	15373	14910	14830	14747
1283	1266	1356	1236	1405	1464	1569	1332
21407	21287	18642	16398	16437	16095	15658	15122
926	1092	1261	1332	1355	1379	1280	1585
1309	1332	1368	1482	1487	1506	1517	1613
340	346	428	461	439	431	418	446
287	292	369	420	463	467	493	555

10-9 略阳县经济

指　　标	单　位	2000年	2005年	2006年	2007年	2008年	2009年
年底总人口	万人	20.21	20.08	20.23	20.25	20.33	20.19
生产总值	亿元	8.99	17.94	20.04	22.61	27.96	32.05
第一产业	亿元	1.47	2.39	2.64	3.14	4.09	4.27
第二产业	亿元	4.33	8.42	9.41	10.07	12.60	14.49
第三产业	亿元	3.19	7.13	7.99	9.40	11.27	13.30
# 工业增加值	亿元	3.60	6.65	7.41	7.67	9.73	11.21
人均生产总值	元	4467	8909	9933	11171	13778	15743
生产总值指数	上年=100	107.8	110.5	111.0	113.7	113.5	115.2
全社会固定资产投资	万元	16270	69787	114957	126170	159111	236200
地方财政收入	万元	4219	5959	6565	7560	9109	11580
地方财政支出	万元	7353	16059	19005	27086	55315	126114
农村居民人均可支配收入	元	1197	1668	1756	1942	2550	3117
城镇居民人均可支配收入	元	4326	6322	6825	7961	9978	12660
常用耕地面积	公顷	10043	9957	9945	9986	10091	9831
粮食产量	吨	64853	49279	40842	43507	47970	50346
农林牧渔业总产值	万元	25816	41537	46925	55011	71629	75617
社会消费品零售总额	万元	20275	36305	41478	49753	61531	73601
普通小学专任教师数	人	768	924	1005	995	1009	1016
普通小学在校学生数	人	23500	15800	14900	13400	11800	10600
普通中学专任教师数	人	524	639	617	628	622	636
普通中学在校学生数	人	7000	8700	11000	10500	9800	9700
卫生机构床位数	张	753	785	785	744	743	750
卫生技术人员	人	875	623	623	775	779	752
# 执业(助理)医师	人	507	250	205	342	301	315
注册护师、护士	人	221	165	149	211	209	195

社会主要指标

2010年	2011年	2012年	2013年	2014年	2015年	2016年	2017年
20.17	20.19	20.19	20.19	20.18	20.22	20.02	20.03
38.74	48.54	60.23	65.87	63.20	50.46	55.94	67.54
5.18	6.66	7.46	8.31	8.61	8.94	9.55	9.78
18.08	24.61	32.94	35.87	30.29	15.74	18.63	26.90
15.48	17.27	19.82	21.69	24.30	25.78	27.76	30.86
13.77	19.23	26.75	29.11	23.95	8.79	10.84	17.75
19195	24051	29831	32621	31308	24983	27805	33729
114.7	115.2	115.8	110.0	102.0	86.8	107.9	108.8
325000	319200	419200	399400	313000	314200	385000	458500
12386	14870	18091	19053	17016	11088	11977	12825
82565	91625	120616	130816	131970	140726	181022	192519
3804	4824	5654	6468	7277	8043	8714	9485
14534	17107	19930	22270	24675	23357	25282	27545
9831	10074	10074	10072	10046	10046	10046	10046
52462	44004	46939	47532	47119	48168	48421	49104
91202	117544	131357	145976	155719	162582	173098	177005
89927	104460	122063	139827	157943	178908	203193	230524
965	915	912	823	858	877	864	838
10150	9488	8952	8220	7895	7851	7805	7797
650	508	665	703	695	637	606	564
6289	5863	7459	6884	6854	6470	6161	5950
896	997	749	702	874	1201	1206	1019
720	775	781	624	710	897	990	1069
283	293	330	300	202	195	180	220
192	233	166	166	192	301	269	284

10-10 镇巴县经济

指　　标	单　位	2000年	2005年	2006年	2007年	2008年	2009年
年底总人口	万人	27.37	24.17	24.11	24.03	24.11	24.77
生产总值	亿元	5.36	9.42	10.95	13.03	16.71	19.46
第一产业	亿元	2.61	3.62	4.36	5.34	7.26	7.49
第二产业	亿元	1.13	1.54	1.64	1.95	2.44	2.97
第三产业	亿元	1.62	4.26	4.95	5.74	7.02	9.00
# 工业增加值	亿元	0.80	0.85	0.86	1.03	1.24	1.50
人均生产总值	元	1972	3426	4567	5415	6939	8057
生产总值指数	上年=100	111.7	109.5	110.3	111.4	115.1	114.2
全社会固定资产投资	万元	18001	36010	41051	51200	69581	93600
地方财政收入	万元	2647	1311	1440	1700	2218	3034
地方财政支出	万元	6965	15192	18677	28724	39081	56162
农村居民人均可支配收入	元	1030	1306	1432	1686	2358	3013
城镇居民人均可支配收入	元	3643	5930	5648	7320	9007	11986
常用耕地面积	公顷	22281	22573	22481	22501	22879	22880
粮食产量	吨	103979	95291	99699	99585	88944	96245
农林牧渔业总产值	万元	33691	62772	72776	88540	117931	124614
社会消费品零售总额	万元	10742	32574	37486	44927	55560	66401
普通小学专任教师数	人	1203	1141	1223	1206	1193	1213
普通小学在校学生数	人	32500	25500	24600	23500	22300	21100
普通中学专任教师数	人	559	701	831	836	862	880
普通中学在校学生数	人	11400	14200	14400	14900	15000	14900
卫生机构床位数	张	631	631	631	679	679	679
卫生技术人员	人	849	868	875	893	915	935
# 执业(助理)医师	人	202	213	218	231	249	265
注册护师、护士	人	137	146	149	152	167	202

社会主要指标

2010年	2011年	2012年	2013年	2014年	2015年	2016年	2017年
24.69	24.71	24.73	24.78	24.80	24.85	24.87	24.89
24.87	33.66	40.50	48.14	56.42	58.30	65.17	78.51
8.91	11.49	12.95	14.18	15.17	15.82	16.93	17.37
4.98	8.63	11.38	15.40	19.87	17.49	19.72	28.94
10.98	13.54	16.17	18.56	21.38	24.99	28.51	32.20
3.22	6.43	8.84	12.52	16.56	13.75	15.50	23.92
10260	13626	16383	19447	22761	23487	26214	31551
115.1	115.2	114.4	113.2	113.0	112.2	108.9	109.2
131742	193443	259400	340400	467200	610200	750100	920700
4500	6128	8085	9698	11270	12594	10609	11166
92928	99108	129086	148470	157028	178736	190789	241629
3715	4687	5470	6232	7042	8002	8698	9468
13850	16252	19096	21495	23924	23348	25216	27396
22946	23693	23674	23650	23631	23620	23699	23814
97583	81011	86517	87623	86865	89515	89981	91886
148550	191925	215886	240308	257282	268989	287859	295207
80779	94917	111814	128378	145780	165005	187537	211724
1169	1061	1084	1171	996	995	988	1002
19979	18837	17781	17542	17597	18032	18229	18216
889	867	860	870	866	874	820	626
15162	15063	14560	13633	13124	12807	12572	8331
631	676	766	841	841	891	1333	1353
772	785	943	965	985	1013	930	1203
229	349	641	281	308	320	308	443
202	207	287	355	420	453	458	538

10-11 留坝县经济

指标	单位	2000年	2005年	2006年	2007年	2008年	2009年
年底总人口	万人	4.59	4.31	4.35	4.39	4.41	4.37
生产总值	亿元	1.50	2.45	2.80	3.26	4.15	4.69
第一产业	亿元	0.53	0.72	0.84	1.01	1.36	1.43
第二产业	亿元	0.41	0.57	0.64	0.72	0.89	1.01
第三产业	亿元	0.56	1.17	1.31	1.52	1.89	2.26
# 工业增加值	亿元	0.30	0.27	0.31	0.33	0.39	0.41
人均生产总值	元	3268	5693	6433	7419	9401	10603
生产总值指数	上年=100	115.3	112.4	110.8	112.3	114.4	114.8
全社会固定资产投资	万元	13812	24296	12275	21300	28200	41300
地方财政收入	万元	912	570	361	461	600	938
地方财政支出	万元	2472	5461	7432	10450	15101	19603
农村居民人均可支配收入	元	1180	1636	1716	1891	2451	3028
城镇居民人均可支配收入	元					8543	11832
常用耕地面积	公顷	2897	2974	2964	2961	2955	2963
粮食产量	吨	13882	11268	10917	9421	10669	13005
农林牧渔业总产值	万元	7690	12240	14198	17206	23211	24558
社会消费品零售总额	万元	11626	7651	8799	10312	12800	15360
普通小学专任教师数	人	242	222	250	263	251	229
普通小学在校学生数	人	5148	3789	3706	3541	3180	2895
普通中学专任教师数	人	148	161	171	183	185	188
普通中学在校学生数	人	2872	2747	2734	2683	2486	2586
卫生机构床位数	张	182	182	202	202	222	222
卫生技术人员	人	194	190	185	187	183	179
# 执业(助理)医师	人	98	101	104	110	116	122
注册护师、护士	人	52	49	50	52	55	59

社会主要指标

2010年	2011年	2012年	2013年	2014年	2015年	2016年	2017年
4.34	4.34	4.34	4.34	4.34	4.35	4.34	4.35
5.78	7.21	8.78	10.07	11.42	12.77	14.11	15.69
1.72	2.21	2.48	2.77	2.88	2.99	3.17	3.28
1.29	1.63	2.26	2.57	2.99	3.21	3.73	4.35
2.77	3.37	4.04	4.73	5.55	6.57	7.21	8.06
0.58	0.76	1.15	1.31	1.51	1.51	1.78	2.02
12970	16613	20238	23209	26323	29392	32510	36119
115.0	112.9	115.2	112.0	112.1	113.5	109.3	109.0
46500	35500	48300	73400	157700	213200	265700	324800
1539	2036	2886	3533	4346	6877	7833	7095
32800	42789	51533	53291	61465	70330	75984	83584
3728	4700	5471	6231	7047	8015	8712	9535
13696	16044	18948	21325	23649	23242	25125	27246
2958	3080	3086	3086	3066	3061	3131	3144
13439	11013	11748	11897	11791	12072	12113	12323
29443	37885	42369	47257	50856	52745	56014	57788
18519	21711	25418	29098	33019	37306	42326	47810
231	199	193	165	194	181	153	158
2889	2437	2027	1731	1893	1929	1724	1680
172	167	200	171	175	198	178	176
2669	1689	2027	2047	2562	1855	1768	1681
204	230	202	204	225	204	174	174
213	211	284	281	176	278	290	312
99	99	93	89	90	85	94	94
56	58	81	66	60	58	95	102

10-12 佛坪县经济

指　标	单　位	2000年	2005年	2006年	2007年	2008年	2009年
年底总人口	万人	3.44	3.20	3.23	3.29	3.32	3.05
生产总值	亿元	1.05	1.30	1.59	1.83	2.36	2.67
第一产业	亿元	0.28	0.27	0.33	0.40	0.53	0.56
第二产业	亿元	0.23	0.37	0.42	0.49	0.64	0.78
第三产业	亿元	0.54	0.66	0.83	0.93	1.19	1.34
# 工业增加值	亿元	0.15	0.09	0.11	0.12	0.15	0.18
人均生产总值	元	3109	3881	4916	5565	7141	8039
生产总值指数	上年=100	109.4	127.5	113.0	120.2	119.5	115.1
全社会固定资产投资	万元	2655	9200	13300	17950	22100	28100
地方财政收入	万元	704	469	593	877	571	739
地方财政支出	万元	2453	4913	6640	10071	13962	16795
农村居民人均可支配收入	元	1150	1227	1450	1675	2012	3001
城镇居民人均可支配收入	元				6850	8340	11633
常用耕地面积	公顷	2247	1622	1624	1629	1706	1788
粮食产量	吨	12032	8126	7506	6940	7597	8532
农林牧渔业总产值	万元	5237	5490	6225	7598	10089	10677
社会消费品零售总额	万元	3815	4806	5695	6720	8198	9777
普通小学专任教师数	人	188	207	207	196	184	174
普通小学在校学生数	人	3932	3176	2918	2607	2344	2092
普通中学专任教师数	人	102	111	124	123	130	125
普通中学在校学生数	人	1872	2565	2476	2320	2183	1995
卫生机构床位数	张	135	185	185	175	150	166
卫生技术人员	人	188	195	178	186	148	192
# 执业(助理)医师	人				65	47	62
注册护师、护士	人				23	23	28

社会主要指标

2010年	2011年	2012年	2013年	2014年	2015年	2016年	2017年
3.01	3.00	3.01	3.01	3.02	3.03	3.02	3.02
3.23	4.09	4.83	5.79	6.65	7.32	8.56	9.80
0.68	0.88	0.99	1.11	1.18	1.25	1.32	1.36
0.96	1.29	1.54	2.00	2.34	2.45	2.84	3.58
1.59	1.92	2.30	2.69	3.14	3.63	4.40	4.86
0.23	0.36	0.44	0.69	0.79	0.66	0.79	1.11
10673	13621	16063	19251	22050	24216	28311	32472
114.9	115.0	114.0	114.0	113.1	113.6	111.5	109.1
38000	47700	62400	92200	191600	249700	234600	292400
1001	1352	1759	2246	3117	3897	4418	3608
27207	35815	46501	53051	55700	66278	76669	80655
3716	4698	5473	6272	7050	8030	8745	9563
13691	16040	18911	21309	23674	23257	25094	27188
1801	1800	1833	1833	1871	1883	1854	1849
9019	8016	8550	8658	8581	9063	9099	9264
12781	16335	18252	20379	21795	23135	24469	25142
11942	13958	16346	18724	21170	23919	27112	30815
169	175	179	158	155	157	155	153
1861	1795	1707	1571	1573	1533	1524	1540
127	117	119	124	126	122	123	125
1811	1640	1520	1414	1289	1192	1164	1156
175	175	175	175	175	222	222	195
152	168	180	199	210	223	245	254
37	47	64	65	55	43	46	56
29	31	38	53	73	78	86	89

十一、榆林市

资料整理：王晓锋　伍池宏

11-1 榆林市经济

指　　标	单 位	2000年	2005年	2006年	2007年	2008年	2009年
年底总人口	万人	326.04	329.93	330.33	332.80	333.98	334.60
人口自然增长率	‰		5.07	5.03	5.03	5.07	4.89
年底总户数	万户	83.74	96.74	99.99	107.36	112.47	118.86
生产总值	亿元	105.05	447.63	592.34	795.98	1172.76	1302.31
第一产业	亿元	13.98	28.34	35.33	47.47	66.11	70.09
第二产业	亿元	46.60	260.06	358.05	503.92	796.10	860.78
第三产业	亿元	44.47	159.23	198.96	244.59	310.55	371.44
# 工业增加值	亿元	40.25	249.71	345.87	489.77	777.58	837.34
人均生产总值	元	3264	13602	17943	24007	35177	38950
生产总值指数	上年=100	114.3	120.0	119.3	121.4	125.3	113.3
第一产业	上年=100	128.0	103.1	108.7	106.4	108.3	106.6
第二产业	上年=100	113.3	124.7	122.6	124.3	125.7	111.6
第三产业	上年=100	109.1	115.8	115.9	118.9	127.1	117.2
# 工业增加值	上年=100	113.8	124.9	123.1	124.9	125.9	111.2
人均生产总值指数	上年=100	112.5	119.4	119.0	120.9	124.6	113.0
非公有制经济增加值	亿元		134.13	172.52	204.28	390.18	467.57
文化产业增加值	亿元						
能源消费总量	万吨标准煤						
单位GDP能耗比上年增长	%			-3.35	-3.42	-6.30	-5.60
就业人员	万人	151.07	163.20	166.44	167.31	173.10	181.39
城镇单位就业人员	万人	19.53	20.20	20.32	20.94	21.51	23.98
# 国有单位	万人	17.12	17.63	16.68	17.16	17.55	19.83
集体单位	万人	1.23	0.91	0.85	0.97	0.96	0.91
# 在岗职工人数	万人	18.35	19.22	19.45	19.97	20.48	22.50
城镇单位就业人员平均工资	元						
城镇单位在岗职工平均工资	元	6569	14257	17487	23547	30786	36406

社会主要指标

2010年	2011年	2012年	2013年	2014年	2015年	2016年	2017年
335.42	335.24	335.69	337.03	338.39	340.11	338.20	340.33
5.00	5.02	5.30	5.41	5.15	5.15	5.31	5.67
125.38	129.73	130.96	130.84	131.08	132.89	134.81	135.95
1756.67	2292.25	2669.88	2779.46	2920.58	2491.89	2773.05	3361.29
92.16	111.91	125.88	134.88	145.04	143.69	162.44	167.68
1205.77	1629.66	1928.53	1915.09	1966.78	1523.69	1684.69	2150.53
458.74	550.68	615.47	729.49	808.76	824.51	925.92	1043.08
1178.34	1597.96	1892.07	1880.51	1933.96	1484.49	1641.21	2084.04
52436	68358	79587	82633	86482	73453	81764	99076
118.3	115.0	112.0	108.8	109.0	104.0	106.5	108.1
107.8	106.0	105.9	104.5	105.4	104.4	104.8	105.0
119.1	116.3	113.6	109.6	109.9	104.3	104.1	106.6
118.2	113.5	108.8	107.4	107.2	103.0	111.2	111.2
119.4	116.5	113.6	109.6	109.9	104.3	103.8	106.5
118.3	114.9	111.9	108.5	108.6	103.5	106.3	108.1
632.37	828.49	1004.65	1081.25	1179.98	1021.56	1164.48	1423.65
				29.67	32.07	35.60	40.00
						3054.15	3188.27
-3.46	-3.60	-3.60	-3.80	-3.80	-3.50	-3.30	-3.30
193.03	194.41	191.68	199.32	204.55	203.47	202.36	199.30
25.91	26.88	27.52	41.05	42.10	41.69	42.06	43.60
21.79	21.79	22.62	21.62	22.41	21.95	21.63	21.91
1.01	1.14	1.14	1.22	0.89	0.80	0.76	0.77
24.25	25.25	26.01	38.11	39.11	38.86	39.37	41.22
		51607	55597	56321	58442	62140	64077
40629	45053	53216	57647	58631	60194	63979	65663

11-1 续表 1

指　　标	单 位	2000年	2005年	2006年	2007年	2008年	2009年
全社会固定资产投资	亿元	39.71	154.47	312.75	452.79	600.52	850.33
# 房地产开发	亿元	0.70	4.83	9.01	13.67	24.49	22.98
商品房销售面积	万平方米	3.71	24.43	37.41	38.82	61.15	83.54
# 住宅	万平方米	3.30	22.30	34.33	34.38	54.87	78.67
地方财政收入	亿元	6.15	23.84	35.66	50.12	70.01	91.18
地方财政支出	亿元	13.01	45.40	65.57	96.75	123.18	171.08
金融机构人民币各项存款余额	亿元	97.26	357.24	483.44	594.65	886.93	1168.67
金融机构人民币各项贷款余额	亿元	82.97	196.67	293.40	406.14	467.93	677.04
农村居民人均可支配收入	元	1062	1803	2094	2621	3402	4127
城镇居民人均可支配收入	元	3505	6100	6691	8851	12197	14856
城市人均公园绿地面积	平方米			3.00	4.75	5.44	7.53
城市人均道路面积	平方米		10.90	11.96	10.88	12.13	13.66
城市用水普及率	%		90.99	93.13	93.75	94.69	96.25
城市用气普及率	%		68.37	79.17	75.47	66.88	90.94
常用耕地面积	千公顷	596.42	500.72	511.32	559.94	566.08	573.46
农林牧渔业总产值	亿元	24.01	48.84	60.28	82.04	110.24	120.01
农作物总播种面积	千公顷	590.07	574.48	577.61	549.19	563.71	585.48
# 粮食作物	千公顷	493.76	474.86	482.10	458.97	469.64	488.78
粮食产量	万吨	70.90	106.23	106.50	103.16	132.24	152.83
棉花产量	吨	1	61	47	55	86	77
油料产量	吨	27841	47405	45786	32252	58246	64921
蔬菜产量	吨	160400	335060	342140	404934	407216	470082

2010年	2011年	2012年	2013年	2014年	2015年	2016年	2017年
1105.46	1378.73	1771.23	1827.91	1647.04	1384.37	1467.45	1577.10
28.33	29.12	52.49	89.65	73.93	46.99	40.55	63.25
92.32	96.82	121.95	139.10	106.76	52.01	55.79	79.98
84.60	88.09	112.97	119.50	101.85	51.04	54.36	75.04
125.54	180.25	249.06	260.73	267.85	295.58	232.69	312.94
237.19	316.14	398.88	422.22	423.32	465.36	471.13	555.14
1452.72	1844.51	2252.82	2428.70	2618.24	2793.87	3026.38	3406.08
898.52	1179.39	1548.08	1803.81	1935.71	2032.89	1979.33	2010.71
5113	6520	7681	8687	8967	9802	10582	11534
17545	20721	24140	26820	25676	27765	29781	32153
7.11	7.69	10.26	10.55	16.60	18.67	12.37	14.35
12.77	13.23	12.84	14.99	20.82	27.80	18.20	18.69
95.14	95.14	88.42	93.68	93.89	97.73	86.66	86.42
77.14	90.00	90.79	92.11	92.20	92.55	77.71	79.03
574.33	575.00	580.63	594.87	602.62	653.68	685.46	788.30
152.88	187.06	209.72	232.74	250.03	250.08	282.31	292.21
594.99	563.38	576.01	581.88	590.47	601.21	609.51	623.75
498.75	466.29	471.16	474.00	476.37	482.37	487.48	488.19
165.13	142.03	154.03	154.77	158.10	142.90	160.08	165.89
77	113	121	114	120	131	107	134
64921	69821	84884	79469	83182	73885	86379	101421
566039	588314	636375	706794	756600	797928	873688	931226

11-1 续表 2

指　标	单 位	2000年	2005年	2006年	2007年	2008年	2009年
水果产量	吨	84554	144098	343104	190665	496232	631541
# 苹果	吨	34385	36538	114673	95734	107414	123048
肉类产量	吨	96171	142343	160995	100291	121461	139280
# 猪牛羊肉	吨	88621	127504	150752	93098	113884	130171
奶类产量	吨	16069	46852	53791	59364	66393	99115
# 牛奶	吨	12047	42201	50612	54944	62546	93352
禽蛋产量	吨	26006	29392	31048	28317	32031	37908
水产品产量	吨	2511	5694	4091	2062	2197	2305
规模以上工业企业单位数	个	140	363	610	593	639	731
规模以上工业总产值	亿元	36.61	360.04	528.20	773.87	1269.86	1392.56
原煤产量	万吨	1640.00	6560.00	10588.00	11992.00	15533.00	20929.00
天然原油产量	万吨	89.00	476.40	536.00	654.00	749.00	852.00
天然气产量	亿立方米		60.50	65.23	80.00	87.00	100.73
发电量	亿千瓦小时	15.00	68.46	86.61	166.51	238.05	293.51
水泥产量	万吨	24.00	29.30	60.13	65.00	97.50	110.00
建筑业企业单位数	个	80	95	118	114	149	155
建筑业企业年末从业人员	万人	0.80	1.26	1.91	1.16	2.04	2.88
建筑业总产值	亿元	8.79	28.64	35.07	50.10	67.09	89.59
房屋建筑施工面积	万平方米	122.70	317.54	390.69	455.07	451.91	634.59
房屋建筑竣工面积	万平方米	48.31	168.02	222.37	233.98	247.61	260.23
公路里程	公里	5711	7555	15508	14919	19331	21986
# 等级公路	公里	4575	6717	6789	10988	16192	21395
# 高速公路	公里		325	387	576	576	666
民用汽车拥有量	辆	19774	48254	106918	120657	132243	246606
# 私人汽车	辆	8945	25662	73080	79935	92900	141394
邮电业务总量	亿元	4.62	28.96	41.48	53.91	69.09	76.02
邮政业务总量	亿元	0.23	0.79	0.93	1.18	1.34	1.64
电信业务总量	亿元	4.39	28.17	40.55	52.73	67.76	74.38

2010年	2011年	2012年	2013年	2014年	2015年	2016年	2017年
509604	701276	736228	616671	606125	680241	782310	957636
140053	149227	167646	163751	200161	189728	210070	271992
154682	164523	171509	178961	184294	183924	183951	182957
144219	154532	161141	168172	173543	172584	172785	170642
82014	83232	85405	90203	92029	82291	84288	85994
79078	77927	82339	87583	89286	78387	77584	77082
41983	48101	49862	52331	52260	50067	50971	51671
5027	7699	6491	7299	8310	8497	9600	8910
651	569	665	693	704	712	761	833
1917.70	2613.53	3130.98	3120.82	3449.20	3206.37	3272.50	4142.71
25732.00	28354.95	32004.80	33854.89	36263.31	36103.50	36216.21	40015.82
983.00	1082.64	1161.30	1229.58	1231.60	1186.94	1092.31	1048.61
109.83	120.80	128.16	149.62	163.36	151.13	159.70	164.92
356.27	396.77	438.30	475.72	592.16	629.34	693.02	758.39
109.31	301.21	390.49	477.51	459.72	391.74	367.79	495.53
163	180	248	300	356	391	419	436
3.46	4.76	4.41	4.64	5.12	5.02	7.79	9.18
108.86	126.83	156.63	206.03	201.27	148.94	181.06	234.94
551.37	649.43	931.63	1205.65	1244.15	798.62	953.21	869.15
263.52	291.58	423.05	488.89	502.89	252.01	236.97	233.57
22372	23393	25869	27176	27773	28641	28942	29380
22066	23083	25066	26083	26548	27083	27646	28180
682	739	857	936	936	1005	1006	1006
309016	375889	448015	492129	509566	546932	571689	618668
255161	317502	385680	433290	457959	495766	520733	561485
27.73	38.69	41.82	46.60	58.18	74.53	98.89	85.81
1.53	1.80	1.47	1.63	1.77	2.32	3.10	4.20
26.19	36.89	40.35	44.96	56.40	72.21	95.78	81.61

11-1 续表 3

指　　标	单 位	2000年	2005年	2006年	2007年	2008年	2009年
固定电话用户	万户	15.31	55.81	71.58	73.02	63.55	56.34
移动电话用户	万户	10.00	93.63	110.75	160.77	204.63	236.21
互联网宽带用户	万户	0.64	5.84	5.84	9.87	14.60	19.47
限额以上企业数	个						384
批发业	个						69
零售业	个						184
住宿业	个						50
餐饮业	个						81
社会消费品零售总额	亿元	35.77	76.33	91.98	116.02	154.11	176.72
进出口总额	万美元		1909	1956	2916	4977	3674
# 出口	万美元		1907	1956	2788	4550	3503
实际外商直接投资额	万美元				414		660
入境旅游人数	万人次	0.04	0.08	0.27	0.11	0.35	0.24
# 外国人	万人次	0.03	0.06	0.20	0.03	0.31	0.23
国际旅游外汇收入	万美元	8	77	124	271	23	12
国内旅游人数	万人次		279	292	311	350	350
国内旅游收入	亿元		6.18	9.63	14.08	15.60	18.00
星级饭店数	个		13	13	29	29	34
幼儿园数	所	79	143	182	192	247	251
在园儿童数	万人	5.88	4.55	5.10	5.20	5.94	5.89
普通小学学校数	所	5574	2630	2087	1590	1163	739
普通小学专任教师数	人	19584	20262	19815	19775	19702	19248
普通小学在校学生数	万人	55.22	35.94	32.93	30.36	28.23	26.36
普通中学学校数	所	255	273	263	261	252	241
普通中学专任教师数	人	10011	15635	15979	16447	17001	17186
普通中学在校学生数	万人	22.41	33.91	33.96	32.11	30.63	28.31
卫生机构数	个	549	486	499	467	457	465
卫生机构床位数	张	6274	7885	8211	9481	10756	11529
卫生技术人员	人	7717	9424	9627	10978	10964	12256
# 执业(助理)医师	人	4800	4774	4861	5080	4539	4690
注册护师、护士	人	1573	2192	2320	2699	2944	3849

2010年	2011年	2012年	2013年	2014年	2015年	2016年	2017年
56.65	59.65	58.27	57.50	53.75	51.25	47.69	49.72
260.42	292.66	319.51	323.53	338.04	349.41	348.43	390.79
20.16	24.55	28.61	34.48	34.56	37.07	52.70	71.48
443	469	505	551	559	528	557	556
84	92	106	115	118	113	129	125
222	237	257	282	293	281	297	301
50	32	62	75	75	73	71	63
87	108	80	79	73	61	60	67
213.64	259.18	307.70	348.27	374.74	396.41	422.05	467.16
8003	10048	4619	4611	2.93(亿元)	1.99(亿元)	9.68(亿元)	12.40(亿元)
7386	7544	4141	4194	2.55(亿元)	1.83(亿元)	4.09(亿元)	7.14(亿元)
1950	2090	3000	3051	7266	10653	3558	7003
0.26	0.23	0.20	0.19	0.19	0.30	0.33	0.29
0.24	0.23	0.19	0.16	0.16	0.17	0.30	0.27
14	14	16	17	20	25	30	
530	675	1170	1470	1770	1990	2480	3226
23.00	29.50	58.50	75.00	95.25	107.50	142.00	190.84
33	31	32	32	29	29	27	27
363	475	542	674	933	1026	956	1084
7.97	10.27	12.72	15.01	16.37	17.58	18.62	19.30
653	593	549	490	438	384	364	341
18886	16362	16488	16721	15781	15761	15379	16197
25.02	24.39	21.77	21.71	22.86	24.59	26.54	28.60
238	231	217	213	215	212	198	192
17363	18910	16271	18444	18421	15839	17293	17324
25.34	22.53	19.50	18.20	17.47	16.86	16.55	16.47
467	5198	4993	4921	4939	4861	4631	4284
13106	14390	15762	16778	17248	18301	20436	20712
13561	15785	17791	20499	21245	22191	24890	26223
4853	4922	5230	5714	5852	6151	6659	7390
4627	5838	6918	7690	8098	8681	9942	10682

11-2 榆阳区经济

指　　标	单 位	2000年	2005年	2006年	2007年	2008年	2009年
年底总人口	万人	43.07	50.27	51.65	52.06	52.24	63.68
生产总值	亿元	23.31	77.92	95.51	106.17	140.92	183.31
第一产业	亿元	3.03	4.75	5.11	7.80	11.01	11.20
第二产业	亿元	6.79	26.86	40.35	42.65	61.10	92.26
第三产业	亿元	13.49	46.31	50.05	55.72	68.81	79.86
# 工业增加值	亿元	5.21	22.15	34.01	35.00	52.28	82.22
人均生产总值	元	5768	15501	18491	20394	26975	35067
生产总值指数	上年=100	106.0	114.5	116.0	119.7	126.5	113.8
全社会固定资产投资	万元	258891	417044	649387	905014	1271416	1547201
地方财政收入	万元	7573	17100	26022	31281	43524	66293
地方财政支出	万元	11558	34250	48326	67258	92711	140059
农村居民人均可支配收入	元	1575	2416	2921	3305	4185	5321
城镇居民人均可支配收入	元	4023	6518	7035	8965	12210	15478
常用耕地面积	公顷	57549	52455	52460	50977	51436	51522
粮食产量	吨	158797	180034	153642	215100	221672	236877
农林牧渔业总产值	万元	46344	82623	88692	134424	190005	200504
社会消费品零售总额	万元	77628	131947	159273	206060	275600	342628
普通小学专任教师数	人	3025	2704	2658	2743	2819	2962
普通小学在校学生数	人	69268	58649	57824	56029	54169	52602
普通中学专任教师数	人	1814	2381	2483	2682	3164	3355
普通中学在校学生数	人	37138	59178	61727	63465	66081	64413
卫生机构床位数	张	1421	2135	2351	2473	2677	2815
卫生技术人员	人	1852	2151	2300	3100	3138	3710
# 执业(助理)医师	人		1043	1095	1438	1193	1292
注册护师、护士	人		576	638	864	1036	1342

社会主要指标

2010年	2011年	2012年	2013年	2014年	2015年	2016年	2017年
63.82	63.83	64.07	64.42	64.89	64.91	65.37	66.20
249.00	325.02	401.09	461.26	515.03	516.50	553.20	698.47
13.82	19.44	21.17	22.48	24.37	24.71	28.53	28.91
137.15	189.57	246.62	258.63	290.80	291.23	302.01	411.21
98.03	116.01	133.30	180.15	199.86	200.56	222.66	258.35
126.91	177.85	233.24	249.48	258.79	255.51	262.13	365.12
47600	50923	62719	71798	79652	79584	85464	106175
119.6	113.6	112.3	121.6	111.6	106.0	108.5	108.5
2282367	2843940	3729290	4593529	5110300	3600897	3705184	3818200
93249	139158	172955	210948	239352	243348	215935	331229
184757	271719	314069	335598	405025	409384	450187	524548
6605	8428	10001	11331	12656	11015	11929	12902
18868	22359	26071	29069	32217	29110	31206	33734
51600	51689	53168	63415	65069	63710	77227	82310
258608	222432	243070	237364	239639	218894	239738	242138
232872	330869	359612	395612	430033	444494	503933	512097
434916	545471	705370	1127829	1177959	1185171	1250501	1356721
2917	3012	3129	3114	2962	3442	3693	3954
53155	53971	51944	53971	59148	65250	72077	79769
3571	3647	3576	3618	3732	3859	4275	4382
58664	53695	48119	47164	46998	47824	48716	49649
3061	3608	3614	3742	4042	4517	4568	5658
3919	4229	5150	5661	6140	6535	7109	7403
1385	1475	1587	1691	1857	2056	2148	2461
1415	1490	2015	2149	2413	2613	2835	2996

11-3 横山区经济

指　　标	单 位	2000年	2005年	2006年	2007年	2008年	2009年
年底总人口	万人	32.71	28.86	28.51	28.54	28.72	28.74
生产总值	亿元	6.56	23.78	29.05	34.79	61.88	60.75
第一产业	亿元	1.47	3.41	3.81	5.42	7.01	7.20
第二产业	亿元	3.05	12.33	16.81	19.80	41.63	36.17
第三产业	亿元	2.04	8.04	8.43	9.56	13.24	17.38
# 工业增加值	亿元	2.68	11.90	16.24	19.17	40.57	34.78
人均生产总值	元	2196	7687	10521	12157	21615	21139
生产总值指数	上年=100	153.1	115.6	125.5	120.2	123.0	111.0
全社会固定资产投资	万元	5024	43914	66772	179011	708104	851400
地方财政收入	万元	2763	5694	3520	5189	10530	14985
地方财政支出	万元	7474	22029	23198	42913	66322	92015
农村居民人均可支配收入	元	921	1520	1839	2250	3381	4215
城镇居民人均可支配收入	元				8047	12163	14696
常用耕地面积	公顷	59221	57303	58370	58433	58498	59370
粮食产量	吨	49056	115065	108330	134752	133721	153352
农林牧渔业总产值	万元	22431	55265	60153	90064	117004	124991
社会消费品零售总额	万元	20560	38500	49791	67284	92700	118832
普通小学专任教师数	人	1239	1807	1668	1625	1664	1783
普通小学在校学生数	人	58843	37846	33340	29957	28600	26055
普通中学专任教师数	人	809	1529	1556	1567	1592	1557
普通中学在校学生数	人	20054	33588	33161	30295	28924	26124
卫生机构床位数	张	359	390	390	712	712	704
卫生技术人员	人	369	313	283	426	467	502
# 执业(助理)医师	人	151	169	147	212	234	250
注册护师、护士	人	82	62	59	86	93	110

社会主要指标

2010年	2011年	2012年	2013年	2014年	2015年	2016年	2017年
28.83	28.83	28.95	29.26	29.55	29.66	29.97	31.25
83.00	93.11	104.22	110.65	118.41	110.80	121.28	154.46
9.33	10.85	12.16	13.35	14.19	13.75	16.06	16.40
52.63	55.96	61.76	66.18	70.06	60.75	63.85	88.21
21.04	26.30	30.30	31.12	34.16	36.30	41.37	49.84
50.74	53.67	59.13	62.71	66.78	58.19	61.11	85.15
28825	32296	36075	38018	40268	37427	40639	50461
122.6	108.6	110.7	112.9	109.4	105.6	107.7	111.3
892795	1136591	1554232	1757287	1025300	746433	1068770	1217448
20992	20295	37381	44442	37826	40071	27689	49563
125072	156051	198881	213483	197425	264717	234524	285544
5264	6701	7860	8725	9364	9760	10522	11501
17400	20515	23920	26527	29021	25905	27951	30187
59460	59540	59573	60855	60619	60623	65408	81393
164047	141099	152742	156732	161313	158227	167004	176943
157063	184325	205689	232421	246554	248690	111732	286790
183616	279849	382095	437790	486403	509750	539063	606232
1696	1651	1643	1587	1349	1353	1641	1316
24862	22996	18350	17473	18313	19518	38606	22419
1539	1602	1601	1546	1521	1239	1791	1468
23012	20496	16703	14571	13397	12587	21167	12202
720	859	880	1066	1190	1206	776	1168
488	715	899	1064	1053	1071	2145	2212
222	240	254	277	319	293	319	394
115	230	290	338	335	336	828	827

11-4 府谷县经济

指　　标	单 位	2000年	2005年	2006年	2007年	2008年	2009年
年底总人口	万人	22.20	23.47	23.89	24.36	24.44	26.03
生产总值	亿元	8.83	28.12	42.24	69.29	120.06	162.56
第一产业	亿元	0.60	1.22	1.45	1.73	2.07	2.38
第二产业	亿元	4.17	15.41	26.78	49.74	95.05	132.69
第三产业	亿元	4.06	11.49	14.01	17.82	22.94	27.50
# 工业增加值	亿元	3.93	15.05	26.20	48.82	93.59	45.86
人均生产总值	元	4210	14988	20803	22270	49124	66365
生产总值指数	上年=100	110.5	124.1	129.3	132.7	138.1	130.0
全社会固定资产投资	万元	37821	162498	271605	613877	1020202	1531684
地方财政收入	万元	7156	21620	21319	33851	66432	105716
地方财政支出	万元	10941	32111	40547	57971	109260	136478
农村居民人均可支配收入	元	1037	1745	2126	2580	4703	5615
城镇居民人均可支配收入	元				9934	14035	16922
常用耕地面积	公顷	47372	44562	44510	42538	42599	43077
粮食产量	吨	22067	51967	29323	63940	62509	70908
农林牧渔业总产值	万元	10469	18378	19655	24129	36000	40900
社会消费品零售总额	万元	40416	80101	97306	126238	168700	203106
普通小学专任教师数	人	1436	1752	1761	1627	1602	1578
普通小学在校学生数	人	34113	22630	21154	20036	19265	17632
普通中学专任教师数	人	802	1250	1239	1232	1248	1224
普通中学在校学生数	人	16534	22503	22197	21431	20007	19277
卫生机构床位数	张	505	534	602	640	731	832
卫生技术人员	人	705	706	723	866	864	1012
# 执业(助理)医师	人				430	324	385
注册护师、护士	人				201	236	314

社会主要指标

2010年	2011年	2012年	2013年	2014年	2015年	2016年	2017年
26.08	26.09	26.18	26.36	26.30	26.31	26.53	26.89
265.97	407.95	450.52	463.82	459.98	365.83	391.01	485.63
3.75	4.54	5.21	5.43	5.95	5.84	6.50	6.81
226.85	360.25	396.05	368.72	355.33	257.58	272.31	350.98
35.37	43.16	49.26	89.68	98.70	102.41	112.20	127.84
223.79	356.84	392.25	364.37	352.71	255.44	270.08	348.67
108338	156393	172382	176559	165792	139072	148589	181817
122.6	124.3	110.8	108.6	108.7	105.7	104.0	105.8
2140650	2709395	3357128	2403641	1506600	1059561	1140084	1250214
176022	236423	274226	230690	231055	164586	140184	229748
254811	297134	356939	324713	298998	252564	283489	364651
7786	9927	11783	13001	13409	10871	11610	12539
21415	25312	29083	30392	32732	28417	30321	32716
43150	43204	43260	43263	43263	43263	43263	43263
73456	63181	68411	65176	67214	32388	58391	60521
61760	75455	86360	92635	101206	100327	238197	117485
244991	313225	385810	400128	440059	469953	474508	531120
1451	1424	1210	1317	951	979	1226	1061
17268	16975	16985	17074	17707	18493	21107	20331
1242	1669	1621	1597	1654	1254	1450	1656
17366	15255	14234	13146	12695	12576	12048	12499
709	809	1198	1511	1361	1280	929	1303
1230	1519	1624	1766	1794	1854	1922	1906
344	372	433	417	392	410	441	446
500	687	755	790	790	863	903	948

11-5 靖边县经济

指 标	单 位	2000年	2005年	2006年	2007年	2008年	2009年
年底总人口	万人	28.14	29.95	30.09	30.57	30.68	35.53
生产总值	亿元	9.59	106.87	131.46	205.65	256.48	203.29
第一产业	亿元	1.74	3.42	3.88	5.33	8.58	8.93
第二产业	亿元	5.04	95.08	117.43	187.29	230.92	171.01
第三产业	亿元	2.81	8.37	10.15	13.02	16.97	23.35
# 工业增加值	亿元	4.34	94.23	116.56	186.38	229.98	169.73
人均生产总值	元	3526	36992	45129	69634	84109	66176
生产总值指数	上年=100	140.5	126.1	122.2	121.3	127.5	104.5
全社会固定资产投资	万元	46032	54752	153550	251751	708456	1022097
地方财政收入	万元	7265	29504	25550	36175	62448	80078
地方财政支出	万元	11023	44745	55027	72304	103602	138538
农村居民人均可支配收入	元	1215	1842	2022	3007	4850	6031
城镇居民人均可支配收入	元				9860	14891	18026
常用耕地面积	公顷	56946	53803	57730	73427	75579	77751
粮食产量	吨	84945	159108	149957	195992	200186	230746
农林牧渔业总产值	万元	27359	63380	77364	106316	149003	159226
社会消费品零售总额	万元	37109	112435	131793	159814	211164	238871
普通小学专任教师数	人	1348	1685	1634	1892	1823	1899
普通小学在校学生数	人	53288	38364	35415	33140	31465	30792
普通中学专任教师数	人	881	1693	1693	1767	1700	1768
普通中学在校学生数	人	19232	33143	33848	31667	29219	28809
卫生机构床位数	张	436	533	533	1016	1077	1122
卫生技术人员	人	457	549	562	1142	1203	1252
# 执业(助理)医师	人		260	306	433	448	399
注册护师、护士	人		83	119	232	221	325

社会主要指标

2010年	2011年	2012年	2013年	2014年	2015年	2016年	2017年
35.62	35.62	35.73	35.94	36.32	36.51	36.86	37.73
240.39	292.96	317.05	320.05	339.79	253.67	245.60	303.91
11.68	14.70	16.65	17.63	19.60	19.75	22.13	22.76
198.61	242.22	259.48	246.16	255.94	167.80	149.12	199.14
30.11	36.04	40.92	56.26	64.24	66.12	74.35	82.01
196.65	240.23	257.16	247.73	259.46	169.98	149.57	199.40
78150	82246	88872	98273	101077	69480	66767	81489
119.0	118.6	108.8	109.5	109.3	99.9	102.3	107.8
1364192	1656764	2165035	2709061	2175558	1565161	1659312	1740300
120083	131051	152115	185040	200008	187001	121870	139911
208167	234968	282473	313363	327688	331043	311727	328177
7599	9689	11413	12680	13086	11058	11910	12899
21132	24915	28652	30085	33205	29577	31558	34114
77870	77966	80154	80154	80154	85194	85751	85785
245275	210964	229913	231758	237461	217160	235818	255321
199310	251958	284670	317568	350910	355569	399931	412931
312500	374174	449924	496624	534294	596719	641528	718744
1878	1821	1795	1911	1697	1655	1417	1756
28982	29761	28952	30371	32353	35509	22283	41383
1826	1940	1793	1795	1783	1597	1565	1857
26344	24544	22567	21686	21288	21195	16034	21889
1105	1156	1161	1466	1456	1572	1212	1642
1286	1328	1340	1680	1892	1938	2020	2137
413	289	337	423	468	465	546	640
341	451	434	513	566	580	649	731

11–6 定边县经济

指　　标	单 位	2000年	2005年	2006年	2007年	2008年	2009年
年底总人口	万人	31.21	29.49	29.52	29.61	29.71	31.89
生产总值	亿元	4.80	30.84	53.60	71.16	121.73	128.83
第一产业	亿元	1.40	3.71	3.71	6.14	7.33	8.12
第二产业	亿元	1.89	21.16	40.22	53.12	97.53	99.16
第三产业	亿元	1.51	5.97	9.67	11.90	16.87	21.55
# 工业增加值	亿元	1.60	20.90	40.01	52.89	97.29	35.22
人均生产总值	元	1653	9546	18163	24069	41042	43341
生产总值指数	上年=100	102.4	114.4	115.0	121.1	125.6	110.3
全社会固定资产投资	万元	19667	11876	167108	247337	365610	887228
地方财政收入	万元	4915	16877	13131	26780	55207	71036
地方财政支出	万元	10898	30917	33770	60077	86102	142705
农村居民人均可支配收入	元	1131	1641	1621	2660	3411	4524
城镇居民人均可支配收入	元				8260	13015	15228
常用耕地面积	公顷	102178	87075	93170	128279	129620	132220
粮食产量	吨	55199	187847	128512	239691	192514	259156
农林牧渔业总产值	万元	26797	67088	66527	109911	127532	142871
社会消费品零售总额	万元	23605	58415	68786	83797	107000	124564
普通小学专任教师数	人	1456	1666	1597	1578	1640	2267
普通小学在校学生数	人	51256	40966	34951	30108	26464	23712
普通中学专任教师数	人	670	1260	1239	1321	1399	1458
普通中学在校学生数	人	15891	25243	25477	24432	23632	22240
卫生机构床位数	张	297	397	417	572	572	711
卫生技术人员	人	441	497	504	574	573	628
# 执业(助理)医师	人				272	219	226
注册护师、护士	人				149	166	184

社会主要指标

2010年	2011年	2012年	2013年	2014年	2015年	2016年	2017年
31.96	31.93	31.91	32.11	32.20	32.40	32.71	33.37
172.72	232.77	291.01	320.56	346.56	244.91	229.98	255.32
12.66	13.29	14.34	16.38	18.14	17.91	19.64	20.03
133.97	188.75	240.85	252.20	274.05	169.49	143.96	158.30
26.09	30.73	35.82	51.98	54.37	57.51	66.38	76.99
133.68	188.25	240.32	252.91	274.50	169.56	143.81	157.98
58077	72866	91169	100144	107778	75824	70658	77277
117.5	117.6	108.1	108.3	108.1	96.2	102.2	109.5
1112980	1313372	1667118	2080917	2431000	2263379	1901190	2061004
107000	132001	160039	185767	210812	230022	131592	116212
193990	230704	277248	303421	327717	343155	323574	395335
6233	8010	9492	10744	11829	10926	11789	12885
18336	21655	25271	28152	30911	28895	30885	33263
132530	132692	134162	136878	138925	152968	161502	212526
304368	261791	282210	293789	298472	270559	298428	292126
220498	233905	249735	293266	323520	323223	354825	363114
151860	182825	214616	242480	271418	301731	328398	351234
1642	1587	1407	1662	1393	1305	1339	1455
21848	20474	18986	18807	19324	20540	18088	24106
1434	1455	1436	1616	1631	1513	1603	1595
21510	20738	20703	18830	18536	17127	14264	15267
931	995	1171	1328	1398	1496	1355	1576
626	865	975	1335	1374	1459	1709	1806
220	273	276	337	340	351	383	464
192	290	370	457	492	574	651	692

11-7 绥德县经济

指　标	单位	2000年	2005年	2006年	2007年	2008年	2009年
年底总人口	万人	35.64	30.94	29.95	29.99	30.09	29.55
生产总值	亿元	3.51	11.38	13.83	16.86	20.20	24.78
第一产业	亿元	0.96	1.69	3.27	4.01	4.60	5.07
第二产业	亿元	0.47	1.72	2.18	2.41	2.74	3.55
第三产业	亿元	2.08	7.97	8.38	10.44	12.86	16.16
# 工业增加值	亿元	0.35	1.17	1.14	1.27	1.46	1.62
人均生产总值	元	990	3251	4543	5625	6724	8229
生产总值指数	上年=100	165.0	117.5	114.8	120.2	116.8	121.5
全社会固定资产投资	万元	4407	6651	12611	37194	179505	201088
地方财政收入	万元	2830	2570	2408	2956	3364	3808
地方财政支出	万元	8272	22571	30522	46772	68438	90700
农村居民人均可支配收入	元	1300	1677	2013	2341	2941	3686
城镇居民人均可支配收入	元	2986	5682	5687	7904	11037	14009
常用耕地面积	公顷	50689	41078	40250	40723	41066	41407
粮食产量	吨	47418	60596	82092	81180	77960	90370
农林牧渔业总产值	万元	15596	26198	49536	59873	72384	82481
社会消费品零售总额	万元	49699	112134	136465	174977	220900	213619
普通小学专任教师数	人	2291	2396	2369	2276	2173	2150
普通小学在校学生数	人	55946	31055	28778	25857	24257	21220
普通中学专任教师数	人	1086	1715	1768	1813	1822	1861
普通中学在校学生数	人	24153	34756	35284	33456	31105	26539
卫生机构床位数	张	978	804	804	918	1528	1275
卫生技术人员	人	1168	1326	1304	1588	1507	1738
# 执业(助理)医师	人	244	348	347	687	652	641
注册护师、护士	人	128	225	228	445	448	678

社会主要指标

2010年	2011年	2012年	2013年	2014年	2015年	2016年	2017年
29.64	29.65	29.66	29.52	29.64	29.89	29.09	28.64
33.05	40.47	47.62	51.95	54.76	59.41	67.54	75.87
6.19	8.43	9.08	9.61	10.46	10.30	10.98	11.58
5.54	6.75	9.35	9.24	7.53	7.01	8.91	9.73
21.32	25.29	29.19	33.11	36.77	42.10	47.65	54.57
2.94	4.02	5.82	6.54	5.43	4.82	6.64	7.24
10969	13652	16058	17557	18511	19960	22770	26284
120.1	110.5	111.6	107.4	108.1	109.6	108.5	109.3
299576	303932	376186	427452	493978	516820	592813	637100
4018	5188	6198	7307	8261	9955	11839	12332
122000	158000	192100	235100	236000	235266	262600	323800
4564	5623	6630	7326	8227	8240	8949	9772
16617	19492	22708	25138	27426	24664	26760	29115
41470	41517	41557	41727	41741	41741	43083	48323
93733	80621	87932	87412	89895	83902	90981	95077
99970	136345	146772	158733	171872	167692	183963	193974
228635	247503	269008	94727	102557	115684	125236	140892
1998	1932	1998	2050	1590	1346	823	1265
18516	17319	16258	15784	16305	17246	9158	19082
1872	2031	2017	2147	2035	1473	950	1629
23319	20346	17834	17176	16053	15108	7012	13514
1806	1946	2262	2320	2426	2528	2810	3123
1871	2090	2195	2644	2736	2855	2966	3105
693	681	679	764	713	704	736	765
816	957	1034	1196	1265	1341	1365	1417

11-8 米脂县经济

指　标	单 位	2000年	2005年	2006年	2007年	2008年	2009年
年底总人口	万人	23.40	21.84	21.53	21.61	21.68	15.46
生产总值	亿元	3.29	6.73	9.60	15.35	20.98	22.64
第一产业	亿元	1.11	1.04	1.56	2.18	3.00	3.26
第二产业	亿元	0.82	0.98	1.75	4.87	6.76	6.54
第三产业	亿元	1.36	4.71	6.29	8.30	11.23	12.84
# 工业增加值	亿元	0.69	0.45	1.21	4.33	6.22	5.88
人均生产总值	元	1414	3082	4426	7116	9690	10427
生产总值指数	上年=100	143.4	102.8	119.4	119.5	109.5	111.1
全社会固定资产投资	万元	6541	74690	32288	84565	91985	202582
地方财政收入	万元	1155	861	1243	2015	2785	3228
地方财政支出	万元	6863	18382	23329	36455	52200	70005
农村居民人均可支配收入	元	898	1487	1886	2408	3368	4209
城镇居民人均可支配收入	元				7856	11981	14375
常用耕地面积	公顷	32410	29448	24350	25316	26909	27715
粮食产量	吨	60000	31185	46162	66766	80194	94208
农林牧渔业总产值	万元	13135	18014	24391	35148	47195	53404
社会消费品零售总额	万元	12959	25798	32525	46621	69600	77500
普通小学专任教师数	人	1544	1482	1505	1441	1433	1526
普通小学在校学生数	人	32827	15671	12883	10515	9478	8805
普通中学专任教师数	人	644	847	873	907	958	898
普通中学在校学生数	人	13656	18301	17176	15213	13436	11529
卫生机构床位数	张	308	351	351	465	475	477
卫生技术人员	人	363	369	359	469	468	471
# 执业(助理)医师	人				235	203	201
注册护师、护士	人				116	125	143

社会主要指标

2010年	2011年	2012年	2013年	2014年	2015年	2016年	2017年
15.51	15.51	15.51	15.54	15.54	15.92	15.94	15.58
27.13	33.56	40.12	36.21	37.84	39.48	44.49	48.00
4.02	4.73	5.28	5.52	5.96	5.67	6.99	7.28
7.26	9.58	12.97	11.91	10.79	12.97	14.99	15.92
15.85	19.25	21.87	18.78	21.10	20.84	22.51	24.80
6.65	8.83	12.16	10.52	10.02	11.98	13.88	14.87
12479	21639	25867	23301	24352	24799	28151	30455
111.3	114.9	108.7	109.4	107.1	105.2	107.8	107.5
211942	264266	326142	262416	272500	318613	365071	385500
4026	4444	4876	5601	8041	8160	9265	12376
97852	111380	139849	150677	160265	181363	191770	228513
5209	6407	7509	8290	8903	8894	9658	10547
17063	19998	23178	25681	27710	24667	26813	29199
27760	27794	27859	27859	27865	27865	27866	27870
88168	75834	83638	85418	88080	86282	100218	106311
64919	77104	86083	93653	100865	97077	118896	123884
96424	101550	77646	81672	91219	101158	110044	126068
1059	1015	886	1176	955	858	768	781
8539	8800	8124	8015	8236	8669	6446	9623
883	978	887	980	1002	711	687	973
11092	10246	9251	8565	7696	7279	4150	7064
487	570	665	606	601	614	512	634
511	530	529	635	660	652	827	920
208	215	212	199	190	189	210	249
155	161	184	225	232	225	315	362

11-9 佳县经济

指　　标	单 位	2000年	2005年	2006年	2007年	2008年	2009年
年底总人口	万人	26.44	24.66	24.33	24.37	24.45	20.44
生产总值	亿元	2.76	6.10	7.79	10.56	13.97	16.32
第一产业	亿元	1.03	1.82	3.00	4.10	5.52	5.86
第二产业	亿元	0.40	0.88	0.62	1.00	2.23	3.32
第三产业	亿元	1.33	3.40	4.17	5.46	6.22	7.14
# 工业增加值	亿元	0.19	0.59	0.45	0.75	1.87	2.84
人均生产总值	元	1126	2420	3180	4300	5720	6666
生产总值指数	上年=100	103.6	101.9	118.2	124.8	114.4	122.9
全社会固定资产投资	万元	4217	20935	15765	30083	43323	52273
地方财政收入	万元	1081	721	369	1158	1473	1860
地方财政支出	万元	6715	18630	22335	35875	47943	82363
农村居民人均可支配收入	元	859	1393	1668	1962	2731	3435
城镇居民人均可支配收入	元				7597	10403	13018
常用耕地面积	公顷	40199	31333	31330	31334	31333	31333
粮食产量	吨	36945	38270	75174	63331	57908	72889
农林牧渔业总产值	万元	13899	29848	48874	63212	86852	94649
社会消费品零售总额	万元	10214	15506	19027	24041	30400	35884
普通小学专任教师数	人	1577	1746	1691	1602	1603	1554
普通小学在校学生数	人	43405	26498	26056	25074	23412	21921
普通中学专任教师数	人	645	866	893	897	934	887
普通中学在校学生数	人	14745	20887	20366	16711	15317	13547
卫生机构床位数	张	481	525	444	319	376	499
卫生技术人员	人	469	503	424	485	425	433
# 执业(助理)医师	人				263	230	214
注册护师、护士	人				105	90	107

社会主要指标

2010年	2011年	2012年	2013年	2014年	2015年	2016年	2017年
20.48	20.42	20.42	20.49	20.50	19.91	18.98	17.83
22.73	27.01	31.86	32.59	34.27	32.75	40.07	50.51
7.37	7.69	8.91	8.92	9.40	9.06	10.60	11.13
7.10	7.37	9.73	10.83	10.49	8.79	12.28	19.68
8.26	11.95	13.22	12.85	14.38	14.90	17.19	19.69
6.57	6.80	9.15	10.15	10.11	8.29	11.75	19.11
9274	10156	11851	15905	16680	15983	20469	27444
120.0	102.2	114.1	108.9	106.8	108.6	108.6	109.0
103306	301677	423944	562603	573544	569225	615818	631021
2833	5429	7625	8205	9002	10260	8845	9316
96917	109301	157239	171363	176687	178702	206511	234515
4301	5458	6408	7254	8162	8174	8893	9747
15545	18262	21412	23810	26405	23484	25668	28055
31330	31346	31225	30838	30844	30844	33590	58808
80600	69325	70730	72629	74931	75530	81633	87436
115940	120924	141701	147758	155538	151820	176965	186577
32770	28801	25766	21833	24017	26850	29601	35863
1513	1348	1472	1433	1198	1040	489	695
17909	15581	7719	6852	6409	6440	4132	6154
900	936	993	1001	1014	792	229	522
11026	9351	6514	5785	5650	4754	2904	3610
526	552	591	593	594	600	303	617
460	475	509	767	766	731	847	884
211	228	243	268	252	234	253	265
128	128	138	178	182	180	201	226

11-10 吴堡县经济

指 标	单 位	2000年	2005年	2006年	2007年	2008年	2009年
年底总人口	万人	8.31	7.60	7.49	7.52	7.55	7.56
生产总值	亿元	1.13	3.16	4.07	5.03	5.89	7.66
第一产业	亿元	0.15	0.36	0.71	0.91	1.21	1.37
第二产业	亿元	0.48	0.66	0.96	1.34	1.56	2.81
第三产业	亿元	0.50	2.14	2.40	2.78	3.13	3.48
# 工业增加值	亿元	0.41	0.62	0.90	1.26	1.44	1.86
人均生产总值	元	1580	3342	4242	5771	7485	10086
生产总值指数	上年=100	119.0	127.4	128.7	127.2	128.5	122.8
全社会固定资产投资	万元	3666	6785	15041	29842	88886	98531
地方财政收入	万元	670	835	700	1025	1156	1387
地方财政支出	万元	3600	11288	13130	21462	30171	34816
农村居民人均可支配收入	元	680	1386	1767	2077	2706	3515
城镇居民人均可支配收入	元				7873	10187	13227
常用耕地面积	公顷	9924	8685	8080	8080	8060	8076
粮食产量	吨	10034	5577	12307	12507	13399	17319
农林牧渔业总产值	万元	2356	6058	10915	13852	19006	21631
社会消费品零售总额	万元	7638	14273	18831	24580	32900	39409
普通小学专任教师数	人	496	550	547	602	630	626
普通小学在校学生数	人	13588	7325	6550	5677	5017	4799
普通中学专任教师数	人	218	343	345	344	341	326
普通中学在校学生数	人	4998	7459	6846	6168	5123	4722
卫生机构床位数	张	125	213	249	263	278	333
卫生技术人员	人	160	186	200	250	233	234
# 执业(助理)医师	人	98	109	117	125	94	93
注册护师、护士	人	17	30	30	49	54	48

社会主要指标

2010年	2011年	2012年	2013年	2014年	2015年	2016年	2017年
7.58	7.58	7.56	7.47	7.48	7.94	6.49	6.45
9.64	11.52	13.77	16.22	16.62	15.93	18.02	20.88
1.43	1.99	2.21	2.27	2.49	2.40	3.21	3.39
3.86	4.44	5.81	7.88	7.18	6.44	6.66	8.10
4.36	5.09	5.75	6.06	6.95	7.09	8.15	9.39
2.95	1.99	4.26	6.32	5.61	5.19	5.30	6.64
12634	15198	18190	21569	22193	20662	24901	32272
118.8	109.0	108.1	101.6	107.1	104.0	108.4	108.0
109369	133888	160747	148126	90854	104968	150127	162765
1656	2015	2441	2873	3256	2836	3616	4113
53703	62537	83721	102286	105906	109127	112210	151524
4403	5582	6558	7352	8242	8155	8881	9734
16135	18975	21992	24367	26904	23516	25656	28016
8100	8120	8120	8113	8101	8098	8092	8089
19004	16346	17754	18227	18816	18460	22925	25778
22574	31629	34621	36487	39133	38156	50695	53581
40931	40877	41748	38793	42828	48310	53140	60622
607	589	633	590	500	482	372	462
4726	4746	4553	4243	3911	4071	4538	4307
305	278	252	317	319	312	467	257
4470	3874	3565	3075	2975	2975	2629	2895
343	359	366	359	329	321	210	484
241	242	242	351	321	357	382	498
98	105	98	115	103	112	126	139
48	46	47	95	89	95	104	159

11-11 清涧县经济

指标	单位	2000年	2005年	2006年	2007年	2008年	2009年
年底总人口	万人	22.07	17.23	17.01	17.05	17.11	12.88
生产总值	亿元	2.10	7.09	9.11	9.94	13.56	16.15
第一产业	亿元	0.93	1.50	2.90	3.16	5.23	5.73
第二产业	亿元	0.40	1.79	1.77	1.79	2.44	3.48
第三产业	亿元	0.77	3.80	4.44	4.99	5.89	6.94
# 工业增加值	亿元	0.35	1.42	1.39	1.40	1.99	2.93
人均生产总值	元	1000	3411	3953	4238	6270	9417
生产总值指数	上年=100	135.6	130.0	120.6	107.7	122.7	116.6
全社会固定资产投资	万元	4512	12382	17558	26673	75683	94562
地方财政收入	万元	1230	1009	704	1129	1502	1951
地方财政支出	万元	6134	16288	22774	34597	49855	65440
农村居民人均可支配收入	元	689	1393	1845	1993	2767	3502
城镇居民人均可支配收入	元				7667	11286	13456
常用耕地面积	公顷	41477	25265	26260	26212	26212	26217
粮食产量	吨	42293	44036	66424	60958	64212	69056
农林牧渔业总产值	万元	16476	27416	40852	44841	81643	91486
社会消费品零售总额	万元	11581	21470	25670	30322	39500	43474
普通小学专任教师数	人	1147	1022	1050	1014	1011	1023
普通小学在校学生数	人	30440	15992	13281	12337	9555	9278
普通中学专任教师数	人	644	695	710	681	678	633
普通中学在校学生数	人	12136	15842	15022	14013	11238	9737
卫生机构床位数	张	358	370	370	332	516	607
卫生技术人员	人	379	406	401	335	261	295
# 执业(助理)医师	人				119	64	72
注册护师、护士	人				68	54	77

社会主要指标

2010年	2011年	2012年	2013年	2014年	2015年	2016年	2017年
12.90	12.79	12.63	12.45	12.40	12.88	12.89	12.40
20.34	26.13	30.68	40.17	40.64	39.04	43.70	51.07
7.50	9.25	11.41	12.31	12.13	11.66	12.62	13.14
4.83	6.86	7.72	12.65	11.88	10.12	10.74	14.65
8.01	10.02	11.55	15.21	16.63	17.26	20.34	23.29
4.27	6.20	6.64	10.86	10.04	8.26	8.75	12.48
13524	20350	24138	32033	33174	30311	34084	40399
112.5	114.6	112.7	106.4	105.0	105.0	110.6	108.8
138652	169462	217421	266752	324600	374045	440671	486718
2662	3282	4150	5352	6600	7896	9048	14016
93475	107085	145274	180168	161229	175256	184055	213050
4386	5465	6500	7352	8234	8234	8918	9765
15890	18718	21675	24124	26705	23529	25459	27776
26220	26244	26647	26820	27078	27079	27099	27319
76410	65721	71759	72893	75119	74361	79135	83284
118619	146992	180483	198024	197172	191669	207813	217007
46783	47552	51170	53399	59734	67880	82213	96215
933	939	889	752	579	501	739	557
9420	9670	6753	4169	4012	4207	8513	4916
609	650	622	684	520	377	620	318
8365	7000	4496	3190	2813	2562	5405	2707
607	607	642	689	714	738	380	733
371	538	596	697	653	695	739	841
76	101	111	119	101	121	225	246
116	182	222	245	227	254	251	307

11-12 子洲县经济

指　标	单 位	2000年	2005年	2006年	2007年	2008年	2009年
年底总人口	万人	32.12	26.26	25.83	25.87	25.95	17.37
生产总值	亿元	2.27	7.56	9.40	11.00	16.13	23.39
第一产业	亿元	0.76	1.66	2.01	2.73	4.19	4.46
第二产业	亿元	0.38	1.67	1.94	2.38	4.17	10.06
第三产业	亿元	1.13	4.24	5.45	5.89	7.77	8.87
# 工业增加值	亿元	0.25	1.54	1.79	2.14	3.73	9.90
人均生产总值	元	762	2882	3608	4253	6224	9005
生产总值指数	上年=100	135.8	114.1	123.9	120.3	128.9	132.6
全社会固定资产投资	万元	6183	27658	15545	29259	111313	128960
地方财政收入	万元	1084	1605	1374	1766	2786	2508
地方财政支出	万元	6813	20606	23754	35352	50143	65607
农村居民人均可支配收入	元	764	1668	1828	2117	2946	3693
城镇居民人均可支配收入	元				7956	11360	13644
常用耕地面积	公顷	41887	29398	29400	29398	29689	29689
粮食产量	吨	37093	66791	100611	71485	100246	106713
农林牧渔业总产值	万元	12556	29607	35336	48404	66005	72010
社会消费品零售总额	万元	12653	31785	39081	47350	65000	62520
普通小学专任教师数	人	1680	1565	1518	1445	1406	1508
普通小学在校学生数	人	48556	23946	21658	20415	19395	18704
普通中学专任教师数	人	578	928	973	1036	1072	1138
普通中学在校学生数	人	15472	20766	22258	21375	21025	18825
卫生机构床位数	张	352	443	443	454	486	498
卫生技术人员	人	413	337	337	370	371	388
# 执业(助理)医师	人	132	241	240	213	214	210
注册护师、护士	人	45	73	73	70	60	69

社会主要指标

2010年	2011年	2012年	2013年	2014年	2015年	2016年	2017年
17.41	17.41	17.42	17.61	17.65	17.83	17.03	16.87
27.75	33.58	40.16	43.84	44.74	41.97	55.93	62.46
6.32	7.33	8.82	9.52	10.39	9.48	11.93	12.90
10.65	12.67	15.89	20.14	18.80	16.37	25.23	28.10
10.78	13.58	15.45	14.18	15.56	16.12	18.77	21.46
9.16	11.06	14.12	18.21	16.79	14.87	23.62	26.33
10677	19282	23061	23112	24245	23539	31962	36847
107.9	109.4	109.4	109.2	104.9	102.5	109.7	109.3
171396	211498	260586	211601	211627	240952	374881	425806
3136	3858	4550	5551	8258	7945	12427	11103
101922	121154	158170	173704	176603	196627	235341	267652
4570	5621	6582	7394	8296	8322	9046	9896
16103	18921	21967	24406	26822	23598	25768	28113
29730	29735	29748	29789	30484	30440	30594	30473
117621	101167	110985	102361	105898	70489	101312	104062
98330	116523	140797	155906	168958	166563	196008	212211
64149	58678	57902	51136	56385	68188	76007	86736
1374	1321	1280	1225	958	1031	15379	801
17799	16284	9354	8301	8397	8421	265420	8612
1140	1417	1226	1121	1075	790	17293	609
16878	13247	7850	7662	6551	5919	165505	5097
555	610	648	674	679	727	490	877
446	518	526	699	703	786	865	912
215	229	225	226	209	240	274	261
122	143	160	196	205	227	276	300

11-13 神木市经济

指　　标	单 位	2000年	2005年	2006年	2007年	2008年	2009年
年底总人口	万人	37.24	39.36	40.53	41.25	41.36	45.47
生产总值	亿元	23.00	125.45	186.54	267.07	381.75	452.64
第一产业	亿元	1.80	3.59	4.65	5.27	6.36	6.52
第二产业	亿元	12.30	40.94	87.56	161.54	249.98	299.72
第三产业	亿元	8.90	80.92	94.33	100.26	125.42	146.40
# 工业增加值	亿元	11.14	74.23	104.25	159.49	247.15	296.68
人均生产总值	元	6224	33289	48725	67227	92422	109281
生产总值指数	上年=100	139.9	142.9	152.0	121.4	118.2	114.0
全社会固定资产投资	万元	218775	402165	506679	690143	1340716	1885649
地方财政收入	万元	13302	68267	67659	100120	164475	209069
地方财政支出	万元	16334	76532	112623	156056	236415	276980
农村居民人均可支配收入	元	1458	2788	3295	5034	6029	7223
城镇居民人均可支配收入	元				12636	16075	19103
常用耕地面积	公顷	56566	40310	45420	45220	45080	45080
粮食产量	吨	105117	121848	101220	125150	122625	126187
农林牧渔业总产值	万元	32685	64528	80519	90182	109770	115920
社会消费品零售总额	万元	53672	120857	141053	168814	227600	266836
普通小学专任教师数	人	2345	1887	1817	1930	1898	1928
普通小学在校学生数	人	60710	40473	37443	34473	31237	28047
普通中学专任教师数	人	1220	2128	2207	2200	2093	2081
普通中学在校学生数	人	30056	47405	46230	42825	41207	37295
卫生机构床位数	张	654	1190	1257	1317	1328	1656
卫生技术人员	人	689	917	1052	1373	1454	1593
# 执业(助理)医师	人		464	546	653	664	707
注册护师、护士	人		264	313	314	361	452

社会主要指标

2010年	2011年	2012年	2013年	2014年	2015年	2016年	2017年
45.58	45.58	45.65	45.86	45.92	45.95	46.34	47.12
604.94	771.01	1003.89	882.12	914.33	769.53	901.95	1110.33
8.09	9.67	10.63	11.46	11.97	11.99	13.24	13.41
417.33	545.27	761.65	650.54	654.33	514.50	614.37	777.96
179.52	216.07	231.61	220.11	248.03	243.04	274.34	318.95
414.04	541.18	757.17	656.76	663.75	522.08	624.29	789.63
146050	169154	220079	192792	199244	167527	196078	237605
116.3	111.7	115.0	101.2	111.3	106.7	107.6	107.8
2227331	2742559	3474440	2855752	2254563	2483685	2660638	2954914
268558	420152	535610	501146	540203	585202	530624	714512
392265	528048	678458	636886	688726	809134	773602	871336
8672	10798	12537	13225	13622	12046	12875	13918
22301	26064	29316	30100	32610	28450	30384	32784
45110	45153	45155	45155	48474	81855	81990	82142
130010	111824	121133	123983	124121	122762	125266	129924
136925	164526	180649	205324	214584	215555	280183	242464
298868	371276	415989	436268	460490	472693	510277	561134
1818	1800	1919	1902	1649	1769	1014	2094
27216	27337	30132	32017	34447	37512	19624	45271
2042	2307	2020	2022	2135	1922	1643	2058
31385	26530	23147	21129	20012	18717	12322	18283
2256	2319	2564	2424	2458	2702	2571	2897
2112	2736	2935	3200	3153	3139	3359	3599
768	714	776	878	908	976	998	1060
679	1073	1269	1308	1302	1393	1564	1717

十二、安康市

资料整理：栗丰琼　马　靖

12-1 安康市经济

指　　标	单 位	2000年	2005年	2006年	2007年	2008年	2009年
年底总人口	万人	292.43	264.81	265.01	265.25	265.71	263.24
人口自然增长率	‰		1.55	1.93	2.20	2.15	2.10
年底总户数	万户	79.24	88.05	90.45	92.66	94.71	97.02
生产总值	亿元	74.80	143.76	163.57	191.37	241.24	274.95
第一产业	亿元	22.76	36.71	42.44	48.69	63.79	65.59
第二产业	亿元	20.29	42.83	49.05	60.71	79.42	96.83
第三产业	亿元	31.75	64.22	72.08	81.97	98.03	112.53
# 工业增加值	亿元	12.41	28.23	32.26	40.03	50.40	60.36
人均生产总值	元	2561	5413	6175	7218	9087	10341
生产总值指数	上年=100	105.8	109.8	110.4	112.8	115.4	115.0
第一产业	上年=100	106.0	110.4	108.0	106.3	107.7	106.2
第二产业	上年=100	102.8	109.1	112.5	116.5	121.6	120.2
第三产业	上年=100	108.9	109.9	110.4	113.9	115.2	115.5
# 工业增加值	上年=100	101.4	108.0	111.1	118.0	119.4	116.4
人均生产总值指数	上年=100	105.6	109.6	110.7	112.7	115.3	114.8
非公有制经济增加值	亿元		60.58	72.06	85.58	110.62	128.81
文化产业增加值	亿元						
能源消费总量	万吨标准煤						
单位GDP能耗比上年增长	%			-2.90	-4.75	-6.15	-4.20
就业人员	万人	135.44			155.52	149.72	150.92
城镇单位就业人员	万人	13.07	12.15	12.00	11.85	12.35	12.27
# 国有单位	万人	10.99	10.23	10.04	10.05	10.28	9.52
集体单位	万人	1.20	0.78	0.81	0.63	0.70	0.68
# 在岗职工人数	万人	12.76	11.89	11.58	11.31	11.63	11.47
城镇单位就业人员平均工资	元						
城镇单位在岗职工平均工资	元	6766	11953	13485	18266	22864	27447

社会主要指标

2010年	2011年	2012年	2013年	2014年	2015年	2016年	2017年
263.08	263.07	263.36	263.76	264.20	265.00	265.60	266.10
2.78	2.57	2.75	2.85	2.72	2.32	2.79	2.92
98.96	100.54	102.69	105.06	105.40	105.03	106.10	106.44
327.06	407.17	496.91	604.55	689.44	755.05	842.86	974.66
67.07	72.01	80.95	88.73	93.01	96.06	100.12	104.63
130.95	183.13	243.47	315.99	371.03	403.39	450.64	527.80
129.04	152.03	172.49	199.83	225.40	255.60	292.10	342.23
86.15	127.13	179.91	238.41	282.41	309.94	348.84	412.35
12428	15477	18878	22938	26117	28536	31770	36662
115.0	115.5	115.2	113.4	111.7	112.1	111.3	110.5
106.4	106.5	105.7	105.1	105.5	104.9	104.1	105.0
121.5	122.9	123.6	119.8	115.7	114.8	114.2	113.5
113.9	112.6	110.5	109.5	109.1	111.3	109.3	107.7
123.3	126.0	130.2	122.8	117.1	115.4	115.8	115.7
115.0	115.5	115.1	113.3	111.5	111.8	111.0	110.3
156.53	198.52	247.20	307.86	364.78	408.86	467.37	566.54
				20.62	23.01	25.79	29.32
						380.23	407.25
-3.89	-3.50	-3.63	-3.33	-4.50	-4.00	-4.51	-3.11
153.10	152.06	152.70	154.49	154.53	155.25	156.02	157.08
12.87	13.91	14.79	17.16	17.63	18.05	18.77	19.78
9.83	9.78	10.11	9.99	10.25	10.26	10.64	10.61
0.78	0.84	0.80	0.73	0.58	0.46	0.34	0.44
11.95	13.01	13.84	15.71	16.09	16.52	16.87	17.21
		39629	41180	42714	48628	52195	56577
32903	37802	40951	42754	44000	50410	54225	58722

12-1　续表 1

指　　标	单 位	2000年	2005年	2006年	2007年	2008年	2009年
全社会固定资产投资	亿元	27.77	60.57	108.28	147.74	200.69	272.77
# 房地产开发	亿元	3.36	6.58	6.53	6.32	9.78	12.67
商品房销售面积	万平方米	10.81	50.72	57.72	69.33	82.24	103.13
# 住宅	万平方米	10.01	48.73	54.34	67.19	77.71	95.36
地方财政收入	亿元	3.36	3.46	4.06	5.81	7.49	9.72
地方财政支出	亿元	9.70	19.16	24.84	34.90	58.18	78.54
金融机构人民币各项存款余额	亿元	78.25	163.58	195.82	225.43	300.16	383.13
金融机构人民币各项贷款余额	亿元	78.27	97.47	109.32	125.50	138.81	177.39
农村居民人均可支配收入	元	1248	1799	1953	2256	2770	3313
城镇居民人均可支配收入	元	4305	6388	6860	8051	10150	12525
城市人均公园绿地面积	平方米			9.44	12.48	11.20	10.06
城市人均道路面积	平方米		14.03	17.12	16.67	14.95	13.74
城市用水普及率	%		95.16	96.00	96.30	86.38	81.60
城市用气普及率	%		73.39	66.16	70.44	63.19	59.47
常用耕地面积	千公顷	225.86	192.40	192.24	191.48	193.21	194.33
农林牧渔业总产值	亿元	39.29	62.34	71.37	82.55	108.16	112.64
农作物总播种面积	千公顷	492.15	452.54	453.69	401.78	421.30	439.29
# 粮食作物	千公顷	398.80	319.57	319.16	266.33	272.95	278.00
粮食产量	万吨	98.24	99.88	95.70	75.23	82.12	88.46
棉花产量	吨	69	26	16	14	23	51
油料产量	吨	40243	72788	77929	79606	94859	108611
蔬菜产量	吨	255900	630214	721987	723592	847424	977270

2010年	2011年	2012年	2013年	2014年	2015年	2016年	2017年
360.05	304.49	380.27	482.56	605.56	758.16	926.37	1149.32
16.65	22.32	36.40	50.53	53.48	65.50	95.12	93.87
119.05	133.14	121.69	120.62	138.39	127.26	13.60	144.56
107.19	124.36	117.09	113.85	133.61	121.05	132.28	139.37
13.23	17.34	21.66	25.34	28.09	30.84	30.11	28.02
110.25	127.15	162.28	187.21	204.74	224.60	247.80	274.45
475.54	567.38	673.09	790.35	884.51	1032.71	1172.40	1311.70
211.34	258.59	308.97	383.11	474.35	547.20	627.01	714.29
3976	5009	5815	6624	7210	7913	8590	9394
14642	17365	20300	22533	22062	23985	25962	28158
10.04	10.59	9.83	11.10	13.24	13.93	13.29	13.03
13.91	13.85	15.31	16.09	16.08	16.47	15.84	16.10
84.74	80.65	90.51	90.17	94.39	94.61	95.18	93.26
59.56	81.47	88.64	58.83	81.22	97.87	98.12	96.14
195.54	197.10	197.94	197.82	197.30	196.36	196.19	195.32
115.69	124.67	140.39	156.62	163.75	169.55	177.06	184.86
453.80	440.64	449.35	453.45	477.00	482.64	483.57	483.00
287.45	267.81	269.87	269.91	268.70	269.53	268.71	267.47
93.09	80.13	85.18	86.23	86.04	87.15	87.65	87.63
44	47	36	31	35	27	27	27
108611	125759	134609	144383	147893	152620	151482	155369
1083087	1137575	1210846	1314567	1400300	1486471	1539055	1607977

12-1 续表 2

指 标	单 位	2000年	2005年	2006年	2007年	2008年	2009年
水果产量	吨	34463	83009	98197	117205	138560	155521
# 苹果	吨	2323	3693	3795	3776	4123	4356
肉类产量	吨	87908	144176	171348	147899	165600	192159
# 猪牛羊肉	吨	83726	134457	160079	130470	151328	176247
奶类产量	吨	255	577	747	572	592	246
# 牛奶	吨	255	577	747	572	592	246
禽蛋产量	吨	7949	13799	17166	20801	23554	27448
水产品产量	吨	4060	4968	5746	1841	2002	3048
规模以上工业企业单位数	个	135	152	173	159	187	264
规模以上工业总产值	亿元	20.06	43.57	56.28	81.56	97.48	132.47
原煤产量	万吨	1.29	14.36	28.24	50.63	52.77	56.69
发电量	亿千瓦小时	30.97	40.24	28.98	41.35	43.21	56.07
水泥产量	万吨	23.77	69.77	87.38	106.75	126.23	421.87
建筑业企业单位数	个	58	51	54	53	52	53
建筑业企业年末从业人员	万人	0.96	1.20	1.53	1.07	1.34	1.78
建筑业总产值	亿元	3.21	7.35	9.31	10.19	15.70	22.12
房屋建筑施工面积	万平方米	104.16	151.89	143.77	134.37	234.81	282.06
房屋建筑竣工面积	万平方米	47.34	78.14	71.55	59.19	127.51	99.02
公路里程	公里	5597	6369	15088	15806	17211	19458
# 等级公路	公里	4699	5252	3905	9639	11734	15482
# 高速公路	公里				91	93	151
民用汽车拥有量	辆	10473	25844	31748	39406	42728	53797
# 私人汽车	辆	2686	17118	24165	33166	29510	38928
邮电业务总量	亿元	3.29	12.46	17.42	22.18	27.56	26.39
邮政业务总量	亿元	0.39	0.91	1.18	1.26	1.45	1.63
电信业务总量	亿元	2.90	11.54	16.25	20.92	26.12	24.76

2010年	2011年	2012年	2013年	2014年	2015年	2016年	2017年
167647	189243	194959	201843	211874	223563	228409	239153
4526	5133	5204	5246	5172	5320	5424	5145
236389	249971	261390	272356	281145	278195	276403	274694
218518	229449	240566	250313	259078	255312	254491	252647
330	320	140	80	82	310	314	300
330	320	140	80	82	310	314	300
30440	34052	35469	37837	37744	38855	39308	40119
15197	28496	35936	42572	42356	45194	46116	45130
282	304	363	393	460	505	568	647
192.15	309.22	482.20	634.82	787.97	945.07	1129.48	1379.51
58.00	75.01	106.30	87.83	48.74	44.44	51.20	45.10
54.36	67.83	61.00	57.93	54.57	66.42	57.75	55.76
617.23	660.91	707.75	698.91	711.41	764.43	807.84	883.77
54	74	78	78	88	103	122	136
2.01	2.29	2.86	3.46	3.63	4.51	5.03	6.25
30.23	41.06	55.28	69.87	89.00	101.58	119.69	149.23
315.23	464.32	599.75	733.69	830.37	958.25	1131.09	1220.91
115.74	138.73	211.33	263.24	275.24	290.01	339.79	349.47
19973	20859	22182	22543	22695	22790	22981	23053
16550	17619	18417	18748	19065	19201	19464	19565
349	499	516	516	516	539	522	525
63592	73098	84763	95106	93639	111580	131322	154496
47771	56562	67123	78137	79779	96675	116805	139794
11.89	16.26	16.65	18.14	26.16	37.24	39.64	42.96
1.54	1.80	1.50	1.86	2.21	2.60	3.11	3.63
10.35	14.46	15.15	16.29	23.95	34.64	36.53	39.32

12-1 续表 3

指　　标	单 位	2000年	2005年	2006年	2007年	2008年	2009年
固定电话用户	万户	16.11	40.46	46.77	52.96	49.88	44.62
移动电话用户	万户	4.76	40.26	52.14	75.94	89.83	107.08
互联网宽带用户	万户	0.78	3.33	4.68	6.97	10.65	11.30
限额以上企业数	个						
批发业	个						
零售业	个						
住宿业	个						
餐饮业	个						
社会消费品零售总额	亿元	27.68	46.75	53.83	64.12	80.72	93.56
进出口总额	万美元		119	271	350	1043	1687
# 出口	万美元		118	271	349	1032	1687
实际外商直接投资额	万美元	31		203	2054	3025	575
入境旅游人数	万人次	0.18	0.51	0.60	0.80	1.10	1.31
# 外国人	万人次	0.18	0.51	0.36	0.42	0.52	0.76
国际旅游外汇收入	万美元	54	86	103	144	200	239
国内旅游人数	万人次	51	130	160	206	312	600
国内旅游收入	亿元		4.16	5.60	7.21	11.22	21.83
星级饭店数	个		12	12	21	21	23
幼儿园数	所	32	74	78	98	137	153
在园儿童数	万人	3.49	3.25	3.18	3.33	3.76	3.99
普通小学学校数	所	2677	1724	1487	1303	1175	1000
普通小学专任教师数	人	15023	16101	15849	15755	15307	14866
普通小学在校学生数	万人	38.25	27.86	26.38	24.97	23.36	21.96
普通中学学校数	所	210	222	225	225	222	216
普通中学专任教师数	人	7030	9878	10233	10879	11147	11334
普通中学在校学生数	万人	13.96	19.73	20.09	20.38	19.79	19.13
卫生机构数	个	479	448	451	382	373	373
卫生机构床位数	张	4607	5281	5702	6290	6791	7592
卫生技术人员	人	7900	7739	7999	7609	7540	8570
# 执业(助理)医师	人	4333	3972	4345	3691	3528	3612
注册护师、护士	人	1693	1869	1734	1967	1998	2466

2010年	2011年	2012年	2013年	2014年	2015年	2016年	2017年
43.31	40.05	39.09	38.73	36.69	34.52	33.03	30.03
119.85	134.41	152.17	159.26	174.22	186.79	199.92	224.90
15.75	19.39	22.80	25.35	27.41	29.34	40.32	48.19
180	220	288	402	460	544	699	835
31	36	41	50	65	67	88	97
84	106	149	217	249	306	401	468
32	33	40	47	53	59	71	81
33	45	58	88	93	112	139	189
110.78	129.72	151.49	171.72	193.18	219.20	259.81	297.14
1651	1740	2384	2925	2.17(亿元)	2.95(亿元)	2.02(亿元)	3.01(亿元)
1651	1740	2384	2778	2.17(亿元)	2.95(亿元)	1.84(亿元)	2.81(亿元)
564	847	3000	3002	3000			1563
1.46	1.80	2.00	2.20	2.42	2.62	2.95	3.40
0.22	0.27	0.08	0.30	0.10	0.17	0.25	0.78
263	360	400	450	532	590	657	759
1218	1560	1835	2164	2527	2849	3276	3788
47.50	63.15	76.14	95.21	119.76	143.86	170.79	228.53
26	27	25	25	30	30	26	28
199	295	308	346	393	440	464	484
4.88	6.31	7.09	7.65	7.86	8.32	8.70	8.80
886	839	773	686	639	631	578	409
14364	12432	11899	11188	10769	10395	10365	10709
20.84	19.95	18.15	17.44	17.56	17.83	18.28	18.55
209	199	196	196	196	200	201	192
11366	12461	11081	12451	12547	11479	12826	12824
18.27	17.47	15.97	14.88	14.47	14.11	14.29	14.63
368	3189	3172	3275	3190	3113	3042	2981
8059	8598	9968	11354	12595	13215	13976	15254
9142	9966	11754	13582	14351	14765	16276	17575
3605	3906	4088	4358	4288	4349	4754	5023
2715	3162	3747	4784	5381	5752	6394	6886

12-2 汉滨区经济

指 标	单 位	2000年	2005年	2006年	2007年	2008年	2009年
年底总人口	万人	93.12	88.17	88.28	88.36	88.52	86.91
生产总值	亿元	27.96	53.10	60.87	70.29	85.60	96.24
第一产业	亿元	4.92	8.78	9.98	11.49	14.84	15.03
第二产业	亿元	8.78	16.99	19.24	22.31	27.40	30.53
第三产业	亿元	14.26	27.33	31.65	36.49	43.36	50.68
# 工业增加值	亿元	5.56	11.06	12.35	13.73	15.55	16.00
人均生产总值	元	3019	6057	6899	7958	9679	10859
生产总值指数	上年=100	110.4	109.3	109.1	112.7	114.2	114.8
全社会固定资产投资	万元	95874	194752	230614	288156	358994	459023
地方财政收入	万元	9205	8237	9490	12650	15090	18165
地方财政支出	万元	20353	38956	47308	73516	110493	162875
农村居民人均可支配收入	元	1237	1861	2013	2295	2821	3364
城镇居民人均可支配收入	元	4700	6365	7090	8360	10491	13268
常用耕地面积	公顷	48471	41699	42230	42525	42902	43122
粮食产量	吨	260386	278788	171529	195349	212912	225418
农林牧渔业总产值	万元	72635	144850	164687	192142	246281	251298
社会消费品零售总额	万元	125801	205965	237813	286578	361615	415107
普通小学专任教师数	人	4637	5219	5135	5196	5145	4997
普通小学在校学生数	人	132121	97450	93659	90919	86644	82747
普通中学专任教师数	人	2427	3283	3385	3732	3817	3855
普通中学在校学生数	人	48384	70611	70773	70493	67761	65378
卫生机构床位数	张	1954	2265	2403	2644	3046	3437
卫生技术人员	人	3801	3222	2849	3269	3416	3814
# 执业(助理)医师	人	1183	1654	1966	1599	1636	1756
注册护师、护士	人	811	965	832	977	1053	1195

社会主要指标

2010年	2011年	2012年	2013年	2014年	2015年	2016年	2017年
87.04	87.03	87.13	87.26	87.41	87.67	87.87	88.04
114.20	136.95	159.28	187.47	210.39	224.69	253.91	290.92
15.29	16.55	19.20	21.64	22.18	22.71	23.70	24.74
39.51	54.70	65.16	81.71	91.60	94.45	108.74	126.58
59.40	65.70	74.93	84.12	96.60	107.53	121.47	139.60
21.24	31.27	37.86	49.12	54.08	56.33	67.19	79.48
13130	15735	18291	21500	24090	25667	28929	33076
114.7	114.8	114.6	112.9	111.0	111.6	110.5	109.0
568407	703867	955104	1267116	1844869	2419241	3068262	3719756
22152	29790	39920	49158	52206	58546	53861	50211
225967	261279	321967	355397	409899	492528	510102	529209
4020	5099	5920	6731	7572	7849	8506	9311
15683	18710	22115	24835	27890	24332	26389	28569
43137	43457	43255	42932	42740	41938	41582	40841
242364	206118	217363	218628	214162	214262	215201	212784
257321	277629	322257	361282	376875	387029	403961	421483
527087	618102	721536	812667	895950	1008981	1165194	1321991
4833	4642	3700	3595	3701	3553	4384	4627
79425	76613	66626	63876	63466	62306	62880	63211
3806	4528	4565	4747	5062	5315	4443	4401
63058	61624	57325	55951	56087	56686	57606	58498
3599	3804	4509	4985	5506	5616	5698	6131
4156	4578	4869	5637	5926	6390	6821	7363
1797	1815	1817	1793	1832	1991	2154	2257
1353	1641	1781	2327	2635	2781	2919	3120

12-3 汉阴县经济

指　　标	单 位	2000年	2005年	2006年	2007年	2008年	2009年
年底总人口	万人	28.79	24.83	24.86	24.88	24.92	24.60
生产总值	亿元	5.29	11.28	13.22	15.66	20.11	23.83
第一产业	亿元	2.38	4.48	5.18	5.98	7.76	8.09
第二产业	亿元	0.99	2.60	3.22	3.94	5.38	7.46
第三产业	亿元	1.93	4.20	4.82	5.74	6.97	8.28
# 工业增加值	亿元	0.58	1.88	2.42	3.01	4.11	5.87
人均生产总值	元	1634	3855	5312	6304	8089	9551
生产总值指数	上年=100	115.7	112.2	111.3	112.9	116.2	116.3
全社会固定资产投资	万元	22891	49014	56273	81302	122614	172150
地方财政收入	万元	2518	1836	2039	3002	4015	6433
地方财政支出	万元	7847	14901	22548	30073	51506	64728
农村居民人均可支配收入	元	1206	1839	1990	2285	2772	3322
城镇居民人均可支配收入	元		6593	6957	7961	9988	12323
常用耕地面积	公顷	19853	20997	20991	21206	21800	22749
粮食产量	吨	92358	109878	103119	84700	93728	102374
农林牧渔业总产值	万元	39817	73607	85135	100142	128917	136150
社会消费品零售总额	万元	15999	32910	37502	43778	55124	65975
普通小学专任教师数	人	1255	1805	1775	1716	1632	1587
普通小学在校学生数	人	37600	26500	25700	24600	23700	23100
普通中学专任教师数	人	624	1040	1032	1009	1300	1057
普通中学在校学生数	人	13500	21100	20200	19200	14100	17800
卫生机构床位数	张	314	336	388	407	435	438
卫生技术人员	人	468	445	504	516	545	597
# 执业(助理)医师	人	238	327	351	363	392	417
注册护师、护士	人	90	113	120	134	154	180

社会主要指标

2010年	2011年	2012年	2013年	2014年	2015年	2016年	2017年
24.62	24.62	24.65	24.68	24.72	24.79	24.85	24.90
28.45	35.11	45.94	58.61	68.44	77.51	83.98	95.19
8.35	8.88	9.82	11.22	11.68	12.26	12.78	13.44
10.15	14.68	22.94	32.62	39.15	43.43	48.48	55.35
9.94	11.55	13.17	14.78	17.60	19.82	22.72	26.40
8.06	12.06	20.05	29.32	33.72	37.42	41.94	47.94
11558	14261	18648	23764	27711	30501	33834	38271
114.9	115.6	115.2	114.5	113.4	112.4	111.5	110.8
223190	243699	321922	410791	520363	659608	834797	1024754
8047	10898	14469	17519	19900	21500	21200	17740
82360	106689	135000	157000	171001	189000	192000	207000
4053	5123	5938	6858	7797	8063	8745	9529
14590	17289	20228	22676	25420	23995	26000	28252
22941	23279	23285	23269	23041	22947	22901	22919
110219	92555	100027	102453	103270	101208	101647	100412
141242	150879	167092	189776	200726	208869	218373	230978
73843	86042	100579	116006	133329	153530	200466	230539
1496	1438	1340	1101	1018	986	1102	1162
22268	21730	20694	18584	18526	19489	20509	21310
1034	1073	930	972	987	1061	1026	1115
16845	16304	14798	13626	13309	13310	13965	15157
491	650	790	814	1030	1102	1126	1235
618	758	807	1063	1058	1199	1335	1449
436	461	473	410	313	354	417	448
218	248	289	300	381	435	497	542

12-4 石泉县经济

指 标	单 位	2000年	2005年	2006年	2007年	2008年	2009年
年底总人口	万人	18.26	17.49	17.48	17.50	17.53	17.04
生产总值	亿元	4.59	9.50	11.30	13.61	17.86	22.44
第一产业	亿元	1.18	2.49	2.91	3.37	4.36	4.46
第二产业	亿元	1.64	3.40	4.21	5.40	7.85	11.19
第三产业	亿元	1.77	3.61	4.17	4.84	5.65	6.80
# 工业增加值	亿元	0.98	2.08	2.65	3.53	5.29	8.27
人均生产总值	元	2520	5335	6516	7783	10197	12793
生产总值指数	上年=100	114.0	112.1	114.5	115.8	118.1	118.4
全社会固定资产投资	万元	36747	85477	111603	104666	167934	195181
地方财政收入	万元	1837	1358	1548	2923	3600	4499
地方财政支出	万元	5602	12737	16856	22100	41795	50084
农村居民人均可支配收入	元	1227	1666	1961	2179	2722	3338
城镇居民人均可支配收入	元	3860	6662	7082	8030	10132	12666
常用耕地面积	公顷	15764	14341	13966	12640	12924	12980
粮食产量	吨	67915	73528	78179	59031	64954	69430
农林牧渔业总产值	万元	22685	42858	50138	58838	74730	76985
社会消费品零售总额	万元	13322	24140	27675	32775	41193	49337
普通小学专任教师数	人	1059	985	952	923	923	917
普通小学在校学生数	人	21471	16399	15935	15046	14238	13229
普通中学专任教师数	人	452	643	660	681	711	718
普通中学在校学生数	人	8669	10837	11309	11628	11194	10990
卫生机构床位数	张	297	403	493	541	575	571
卫生技术人员	人	413	425	422	415	387	382
# 执业(助理)医师	人	178	195	191	182	138	168
注册护师、护士	人	96	98	111	113	124	105

社会主要指标

2010年	2011年	2012年	2013年	2014年	2015年	2016年	2017年
17.12	17.13	17.14	17.17	17.20	17.25	17.29	17.32
27.00	33.65	38.24	47.79	54.76	60.37	68.51	80.96
4.59	5.08	5.61	6.25	6.33	6.55	6.96	7.26
14.95	20.20	23.12	31.04	35.69	38.93	43.71	52.64
7.46	8.38	9.52	10.50	12.75	14.89	17.84	21.06
11.32	16.06	18.58	25.84	29.79	32.58	36.77	44.90
15814	19656	22316	27855	31863	35046	39665	46774
116.1	116.9	117.3	114.7	113.3	113.9	112.5	112.2
231250	236336	313083	402384	509597	649036	822196	1018826
5430	6853	9378	11368	12985	14696	15004	15104
68310	80695	121498	118995	133666	161888	157006	184729
4026	5101	5948	6786	7675	8011	8753	9555
14794	17573	20525	22988	25747	23905	25854	28145
13036	13051	13086	13099	13100	13111	13118	13129
72011	62700	66459	67048	66859	69911	70668	71180
79063	87323	96428	107031	110801	115214	122292	126860
53490	62751	72349	82491	95063	109174	130942	150981
888	868	803	812	796	714	794	800
12378	11535	10111	9174	9465	9882	10288	10566
741	750	738	724	748	822	710	705
10437	10552	9198	7824	7388	7302	7460	7571
580	562	552	589	729	772	963	947
392	517	543	634	642	769	1008	1078
195	186	177	241	201	182	279	290
113	112	189	224	247	304	395	417

12−5 宁陕县经济

指　　标	单 位	2000年	2005年	2006年	2007年	2008年	2009年
年底总人口	万人	7.37	7.03	7.04	7.04	7.06	7.10
生产总值	亿元	3.16	4.16	4.96	6.07	8.30	9.80
第一产业	亿元	1.31	1.37	1.65	1.91	2.45	2.57
第二产业	亿元	0.90	1.30	1.56	2.08	3.30	4.24
第三产业	亿元	0.95	1.50	1.75	2.07	2.55	3.00
# 工业增加值	亿元	0.63	0.38	0.50	0.79	1.63	2.08
人均生产总值	元	4308	5583	7216	8585	11702	13885
生产总值指数	上年=100	103.4	111.2	113.3	114.9	116.4	115.8
全社会固定资产投资	万元	12513	17139	23739	44772	75890	103126
地方财政收入	万元	1222	736	875	1201	1524	2246
地方财政支出	万元	4789	8125	9806	15225	23821	31944
农村居民人均可支配收入	元	1210	1511	1662	1940	2431	3201
城镇居民人均可支配收入	元	4539	5683	6178	7426	9253	12020
常用耕地面积	公顷	5679	3212	3216	3238	3294	3283
粮食产量	吨	34618	21882	23213	17446	18708	21070
农林牧渔业总产值	万元	20568	23071	27846	32346	42451	45421
社会消费品零售总额	万元	10596	11183	12706	14997	18783	22504
普通小学专任教师数	人	530	507	468	437	432	412
普通小学在校学生数	人	8695	6210	5452	4270	3974	3741
普通中学专任教师数	人	170	214	243	264	251	256
普通中学在校学生数	人	3162	4732	4772	4603	4341	4079
卫生机构床位数	张	219	187	188	216	221	252
卫生技术人员	人	248	226	225	248	282	318
# 执业(助理)医师	人	121	97	90	112	112	119
注册护师、护士	人	51	55	50	61	82	84

社会主要指标

2010年	2011年	2012年	2013年	2014年	2015年	2016年	2017年
7.05	7.05	7.05	7.06	7.08	7.10	7.11	7.13
11.61	14.66	18.32	21.35	22.22	24.11	25.85	30.16
2.67	2.99	3.53	3.93	4.06	4.20	4.34	4.60
5.35	7.52	10.03	12.34	12.39	13.08	13.81	16.62
3.59	4.15	4.76	5.09	5.76	6.83	7.70	8.93
2.51	4.14	6.17	7.99	7.47	7.81	8.07	9.95
16418	20807	25982	30250	31426	34023	36379	42356
114.9	116.1	116.6	111.6	109.1	113.8	110.5	110.5
129104	105963	148074	193010	257033	316108	292833	337358
3075	3858	5307	6351	7181	8215	8602	8791
44886	50504	68973	80249	80040	89699	95437	113223
3812	4815	5629	6445	7315	7625	8270	9061
14196	16794	19733	21785	24116	23338	25358	27427
3316	3372	3386	3390	3392	3403	3404	3404
21869	19049	19848	19935	19212	19423	19611	19667
47152	52611	62968	70647	74604	77333	80355	85387
25639	29747	34815	38955	41460	46893	53395	61332
420	344	306	352	325	333	340	351
3601	3559	3610	3611	3753	3771	3857	3981
246	256	253	306	276	268	250	254
3823	3579	3185	3041	2971	2818	2878	3019
262	280	281	290	305	328	348	359
310	308	342	437	350	464	469	469
110	106	98	129	108	128	137	149
84	83	108	148	113	159	178	187

12-6 紫阳县经济

指　　标	单 位	2000年	2005年	2006年	2007年	2008年	2009年
年底总人口	万人	34.12	28.76	28.79	28.81	28.86	28.45
生产总值	亿元	5.77	12.17	13.95	16.66	20.76	23.70
第一产业	亿元	3.11	5.16	5.84	7.09	8.50	8.87
第二产业	亿元	0.80	1.93	2.42	3.07	4.72	6.06
第三产业	亿元	1.86	5.08	5.70	6.50	7.55	8.77
# 工业增加值	亿元	0.38	0.96	1.18	1.45	2.21	3.19
人均生产总值	元	1673	3621	4849	5784	7198	8208
生产总值指数	上年=100	104.5	109.1	110.3	111.9	115.2	116.0
全社会固定资产投资	万元	18380	48521	58017	89597	143212	203329
地方财政收入	万元	2413	1609	1871	3258	6009	8036
地方财政支出	万元	8468	16334	20456	31507	57107	69063
农村居民人均可支配收入	元	1147	1669	1837	2167	2667	3267
城镇居民人均可支配收入	元		6182	6559	7740	9868	12159
常用耕地面积	公顷	28055	26183	25096	24658	24397	24262
粮食产量	吨	105318	123006	116447	91612	102045	111747
农林牧渔业总产值	万元	45057	84277	95388	109681	140074	148769
社会消费品零售总额	万元	19858	42684	49042	58052	73275	85791
普通小学专任教师数	人	1954	1728	1667	1675	1606	1548
普通小学在校学生数	人	44542	33376	31460	30940	29190	27349
普通中学专任教师数	人	640	1002	1030	1034	1092	1107
普通中学在校学生数	人	11417	15197	15875	16022	14995	14008
卫生机构床位数	张	715	715	715	715	715	715
卫生技术人员	人	507	457	455	469	463	466
# 执业(助理)医师	人	310	376	384	402	416	430
注册护师、护士	人	90	104	112	119	121	127

社会主要指标

2010年	2011年	2012年	2013年	2014年	2015年	2016年	2017年
28.41	28.39	28.42	28.47	28.52	28.60	28.67	28.72
28.11	35.36	44.85	54.38	64.79	74.99	81.23	90.77
8.91	9.49	10.09	10.63	10.95	11.01	11.34	11.84
8.57	13.44	20.24	27.48	34.67	42.07	44.80	48.86
10.63	12.43	14.52	16.26	19.17	21.92	25.09	30.07
4.60	8.40	14.25	20.58	26.72	33.63	35.66	38.54
9887	12452	15789	19116	22739	26260	28367	31635
116.3	116.2	115.3	113.4	111.5	112.0	111.2	111.0
289208	256773	346609	445444	561552	693510	848026	1028456
10100	13308	18409	18526	21342	21306	16550	12056
112511	110864	155396	178088	192310	210080	227310	265788
4032	5112	5966	6849	7794	8051	8789	9638
14311	17130	20196	22337	24749	23575	25474	27527
24224	24277	24386	24370	24249	24259	24255	24036
117128	100798	106868	108375	109089	111311	111499	112260
153838	165342	175284	184765	193078	196564	201530	209496
96828	113902	133907	153215	176112	198923	226124	260008
1483	1429	1228	1068	1009	934	1133	1252
25357	23590	20972	20857	21213	21903	22409	22425
1128	1269	1220	1230	1236	1232	1036	1025
18000	17035	15382	14963	15054	14696	15067	15793
795	596	619	699	834	821	859	1077
483	625	1164	1376	1259	1224	1533	1593
373	375	375	343	297	314	367	392
100	96	96	289	303	344	421	430

12-7 岚皋县经济

指 标	单 位	2000年	2005年	2006年	2007年	2008年	2009年
年底总人口	万人	16.71	15.45	15.43	15.45	15.48	15.39
生产总值	亿元	3.80	6.81	7.87	8.88	11.48	13.29
第一产业	亿元	1.57	2.50	3.02	3.39	4.14	4.25
第二产业	亿元	0.82	1.85	1.99	2.10	2.86	3.80
第三产业	亿元	1.41	2.46	2.86	3.39	4.48	5.25
# 工业增加值	亿元	0.59	0.97	1.03	1.02	1.38	2.10
人均生产总值	元	2234	4025	5097	5751	7425	8583
生产总值指数	上年=100	109.1	109.5	112.8	107.4	118.4	116.3
全社会固定资产投资	万元	19680	44920	47190	54326	102995	160112
地方财政收入	万元	1918	1280	1428	1802	2346	3516
地方财政支出	万元	6818	13218	15698	25920	37949	46856
农村居民人均可支配收入	元	1305	1810	1961	2152	2648	3240
城镇居民人均可支配收入	元	5300	6310	6878	7722	9830	12549
常用耕地面积	公顷	17941	15372	15299	15160	15485	15363
粮食产量	吨	65696	77748	58891	55261	60920	67080
农林牧渔业总产值	万元	25317	44222	51906	55261	71710	74424
社会消费品零售总额	万元	10608	22638	25022	28112	33145	43753
普通小学专任教师数	人	963	827	825	844	888	859
普通小学在校学生数	人	19000	13000	12000	11000	10000	10000
普通中学专任教师数	人	445	440	455	467	491	497
普通中学在校学生数	人	7000	9000	9000	9000	9000	9000
卫生机构床位数	张	439	464	464	468	468	483
卫生技术人员	人	385	410	425	440	441	443
# 执业(助理)医师	人	129	125	139	147	148	152
注册护师、护士	人	84	91	94	98	93	101

社会主要指标

2010年	2011年	2012年	2013年	2014年	2015年	2016年	2017年
15.42	15.42	15.44	15.46	15.49	15.53	15.57	15.60
16.31	19.81	25.16	30.96	35.11	40.26	45.66	52.55
4.36	4.68	5.22	5.92	6.03	6.39	6.68	6.97
6.14	8.61	12.39	16.56	19.08	22.47	25.84	29.82
5.80	6.52	7.54	8.48	10.00	11.40	13.14	15.75
3.87	5.82	9.12	12.87	14.90	17.82	20.78	24.09
10584	12844	16306	20037	22689	25954	29360	33722
116.7	115.2	115.1	114.0	111.5	113.3	111.7	111.2
207022	155095	203772	260476	329484	406749	532703	665624
4516	5648	7628	9005	10192	10703	9508	8388
79278	79249	98712	122156	128389	145268	165134	187182
3936	4948	5755	6537	7348	7707	8374	9099
14783	17552	20483	22982	25786	24020	26003	28229
16141	16844	17168	17184	17180	16807	17050	17057
69171	60598	64013	65142	65530	67290	67905	68582
75573	81412	90850	102303	106117	112891	119031	124159
46962	55067	64049	72773	83284	94441	107091	122194
784	681	627	591	564	553	606	622
9611	9857	9433	9374	9457	9865	10068	9953
514	560	577	569	553	561	521	533
8476	7997	7440	7334	7258	6998	7019	6973
463	510	587	674	772	773	778	768
474	459	574	687	642	679	712	777
110	131	130	216	178	157	187	198
108	112	145	215	211	198	240	271

12-8 平利县经济

指　　标	单 位	2000年	2005年	2006年	2007年	2008年	2009年
年底总人口	万人	22.85	19.07	19.09	19.11	19.15	19.40
生产总值	亿元	4.55	8.91	11.20	12.94	16.59	19.66
第一产业	亿元	2.25	3.60	4.29	4.90	6.39	6.60
第二产业	亿元	0.70	2.02	2.67	3.46	4.62	7.06
第三产业	亿元	1.60	3.30	4.24	4.58	5.58	5.99
# 工业增加值	亿元	0.46	1.31	1.85	2.37	3.08	5.37
人均生产总值	元	2401	3785	5425	6438	8254	10258
生产总值指数	上年=100	107.8	110.4	114.4	114.1	116.5	116.9
全社会固定资产投资	万元	12224	43520	49448	78144	118761	150145
地方财政收入	万元	2411	1742	1908	2599	3303	4529
地方财政支出	万元	6779	14173	19046	28720	43269	57361
农村居民人均可支配收入	元	1146	1776	2085	2400	2914	3544
城镇居民人均可支配收入	元	3688	6284	6868	7933	10031	12340
常用耕地面积	公顷	21034	17623	18087	18249	18241	18305
粮食产量	吨	79550	86780	94315	67901	72584	77037
农林牧渔业总产值	万元	43488	63455	73821	90610	113174	119266
社会消费品零售总额	万元	12728	26393	30223	35350	43999	52694
普通小学专任教师数	人	1318	1174	1244	1154	1120	1102
普通小学在校学生数	人	28263	18284	17543	17314	15756	14307
普通中学专任教师数	人	463	612	686	703	697	742
普通中学在校学生数	人	29492	11385	12009	11044	10297	8866
卫生机构床位数	张	264	309	358	364	433	486
卫生技术人员	人	380	450	468	436	464	502
# 执业(助理)医师	人	191	202	218	194	191	186
注册护师、护士	人	82	116	115	111	129	131

社会主要指标

2010年	2011年	2012年	2013年	2014年	2015年	2016年	2017年
19.30	19.30	19.33	19.36	19.39	19.45	19.49	19.53
23.90	29.33	39.82	50.50	60.59	68.01	74.53	87.52
6.77	7.15	8.43	9.51	9.73	10.04	10.50	10.92
10.56	14.81	23.16	31.85	39.95	45.27	49.58	59.92
6.58	7.36	8.23	9.15	10.92	12.70	14.44	16.68
8.56	12.55	20.81	29.27	34.73	39.53	43.37	52.88
12354	15191	20618	26108	31277	35026	38282	44861
116.1	117.4	119.6	116.0	113.3	112.4	111.6	111.4
189103	205904	283771	366426	512501	631695	631288	832247
5450	6860	9299	11252	12807	14245	13803	10808
82846	91805	122745	142723	161892	164530	184149	202612
4272	5362	6247	7165	8147	8130	8859	9679
14487	17159	20007	22408	25097	23810	25728	28059
18302	18149	18379	18372	18332	18287	18152	18245
79868	69502	73628	74041	74132	76898	77631	78199
122193	129839	150436	169512	176836	183856	192619	200479
59688	70063	81643	93507	107381	121163	137496	158375
1072	1051	999	993	971	971	948	931
13034	12246	12331	12218	12182	12074	12552	12907
773	827	825	823	836	732	739	661
11674	11361	11632	10554	9586	8445	8531	8447
492	522	561	570	680	771	920	945
640	604	712	808	761	849	878	930
183	224	248	275	244	267	252	265
171	186	225	267	261	303	337	372

12-9 镇坪县经济

指　　标	单 位	2000年	2005年	2006年	2007年	2008年	2009年
年底总人口	万人	5.74	4.89	4.90	4.90	4.91	5.13
生产总值	亿元	1.41	2.79	3.17	3.84	4.93	5.71
第一产业	亿元	0.47	1.06	1.15	1.37	1.75	1.81
第二产业	亿元	0.33	0.63	0.72	0.90	1.24	1.56
第三产业	亿元	0.62	1.10	1.30	1.57	1.94	2.33
# 工业增加值	亿元	0.20	0.37	0.43	0.57	0.79	1.06
人均生产总值	元	2471	5528	6468	7653	10034	11607
生产总值指数	上年=100	109.7	109.7	111.4	113.9	114.8	115.6
全社会固定资产投资	万元	6550	17682	20846	27827	39724	51004
地方财政收入	万元	800	760	872	1759	1700	2200
地方财政支出	万元	3326	6524	8744	12142	18480	25708
农村居民人均可支配收入	元	1242	1777	1901	2183	2646	3215
城镇居民人均可支配收入	元	4981	6476	7096	7988	10069	12356
常用耕地面积	公顷	5981	4874	4875	4893	4920	4927
粮食产量	吨	25271	28393	29631	23454	25893	28780
农林牧渔业总产值	万元	8281	18481	20010	24050	32777	34334
社会消费品零售总额	万元	5283	7797	8362	9771	12013	14380
普通小学专任教师数	人	427	439	448	438	440	425
普通小学在校学生数	人	6400	4800	4900	4700	4500	4400
普通中学专任教师数	人	141	173	190	194	219	222
普通中学在校学生数	人	2600	3400	3300	3400	3500	3600
卫生机构床位数	张	136	164	164	153	156	242
卫生技术人员	人	148	159	169	170	171	199
# 执业(助理)医师	人	110	82	90	70	71	52
注册护师、护士	人	34	43	43	39	41	51

社会主要指标

2010年	2011年	2012年	2013年	2014年	2015年	2016年	2017年
5.10	5.10	5.11	5.11	5.12	5.14	5.15	5.16
6.81	8.70	11.74	12.95	12.06	13.45	15.25	19.19
1.93	2.10	2.55	2.87	2.98	3.11	3.22	3.42
2.07	3.24	5.27	5.75	4.09	4.58	5.41	7.70
2.81	3.37	3.92	4.33	4.99	5.76	6.62	8.07
1.49	2.52	4.41	4.74	2.72	3.03	3.70	5.69
13324	17060	23007	25339	23559	26215	29644	37232
114.4	115.6	115.0	110.2	108.3	113.3	110.6	111.1
65328	65480	90027	115127	131977	154604	208175	399093
2640	3308	4381	5253	5944	6151	6069	4700
34632	39349	58281	68354	69333	74866	88460	90519
3835	4828	5673	6456	7360	7728	8413	9167
14395	17154	20207	22410	24853	23620	25546	27809
4931	4936	4943	4948	4966	4965	4981	4933
30393	26047	27180	27363	27056	27534	27871	27949
35716	38838	46773	52640	55179	57384	59927	63301
17048	19999	23296	26269	28852	32696	45159	52192
419	335	287	273	271	269	284	279
4314	4199	3997	3764	3600	3746	3904	3870
223	220	225	241	238	239	225	233
3616	3626	3708	3135	2870	2721	2682	2734
171	244	262	260	264	283	292	306
192	188	189	374	335	379	385	414
70	53	61	111	88	101	102	120
50	50	55	118	120	128	146	154

12-10 旬阳县经济

指　标	单 位	2000年	2005年	2006年	2007年	2008年	2009年
年底总人口	万人	44.81	42.69	42.72	42.76	42.83	42.73
生产总值	亿元	13.01	22.35	25.79	32.78	41.13	47.02
第一产业	亿元	3.75	4.81	5.36	6.10	8.79	8.99
第二产业	亿元	4.68	7.72	9.43	13.90	17.55	20.33
第三产业	亿元	4.58	9.82	11.01	12.78	14.79	17.70
# 工业增加值	亿元	3.33	5.80	7.01	10.89	13.13	13.12
人均生产总值	元	2911	4974	6071	7632	9459	10971
生产总值指数	上年=100	115.0	109.8	111.5	113.7	115.1	113.6
全社会固定资产投资	万元	35897	85075	116484	160189	284550	400006
地方财政收入	万元	6124	7180	6661	8618	12102	16388
地方财政支出	万元	12859	26920	33437	43605	72518	98640
农村居民人均可支配收入	元	1217	1859	1980	2298	2819	3357
城镇居民人均可支配收入	元	4456	6618	6940	8061	10223	12690
常用耕地面积	公顷	44610	34308	34672	35108	35451	35539
粮食产量	吨	171211	143276	137294	106984	113638	123465
农林牧渔业总产值	万元	64479	81835	91152	105597	151126	156766
社会消费品零售总额	万元	29374	66165	76216	89699	112314	134410
普通小学专任教师数	人	2005	2181	2162	2135	1960	1916
普通小学在校学生数	人	54500	40600	37100	32500	28900	26200
普通中学专任教师数	人	1247	1611	1697	1763	1757	1769
普通中学在校学生数	人	26900	34700	36500	37700	36900	36200
卫生机构床位数	张	515	599	731	745	827	905
卫生技术人员	人	902	824	857	930	928	1177
# 执业(助理)医师	人	471	469	473	540	477	390
注册护师、护士	人	185	195	200	215	223	370

社会主要指标

2010年	2011年	2012年	2013年	2014年	2015年	2016年	2017年
42.68	42.68	42.73	42.79	42.87	43.00	43.09	43.17
55.44	67.77	81.74	100.01	112.37	120.96	135.75	159.87
9.19	9.67	10.50	11.79	12.09	12.44	13.00	13.52
24.74	34.11	44.05	58.40	65.23	67.95	75.95	91.62
21.51	24.00	27.20	29.83	35.05	40.57	46.80	54.73
17.14	24.99	33.97	47.07	52.42	54.28	61.00	74.57
12983	15879	19140	23388	26236	28176	31538	37065
113.6	115.1	114.6	113.5	111.9	111.6	111.0	110.5
412773	448665	607197	770025	963669	1162710	1425012	1731360
21102	28524	39292	46406	46460	42197	40505	40067
133367	176552	212079	243039	258860	250293	296845	329220
4017	5096	5911	6757	7655	7900	8608	9414
14809	17697	20617	22741	25174	23907	25810	27942
35709	35891	36208	36361	36410	36542	36650	36659
127488	111346	120091	122649	123708	125482	126092	126397
159372	170433	190068	212778	222456	229561	241290	249653
149606	174526	203948	231488	267014	307869	398050	459747
1852	1782	1701	1628	1399	1375	1421	1416
24618	23366	22287	21857	22087	22786	23276	23777
1740	1865	1858	1854	1834	1789	1699	1637
30299	27315	24223	21826	20393	18918	18610	18293
1006	1042	1275	1526	1875	2078	2243	2724
1283	1523	1668	1817	1759	2048	2359	2675
388	548	563	603	492	614	611	668
422	462	563	660	718	832	991	1115

12-11 白河县经济

指　标	单 位	2000年	2005年	2006年	2007年	2008年	2009年
年底总人口	万人	20.67	16.43	16.41	16.43	16.46	16.51
生产总值	亿元	3.90	7.91	9.62	11.67	13.70	16.44
第一产业	亿元	1.74	2.83	3.25	3.75	4.81	4.92
第二产业	亿元	0.58	1.59	2.25	3.28	3.71	4.91
第三产业	亿元	1.57	3.49	4.12	4.64	5.18	6.61
# 工业增加值	亿元	0.34	1.00	1.54	2.39	2.67	3.61
人均生产总值	元	1890	3822	5856	7105	8330	9977
生产总值指数	上年=100	111.6	110.4	112.6	113.0	114.3	116.9
全社会固定资产投资	万元	8446	36998	37935	62482	95086	145157
地方财政收入	万元	2009	1689	2178	3208	3828	4519
地方财政支出	万元	6556	13355	17578	25219	38088	54800
农村居民人均可支配收入	元	1297	1786	1901	2221	2739	3302
城镇居民人均可支配收入	元		6466	6875	7903	10028	12316
常用耕地面积	公顷	19577	13772	13801	13801	13801	13801
粮食产量	吨	80107	55782	63681	50604	55238	58174
农林牧渔业总产值	万元	30597	46737	53655	62139	80387	82990
社会消费品零售总额	万元	13594	25823	29574	34835	43820	51665
普通小学专任教师数	人	1060	1248	1262	1237	1216	1153
普通小学在校学生数	人	29449	23178	21150	18842	16553	14655
普通中学专任教师数	人	428	938	966	1031	1072	1111
普通中学在校学生数	人	8012	15299	16033	16723	16536	16633
卫生机构床位数	张	284	297	306	306	364	384
卫生技术人员	人	269	258	254	314	319	342
# 执业(助理)医师	人	188	185	142	135	147	159
注册护师、护士	人	62	64	69	75	89	102

社会主要指标

2010年	2011年	2012年	2013年	2014年	2015年	2016年	2017年
16.35	16.35	16.36	16.39	16.42	16.47	16.50	16.53
20.04	25.49	32.70	41.56	48.27	52.70	58.18	67.51
5.02	5.42	6.00	6.83	7.00	7.35	7.59	7.91
7.44	11.54	17.12	24.17	29.17	31.16	34.32	40.57
7.58	8.53	9.59	10.56	12.11	14.19	16.27	19.03
5.75	9.33	14.70	21.58	25.86	27.51	30.36	36.19
12201	15594	19997	25378	29428	32052	35293	40870
114.1	116.1	116.6	115.0	113.9	113.4	111.4	111.8
202874	181184	244831	318030	396580	488385	600453	735767
5428	7088	9725	11520	13026	13646	11608	8912
77488	88511	124000	134567	142285	165400	167503	200616
3980	5007	5798	6592	7416	7768	8417	9154
14410	17033	19980	22178	24617	23432	25485	27768
13806	13840	13840	13895	13885	14097	14097	14096
60356	52597	56326	56706	57364	58180	58376	58900
85398	92371	101752	115437	120819	126822	131233	136801
57654	67017	78783	89812	103387	118363	134220	154071
1117	1004	908	775	715	707	737	743
13790	12776	11445	11109	11809	12428	13081	13546
1169	1113	1119	985	777	840	793	786
16480	15286	12798	10566	9754	9198	9087	9791
384	388	532	513	600	671	749	762
377	406	778	749	680	764	776	827
160	179	216	237	213	241	248	236
109	129	158	236	234	268	270	278

十三、商洛市

资料整理：王　丹　金文娟

13-1 商洛市经济

指 标	单 位	2000年	2005年	2006年	2007年	2008年	2009年
年底总人口	万人	236.72	237.91	237.73	238.45	238.96	234.61
人口自然增长率	‰		3.06	3.07	3.04	3.01	2.99
年底总户数	万户	62.20	68.78	69.66	69.30	70.74	72.07
生产总值	亿元	56.35	114.43	137.77	160.40	197.45	224.47
第一产业	亿元	16.66	25.43	28.31	33.87	44.57	46.65
第二产业	亿元	20.08	37.25	46.64	55.19	71.18	83.75
第三产业	亿元	19.61	51.75	62.82	71.34	81.70	94.07
# 工业增加值	亿元	8.22	17.87	20.98	26.69	35.58	40.09
人均生产总值	元	2382	4800	5787	6737	8272	9383
生产总值指数	上年=100	111.2	109.9	110.8	112.8	115.8	114.1
第一产业	上年=100	104.5	107.7	106.5	106.3	107.2	106.4
第二产业	上年=100	118.5	110.4	111.2	114.6	119.9	115.8
第三产业	上年=100	110.8	110.6	112.6	114.5	116.6	115.8
# 工业增加值	上年=100	115.0	110.3	112.7	116.3	118.7	107.6
人均生产总值指数	上年=100	110.9	109.6	110.5	112.5	115.5	113.8
非公有制经济增加值	亿元		44.28	62.00	75.15	93.05	107.56
文化产业增加值	亿元						
能源消费总量	万吨标准煤						
单位GDP能耗比上年增长	%			-1.30	-3.96	-4.78	-5.01
就业人员	万人	103.20	107.56	107.80	108.69	110.96	111.44
城镇单位就业人员	万人	10.37	10.83	10.75	11.99	11.89	12.48
# 国有单位	万人	8.45	8.52	8.70	9.14	8.95	9.14
集体单位	万人	0.68	0.60	0.64	0.75	0.78	0.94
# 在岗职工人数	万人	9.97	10.83	10.75	11.41	11.25	11.74
城镇单位就业人员平均工资	元						
城镇单位在岗职工平均工资	元	6185	10426	11619	14431	18675	22203

社会主要指标

2010年	2011年	2012年	2013年	2014年	2015年	2016年	2017年
234.29	233.62	234.19	234.61	235.08	235.74	237.17	238.13
3.18	3.15	3.35	3.43	3.28	3.27	3.77	4.02
73.03	74.77	76.06	78.24	81.10	81.03	82.33	85.20
285.90	362.95	423.31	510.88	574.99	618.52	692.13	757.06
58.05	70.61	79.43	85.20	90.82	91.75	96.65	98.18
117.82	163.03	195.14	258.97	298.39	318.60	364.88	398.43
110.03	129.31	148.74	166.71	185.78	208.17	230.60	260.45
64.49	96.38	118.96	169.86	197.97	210.65	247.75	265.49
12194	15513	18097	21795	24484	26274	29271	31856
114.9	115.1	114.8	112.6	111.0	111.2	110.0	109.4
106.5	106.5	105.9	105.0	104.6	104.9	103.7	104.4
119.5	121.2	120.7	118.0	115.2	113.5	112.9	111.3
114.7	113.1	112.5	109.3	108.1	110.7	108.4	108.5
122.6	124.4	128.2	123.2	117.8	116.0	114.6	114.0
115.3	115.3	114.9	112.3	110.7	111.0	109.5	109.0
138.93	180.09	211.78	260.15	296.60	328.45	375.42	417.55
				10.81	11.91	13.34	15.11
						281.05	295.90
-3.20	-3.51	-3.38	-3.32	-3.08	-2.97	-3.64	-3.80
110.75	111.33	109.24	110.00	114.53	111.75	129.73	139.01
12.60	13.88	14.70	18.85	19.17	19.71	19.82	20.53
9.15	9.88	10.60	11.74	11.60	11.90	12.02	10.63
0.95	0.98	1.03	1.06	0.92	1.00	0.96	0.88
11.96	12.89	13.37	16.59	16.80	17.49	17.62	18.26
		33088	34832	37870	42821	45324	47235
26171	30287	34769	37124	39946	44741	47292	49030

13-1 续表 1

指　　标	单 位	2000年	2005年	2006年	2007年	2008年	2009年
全社会固定资产投资	亿元	23.27	40.32	99.97	133.19	164.65	220.34
# 房地产开发	亿元	0.21	1.77	1.92	2.32	5.45	5.94
商品房销售面积	万平方米	2.55	11.82	13.08	13.66	21.49	27.41
# 住宅	万平方米	2.55	10.63	12.87	13.56	21.49	27.26
地方财政收入	亿元	2.78	2.46	3.37	4.94	6.82	8.96
地方财政支出	亿元	7.73	15.40	20.30	32.16	47.59	65.07
金融机构人民币各项存款余额	亿元	67.35	132.03	166.95	205.16	256.32	319.96
金融机构人民币各项贷款余额	亿元	54.07	66.54	72.52	86.01	97.41	131.91
农村居民人均可支配收入	元	1128	1513	1609	1850	2491	3002
城镇居民人均可支配收入	元	4551	7038	7770	8870	10444	12857
城市人均公园绿地面积	平方米			7.83	8.51	8.93	10.21
城市人均道路面积	平方米		9.43	9.50	11.28	11.86	13.70
城市用水普及率	%		85.71	89.17	90.07	85.71	96.60
城市用气普及率	%		67.23	91.67	93.33	85.00	75.22
常用耕地面积	千公顷	146.46	129.26	128.01	129.85	131.05	131.58
农林牧渔业总产值	亿元	29.49	43.33	47.99	57.80	76.09	81.56
农作物总播种面积	千公顷	307.93	302.04	303.95	258.31	271.02	282.49
# 粮食作物	千公顷	269.44	238.59	242.31	201.48	209.89	216.66
粮食产量	万吨	74.72	70.62	74.94	50.13	59.46	67.65
棉花产量	吨	48	25	26	17	20	17
油料产量	吨	12555	11545	13036	12125	16084	18482
蔬菜产量	吨	171000	312773	328720	298579	311969	369858

2010年	2011年	2012年	2013年	2014年	2015年	2016年	2017年
290.07	308.36	391.60	496.16	625.16	767.69	935.55	1156.65
8.22	10.98	14.20	17.16	18.35	19.35	20.06	21.07
34.56	43.60	52.95	66.07	75.61	76.72	72.69	73.87
32.02	41.97	45.67	62.15	73.01	71.20	64.82	63.45
12.01	16.49	21.50	25.68	29.04	31.79	26.77	21.76
90.20	106.78	134.03	146.34	163.14	181.52	192.98	210.98
382.91	446.66	518.65	589.36	671.44	801.50	872.46	955.92
155.47	187.49	222.12	248.08	285.12	337.70	391.54	460.42
3605	4586	5425	6223	7011	7706	8358	9132
14811	17344	19998	22257	21613	23509	25468	27647
10.04	11.36	9.86	9.43	9.88	10.40	7.06	13.21
13.91	14.12	11.95	11.42	11.23	11.82	8.21	8.61
84.74	75.98	67.95	90.45	92.12	100.00	99.75	99.01
59.56	61.40	90.54	92.99	48.48	63.78	50.10	61.91
132.27	133.23	133.60	133.43	133.39	133.59	133.61	133.73
100.35	124.76	139.55	156.02	165.92	168.24	178.07	181.14
286.20	275.25	279.22	283.81	282.88	285.95	278.79	279.89
221.86	208.44	209.81	209.92	209.53	206.93	203.03	201.74
71.05	59.80	64.30	65.07	52.20	61.44	61.88	61.67
12	12	2	2	2	2	2	2
18482	21603	23427	23716	21609	24033	25678	28399
440049	410457	425026	454755	471300	499048	512294	532322

13-1 续表 2

指 标	单 位	2000年	2005年	2006年	2007年	2008年	2009年
水果产量	吨	41791	53995	56088	56381	61865	65339
# 苹果	吨	5463	8778	9137	9235	10081	10652
肉类产量	吨	88259	128651	136566	81273	93051	110474
# 猪牛羊肉	吨	84957	122478	130189	74071	87235	102379
奶类产量	吨	1036	978	967	1056	1270	1509
# 牛奶	吨	524	812	772	768	852	1127
禽蛋产量	吨	29504	37315	37861	33329	37802	45125
水产品产量	吨	1200	1444	1363	1328	1385	1562
规模以上工业企业单位数	个	71	100	80	87	113	127
规模以上工业总产值	亿元	11.47	32.76	41.39	60.08	74.43	104.56
原煤产量	万吨	26.20	15.00	15.94	13.24	10.55	11.71
发电量	亿千瓦小时	0.69	0.78	1.36	1.30	1.31	2.40
水泥产量	万吨	52.25	68.50	111.00	161.00	202.90	229.23
建筑业企业单位数	个	68	51	52	52	52	54
建筑业企业年末从业人员	万人	1.14	1.76	1.66	2.18	2.43	2.43
建筑业总产值	亿元	3.76	11.30	13.26	19.30	28.67	39.01
房屋建筑施工面积	万平方米	84.46	184.67	187.84	216.30	240.61	294.77
房屋建筑竣工面积	万平方米	43.83	98.00	99.25	122.42	136.65	151.20
公路里程	公里	4899	6167	10873	9268	9943	11759
# 等级公路	公里	4153	5546	4863	7395	8634	10852
# 高速公路	公里				13	247	341
民用汽车拥有量	辆	6511	11022	24982	33428	36537	43136
# 私人汽车	辆	3420	4715	21609	30629	28309	34463
邮电业务总量	亿元	1.90	7.47	10.99	14.65	17.96	17.99
邮政业务总量	亿元	0.27	0.90	1.17	1.35	1.52	1.67
电信业务总量	亿元	1.64	6.57	9.83	13.30	16.43	16.32

2010年	2011年	2012年	2013年	2014年	2015年	2016年	2017年
64174	69847	69781	69633	67201	66796	64231	66652
10741	9701	9652	9622	9249	8419	7169	7931
124291	134281	141201	148727	152654	151939	149166	149992
115005	123428	129286	135201	139882	137691	136910	139466
1647	1660	1765	1571	1395	1645	1463	1490
1530	1598	1615	1353	1162	952	962	986
51488	61961	70055	74114	72852	75109	76804	77058
1896	1900	2136	2371	2880	3566	3960	4266
136	120	150	173	207	221	227	259
176.99	265.07	365.04	479.93	634.11	793.37	935.31	1070.68
11.62	6.37	11.37					
2.93	4.03	3.08	0.70	3.29	1.06	1.83	6.64
215.60	210.19	320.33	379.14	334.83	342.57	402.00	440.72
54	53	54	66	73	73	71	94
3.10	4.00	3.60	5.08	5.17	5.09	4.65	5.17
59.39	82.20	112.55	112.26	114.69	126.67	142.56	168.60
320.97	412.31	588.42	644.24	580.54	567.17	649.13	1104.55
190.52	245.32	315.77	321.24	303.49	350.95	351.77	378.00
11871	12107	12988	13237	13482	13595	13776	13803
11198	11520	11944	12142	12373	12496	12667	12675
347	315	364	364	364	409	410	373
49643	55004	60107	66059	66634	69030	77467	87200
40301	45059	49911	55648	56253	59172	68014	77406
7.77	10.89	10.94	12.10	16.28	22.10	35.61	29.02
1.32	1.49	1.18	1.32	1.50	1.75	2.31	2.75
6.45	9.40	9.77	10.78	14.77	20.35	33.30	26.28

13-1 续表 3

指 标	单 位	2000年	2005年	2006年	2007年	2008年	2009年
固定电话用户	万户	11.64	30.29	36.98	39.93	40.18	38.19
移动电话用户	万户	2.38	23.42	32.84	46.31	59.88	76.76
互联网宽带用户	万户	0.25	4.42	2.95	3.91	7.76	7.25
限额以上企业数	个						44
批发业	个						5
零售业	个						16
住宿业	个						19
餐饮业	个						4
社会消费品零售总额	亿元	19.91	35.97	40.01	46.22	56.70	66.79
进出口总额	万美元		122	317	882	2674	10680
# 出口	万美元		122	317	315	1077	431
实际外商直接投资额	万美元			278	310	2633	4014
入境旅游人数	万人次	1.21	0.23	0.25	0.25	0.60	1.73
# 外国人	万人次	1.00	0.10	0.10	0.11	0.60	1.73
国际旅游外汇收入	万美元	273	6	9	9	23	78
国内旅游人数	万人次	50	73	117	260	453	734
国内旅游收入	亿元	0.75	1.46	2.40	5.33	10.46	23.10
星级饭店数	个		10	10	10	10	10
幼儿园数	所	70	88	95	116	106	129
在园儿童数	万人	2.50	2.26	2.23	1.91	2.50	2.76
普通小学学校数	所	4237	2479	2228	2112	1928	1614
普通小学专任教师数	人	12853	11447	11339	11263	11068	10880
普通小学在校学生数	万人	36.51	24.80	23.06	21.65	20.02	18.73
普通中学学校数	所	178	187	187	187	187	186
普通中学专任教师数	人	7074	9905	10204	10590	10771	10931
普通中学在校学生数	万人	12.24	19.43	19.57	19.05	18.15	17.29
卫生机构数	个	360	324	321	309	277	258
卫生机构床位数	张	4009	4432	4504	5055	5786	6071
卫生技术人员	人	5898	6236	6286	6682	6905	7104
# 执业(助理)医师	人	3615	3007	3083	3208	2840	2856
注册护师、护士	人	1082	1226	1259	1434	1841	1969

2010年	2011年	2012年	2013年	2014年	2015年	2016年	2017年
35.67	33.84	31.08	29.23	26.96	24.74	22.79	20.95
85.32	99.55	106.41	113.12	120.22	128.86	144.68	160.64
9.46	12.33	13.55	16.14	17.36	19.58	26.36	31.11
65	73	97	115	132	158	178	207
10	12	15	18	22	26	26	28
24	29	45	59	68	82	100	119
26	24	26	27	27	30	30	33
5	8	11	11	15	20	22	27
79.19	92.18	107.28	121.82	136.92	154.66	174.93	193.73
30754	33666	7728	6245	22.47(亿元)	18.72(亿元)	14.42(亿元)	21.85(亿元)
5186	395	646	4758	18.32(亿元)	15.28(亿元)	9.85(亿元)	17.50(亿元)
5867	6600	8461	7010	473	152		1544
1.20	1.23	1.41	1.60	1.65	1.72	1.82	1.92
0.58	0.66	0.69	0.80	0.87	0.90	0.94	1.05
76	98	145	172	183	194	209.60	236.00
1270	1703	2288	2765	3006	3363	3734.77	4780.15
48.26	68.12	102.50	135.43	153.29	174.87	199.81	260.52
12	12	19	19	19	20	18	15
181	296	332	374	409	432	442	490
3.02	5.46	6.91	7.84	7.74	8.34	8.82	8.94
1306	1130	843	681	513	428	415	410
10823	9894	9568	9233	9168	8734	8429	8378
17.75	17.15	16.36	15.63	13.14	13.41	14.23	15.08
183	180	172	171	160	163	162	162
11003	11644	11002	11692	11504	10527	11288	11369
16.44	15.65	14.91	14.44	11.53	10.84	10.85	10.79
261	2616	2662	2980	3007	3119	3028	2874
6701	7998	9060	10270	10991	11765	12282	13896
7933	9401	9879	11095	11771	11892	13031	14269
2909	3217	3278	3546	3757	3627	3829	4362
2177	2713	2972	3565	3865	3996	4499	5098

13-2 商州区经济

指　　标	单 位	2000年	2005年	2006年	2007年	2008年	2009年
年底总人口	万人	54.19	54.56	54.52	54.69	54.78	53.92
生产总值	亿元	10.67	26.37	30.63	35.55	46.38	52.53
第一产业	亿元	2.60	3.84	4.62	5.64	7.33	7.69
第二产业	亿元	4.10	8.97	11.49	12.93	17.56	19.93
第三产业	亿元	3.96	13.56	14.52	16.98	21.49	24.92
# 工业增加值	亿元	2.04	4.06	5.01	5.59	7.51	8.01
人均生产总值	元	1977	4804	5546	6472	8474	9567
生产总值指数	上年=100	114.8	110.2	114.3	113.4	116.0	114.3
全社会固定资产投资	万元	56957	93329	105395	149400	223800	418700
地方财政收入	万元	4845	4258	5807	8236	11282	15603
地方财政支出	万元	11992	22003	30106	44798	68566	91649
农村居民人均可支配收入	元	1097	1451	1570	1806	2384	2993
城镇居民人均可支配收入	元	4437	6916	7875	9104	11007	13281
常用耕地面积	公顷	25647	23059	22629	22583	22263	21913
粮食产量	吨	124732	126257	140818	94821	115984	121716
农林牧渔业总产值	万元	44325	66277	77878	95096	122946	131770
社会消费品零售总额	万元	51691	90028	100045	114218	139697	164632
普通小学专任教师数	人	3058	2907	2861	2812	2682	2646
普通小学在校学生数	人	78528	53418	50933	49609	46696	43856
普通中学专任教师数	人	1676	2103	2212	2270	2288	2301
普通中学在校学生数	人	30407	39366	41573	40111	37802	37439
卫生机构床位数	张	1456	1371	1419	1553	1724	1925
卫生技术人员	人	1680	1750	1735	1916	2277	2156
# 执业(助理)医师	人	744	818	798	863	787	851
注册护师、护士	人		496	545	578	734	763

社会主要指标

2010年	2011年	2012年	2013年	2014年	2015年	2016年	2017年
53.19	53.04	53.17	53.29	53.37	53.52	53.86	54.08
67.59	83.03	98.61	108.35	117.65	121.90	135.11	147.80
9.37	11.15	12.02	13.50	13.62	13.20	13.95	14.25
29.07	37.54	44.19	48.09	51.60	53.24	59.87	64.00
29.15	34.34	42.40	46.77	52.43	55.46	61.29	69.56
15.08	20.36	24.16	28.60	30.70	31.10	36.68	36.47
12280	15632	18568	20356	22029	22808	25347	27345
115.1	115.7	114.3	112	110.0	110.9	109.6	109.5
513300	696695	814400	1031900	1304060	1509300	1801600	2193085
20271	26407	33502	40155	46010	50326	42900	37530
108157	141135	198269	210506	242143	271961	310358	313432
3594	4584	5414	6204	7066	7614	8230	8975
15539	18194	21100	23558	26196	24010	26016	28250
21714	21609	21578	21378	21230	20972	20967	21112
118523	99556	107590	108103	81183	106420	105291	97768
156501	190741	205123	230111	243724	241200	257463	262074
195321	227298	264163	300428	338138	381485	429545	475506
2565	2359	2318	2250	2142	1927	1890	1869
41076	40048	37560	35300	26063	27413	29431	31737
2316	2545	2568	2677	2750	2625	2623	2688
34971	34325	32020	31600	26820	24282	24044	23765
2060	2481	2938	3284	3463	3073	3798	4031
2447	2647	3311	3279	3616	3713	3741	4241
969	999	1052	1130	1199	1289	1471	1435
875	1013	1095	1332	1541	1556	1604	1894

13-3 洛南县经济

指　　标	单 位	2000年	2005年	2006年	2007年	2008年	2009年
年底总人口	万人	45.00	45.28	45.25	45.48	45.57	44.69
生产总值	亿元	10.47	19.22	22.18	25.99	33.41	38.15
第一产业	亿元	4.00	5.03	5.66	6.86	9.90	10.35
第二产业	亿元	3.75	7.32	8.71	9.89	12.09	14.62
第三产业	亿元	2.72	6.87	7.81	9.24	11.42	13.18
# 工业增加值	亿元	2.22	4.69	5.84	6.45	7.27	8.60
人均生产总值	元	2351	4259	4900	5729	7339	8366
生产总值指数	上年=100	116.4	110.2	111.0	113.5	116.2	114.0
全社会固定资产投资	万元	40162	46743	53200	73484	137347	258600
地方财政收入	万元	6103	3926	5282	7542	11827	15165
地方财政支出	万元	12938	24565	29403	44916	80427	89504
农村居民人均可支配收入	元	1219	1482	1605	1844	2499	3041
城镇居民人均可支配收入	元	4669	7222	7631	9005	10894	13089
常用耕地面积	公顷	32064	31330	31242	31263	31286	31286
粮食产量	吨	178527	170121	172720	117141	126733	160038
农林牧渔业总产值	万元	65061	93411	102576	124751	175263	188057
社会消费品零售总额	万元	40570	67688	76582	89831	102636	120700
普通小学专任教师数	人	2649	2350	2269	2315	2181	2157
普通小学在校学生数	人	71400	45000	40800	41300	33500	29600
普通中学专任教师数	人	1480	1805	1870	1878	4323	2050
普通中学在校学生数	人	23500	36100	36200	36500	33900	31200
卫生机构床位数	张	690	714	728	1112	949	980
卫生技术人员	人	982	897	912	1342	1232	1104
# 执业(助理)医师	人	482	459	472	685	582	569
注册护师、护士	人	173	181	184	230	249	265

社会主要指标

2010年	2011年	2012年	2013年	2014年	2015年	2016年	2017年
44.18	44.06	44.16	44.24	44.32	44.45	44.78	44.96
47.61	58.59	68.07	82.84	92.06	98.17	112.64	129.63
12.57	15.25	17.22	19.12	19.80	20.61	21.70	21.88
19.50	24.87	30.05	40.72	45.99	48.91	59.59	72.23
15.54	18.47	20.81	23.00	26.27	28.65	31.36	35.52
12.40	16.05	19.92	28.77	31.09	33.17	42.58	52.75
10716	13279	15432	18741	20757	22118	25248	28913
114.7	114.8	115.9	113.0	112.3	111.5	109.0	109.1
386300	418900	602022	771800	978000	1052700	1245900	1531000
19342	27219	35388	43827	50240	54859	42996	29426
109833	157805	206015	220265	243928	266941	268070	283434
3710	4719	5592	6414	7301	7705	8375	9160
15065	17707	20407	22754	25302	23476	25421	27530
31202	31296	31457	31671	31794	31892	31974	32018
178364	150530	163415	168079	142081	162334	164437	159840
221357	271748	310000	344618	364527	368882	389686	388553
143106	166401	193224	219222	246696	278777	315229	348643
2080	1861	1688	1595	1550	1470	1578	1406
28726	28355	27822	26379	21642	21803	22972	24521
2098	2469	2295	2299	2269	2265	2082	2252
30229	27783	25506	24810	20070	19608	19340	18785
877	1607	1657	1820	1806	1919	1918	2074
1334	1457	1551	1761	1849	1852	2324	2439
404	411	498	552	642	568	556	578
231	428	427	541	484	490	609	640

13-4 丹凤县经济

指　　标	单 位	2000年	2005年	2006年	2007年	2008年	2009年
年底总人口	万人	29.27	30.13	30.11	30.16	30.23	29.72
生产总值	亿元	5.83	13.58	15.20	18.03	24.33	27.24
第一产业	亿元	2.56	3.51	3.71	4.36	6.14	6.43
第二产业	亿元	1.28	3.75	4.26	5.42	8.34	9.55
第三产业	亿元	1.99	6.32	7.23	8.25	9.85	11.26
# 工业增加值	亿元	0.68	1.48	1.65	2.28	3.88	4.31
人均生产总值	元	1992	4454	5046	5890	8059	9062
生产总值指数	上年=100	113.5	112.6	111.2	113.4	115.9	114.1
全社会固定资产投资	万元	15456	45197	40186	63900	121500	227400
地方财政收入	万元	3003	2391	3350	4724	6545	7553
地方财政支出	万元	8119	17317	24519	34131	49345	62623
农村居民人均可支配收入	元	998	1540	1661	1906	2617	3051
城镇居民人均可支配收入	元	4041	6279	6844	8872	10678	12863
常用耕地面积	公顷	14680	12404	12442	12312	12319	12307
粮食产量	吨	81289	84581	84791	51605	57008	67889
农林牧渔业总产值	万元	36939	57983	62757	75029	106659	114338
社会消费品零售总额	万元	25521	46824	53023	62118	77500	92655
普通小学专任教师数	人	1526	1548	1445	1899	1651	1347
普通小学在校学生数	人	45200	37400	35000	32400	28300	25700
普通中学专任教师数	人	810	1332	1307	1562	1326	1346
普通中学在校学生数	人	14200	27200	24600	24700	23200	22400
卫生机构床位数	张	450	483	503	613	668	722
卫生技术人员	人	439	462	576	612	630	668
# 执业(助理)医师	人	177	256	267	274	289	324
注册护师、护士	人	56	91	100	110	135	142

社会主要指标

2010年	2011年	2012年	2013年	2014年	2015年	2016年	2017年
29.55	29.47	29.53	29.58	29.64	29.71	29.85	29.97
33.33	43.18	51.46	61.63	73.06	78.62	86.06	91.83
7.40	9.09	10.34	10.61	11.06	10.92	11.04	11.30
12.55	17.67	21.95	28.25	34.89	38.80	43.20	44.33
13.38	16.42	19.17	22.77	27.11	28.90	31.82	36.20
5.70	8.99	13.35	17.02	21.72	22.94	26.40	24.53
11245	16434	17909	21056	24723	26602	29102	32507
114.9	116.0	114.8	114.0	112.1	111.7	108.8	109.2
246600	329300	489300	625300	775700	1024000	1233400	1513000
11457	16101	22376	26400	29822	32609	22000	17444
101099	119188	155601	173955	195950	208279	205532	230975
3661	4664	5536	6333	7149	7701	8340	9116
15204	17788	20527	22905	25447	23571	25569	27840
12307	12307	12307	12185	12163	12163	12090	12118
72820	61370	65152	65304	51142	60140	61124	60907
130436	165999	186654	199680	207058	209831	218054	222008
107577	125382	146310	166546	186966	211292	239637	266761
1281	1248	1027	1038	1156	1230	1071	1188
22970	20589	18864	17411	16727	16967	18042	19046
1499	1470	1435	1353	1315	1404	1465	1377
26512	26174	25976	24656	21355	14255	13444	14171
804	871	881	1200	1200	1300	1480	1544
1136	1180	1199	1394	1403	1417	1447.0	1434.0
531	541	618	496	506	517	483	530
219	233	235	346	360	403	506	512

13–5 商南县经济

指　标	单 位	2000年	2005年	2006年	2007年	2008年	2009年
年底总人口	万人	22.85	21.93	21.91	21.97	22.04	21.65
生产总值	亿元	4.52	11.02	13.54	16.35	20.03	23.07
第一产业	亿元	1.73	2.99	3.39	4.18	5.79	6.05
第二产业	亿元	1.16	2.57	3.86	4.73	5.29	6.73
第三产业	亿元	1.63	5.46	6.29	7.44	8.95	10.29
# 工业增加值	亿元	0.59	1.32	2.17	2.55	2.96	3.83
人均生产总值	元	1973	4697	5762	6899	8416	9669
生产总值指数	上年=100	118.1	111.5	110.6	113.4	115.9	114.3
全社会固定资产投资	万元	12960	42826	60504	92788	116552	222300
地方财政收入	万元	3001	2115	2732	3990	6369	8988
地方财政支出	万元	7761	16347	21748	31072	44679	62036
农村居民人均可支配收入	元	1115	1485	1580	1822	2408	2998
城镇居民人均可支配收入	元		6872	7602	8780	10587	12743
常用耕地面积	公顷	13329	13057	12791	12742	13442	14048
粮食产量	吨	70590	71683	76655	40203	54711	63153
农林牧渔业总产值	万元	28671	51893	56659	70590	96715	103581
社会消费品零售总额	万元	12591	32882	37221	43857	54809	65723
普通小学专任教师数	人	1187	1034	968	921	892	870
普通小学在校学生数	人	36900	20800	19400	18000	17100	16500
普通中学专任教师数	人	934	1188	1211	1063	1070	1182
普通中学在校学生数	人	14700	21800	21900	20400	18800	17400
卫生机构床位数	张	363	422	450	450	504	504
卫生技术人员	人	546	417	456	463	693	693
# 执业(助理)医师	人	230	130	134	193	199	199
注册护师、护士	人	86	44	46	102	173	173

社会主要指标

2010年	2011年	2012年	2013年	2014年	2015年	2016年	2017年
22.17	22.10	22.18	22.21	22.28	22.34	22.46	22.55
29.61	38.82	47.39	53.92	63.39	68.92	75.59	81.96
8.17	9.78	11.12	11.97	11.86	11.72	12.32	12.29
9.72	15.28	20.30	24.66	31.34	35.00	38.88	42.58
11.72	13.76	15.97	17.29	20.19	22.20	24.40	27.10
6.09	10.68	14.93	18.44	23.69	26.50	30.55	37.91
12379	16126	21367	24296	28498	30893	34067	38896
114.7	114.9	114.8	112.8	111.5	111.6	109.3	109.4
337600	309900	455400	579300	720620	938100	1220700	1498900
14058	19647	26371	29113	31983	34497	28526	19352
85410	120861	148342	159817	180405	204575	203095	220051
3681	4678	5529	6400	7219	7739	8420	9200
14653	17327	20058	22307	24783	23250	25215	27330
14084	14224	14201	14153	14138	14126	14038	14080
69399	57476	61733	62560	49332	56538	57209	58938
148408	182457	201808	217129	227986	226022	238841	247066
70815	82533	96067	109329	122459	138389	157004	174275
922	967	776	878	899	902	819	924
16403	16006	15681	15597	13267	14223	15166	16083
1248	1104	1052	1005	1115	958	933	892
16534	15152	14879	14688	11004	10867	11204	11462
576	599	743	874	914	1258	1202	1585
706	897	877	839	904	1189	1206	1453
231	294	366	335	301	349	352	368
150	238	204	205	210	224	218	225

13-6 山阳县经济

指　标	单 位	2000年	2005年	2006年	2007年	2008年	2009年
年底总人口	万人	41.87	42.93	42.90	42.99	43.08	42.19
生产总值	亿元	7.49	16.03	18.64	22.37	27.64	31.80
第一产业	亿元	2.85	3.65	4.05	4.83	6.11	6.39
第二产业	亿元	2.04	4.94	5.81	7.13	9.37	11.29
第三产业	亿元	2.60	7.44	8.78	10.41	12.16	14.12
# 工业增加值	亿元	0.79	2.36	3.05	3.78	5.14	6.03
人均生产总值	元	1787	3718	4343	5208	6423	7382
生产总值指数	上年=100	111.3	110.1	110.7	113.1	116.0	114.4
全社会固定资产投资	万元	24359	40347	45578	69941	110400	223000
地方财政收入	万元	3401	2482	3450	4728	6320	9760
地方财政支出	万元	10642	21687	28134	42408	61114	86179
农村居民人均可支配收入	元	1110	1503	1620	1858	2391	2956
城镇居民人均可支配收入	元	4186	6613	7639	8777	10568	12696
常用耕地面积	公顷	26104	23525	23519	23519	23605	23688
粮食产量	吨	124916	98917	117035	73619	101087	117808
农林牧渔业总产值	万元	50628	60486	67813	80562	101214	108400
社会消费品零售总额	万元	28220	55657	61747	72577	89592	105423
普通小学专任教师数	人	2170	1832	1789	1824	1798	1738
普通小学在校学生数	人	72100	49500	44400	41200	39300	38100
普通中学专任教师数	人	1008	1659	1687	1869	1917	1947
普通中学在校学生数	人	20100	37100	37100	36500	35100	33300
卫生机构床位数	张	425	522	613	677	840	892
卫生技术人员	人	656	793	798	928	896	873
# 执业(助理)医师	人	257	277	262	369	316	280
注册护师、护士	人	85	110	110	105	208	211

社会主要指标

2010年	2011年	2012年	2013年	2014年	2015年	2016年	2017年
42.25	42.13	42.22	42.28	42.35	42.47	42.66	42.83
40.38	52.49	66.07	80.39	95.47	103.05	120.42	137.09
8.43	10.76	12.89	15.08	16.52	17.46	19.24	19.65
15.48	22.29	30.13	40.09	49.17	53.24	65.19	77.12
16.47	19.44	23.05	25.22	29.78	32.35	35.99	40.32
8.83	13.93	20.35	28.25	35.61	39.74	50.34	58.92
9566	12442	15664	19120	22571	24535	28498	32069
114.8	115.8	116.8	114.8	112.5	113.3	111.0	109.9
261500	350742	501230	635600	821300	1060500	1307200	1605000
13200	17807	25116	31530	38003	42113	40366	37013
139200	151231	197743	221761	252670	282617	317339	338560
3693	4723	5606	6474	7380	7850	8501	9280
14624	17098	19750	21922	24443	23245	25135	27268
23943	24005	24006	24001	24003	23992	23975	23971
121300	101795	110726	111477	86812	101365	102559	107437
138200	176457	210779	250496	282881	300646	330490	333186
124900	145438	169619	192135	216392	244453	277726	306054
1879	1727	1882	1836	1816	1714	1606	1577
36178	34795	32539	30978	26139	25816	27649	29012
1908	2145	2014	2010	1856	1901	1910	1878
31227	28869	26440	24607	21048	19703	20001	11898
1002	1169	1477	1487	1625	1771	1865	2234
953	1362	1592	1675	1713	1786	1758	2158
294	339	444	452	460	479	541	666
283	335	384	435	469	482	517	676

13-7 镇安县经济

指　　标	单 位	2000年	2005年	2006年	2007年	2008年	2009年
年底总人口	万人	28.67	27.57	27.54	27.62	27.69	27.26
生产总值	亿元	8.47	16.01	18.12	21.79	25.61	29.62
第一产业	亿元	3.11	4.54	4.74	5.76	6.12	6.41
第二产业	亿元	2.35	5.17	6.26	7.71	10.22	12.46
第三产业	亿元	3.01	6.30	7.12	8.32	9.27	10.75
# 工业增加值	亿元	0.86	1.23	1.61	2.07	2.80	3.22
人均生产总值	元	2961	5794	6575	7899	9260	10671
生产总值指数	上年=100	112.6	109.9	111.0	112.4	114.6	114.0
全社会固定资产投资	万元	43384	70301	79300	98400	132200	248800
地方财政收入	万元	3710	2526	3208	4918	6452	8250
地方财政支出	万元	8802	17350	23312	38639	56596	73878
农村居民人均可支配收入	元	1369	1576	1654	1852	2384	3003
城镇居民人均可支配收入	元	4740	6500	7000	8761	10543	12668
常用耕地面积	公顷	14438	17933	17493	19684	20232	20278
粮食产量	吨	117126	114144	113777	90203	96809	100000
农林牧渔业总产值	万元	52100	72200	79101	91887	106031	113665
社会消费品零售总额	万元	25065	45812	51120	57747	70324	83052
普通小学专任教师数	人	1346	1011	1027	1164	1229	1229
普通小学在校学生数	人	37652	25330	23277	21292	19757	18610
普通中学专任教师数	人	773	1174	1201	1242	1281	1317
普通中学在校学生数	人	12698	22774	22153	21535	21255	20140
卫生机构床位数	张	437	528	540	608	693	693
卫生技术人员	人	623	691	704	734	847	856
# 执业(助理)医师	人	268	378	405	425	440	470
注册护师、护士	人	75	170	185	215	249	266

社会主要指标

2010年	2011年	2012年	2013年	2014年	2015年	2016年	2017年
27.60	27.52	27.59	27.64	27.70	27.78	27.90	28.01
37.37	47.03	55.85	65.44	77.30	83.41	89.93	100.05
7.88	9.67	10.57	11.71	11.89	11.55	11.78	12.20
16.94	22.59	28.11	35.68	44.57	48.88	52.47	58.84
12.55	14.77	17.17	18.05	20.84	22.98	25.69	29.01
5.39	8.06	12.89	16.25	21.98	24.81	25.80	28.89
13433	17066	20820	23970	28008	30249	32251	35790
115.4	114.8	114.5	112.5	111.5	110.8	110.0	109.1
244200	326100	481900	616700	756000	970200	1248300	1475000
10388	14189	18936	24150	27689	30238	24505	18126
101415	131414	165662	179351	200995	214935	234665	248095
3718	4721	5585	6394	7276	7750	8370	9157
14831	17452	20201	22475	25037	23292	25289	27489
20723	21324	21569	21559	21586	21961	21899	21746
104223	87688	92502	92941	75641	86613	86690	89283
137811	172292	187819	208394	216494	209866	214784	219282
98534	114747	133653	151574	170091	192193	217218	241547
1213	1232	1173	1014	1020	968	1079	979
17775	17821	17736	17990	18128	18067	18869	16378
1308	1195	1438	1545	1552	1534	1434	1568
18414	16865	16500	15913	14997	13794	13808	16073
693	923	1000	1075	1075	1206	1075	1596
1016	1072	1141	1184	1220	1315	1553	1675
486	511	495	578	574	574	591	628
295	342	397	474	409	509	538	557

13–8　柞水县经济

指　标	单 位	2000年	2005年	2006年	2007年	2008年	2009年
年底总人口	万人	16.15	15.51	15.50	15.54	15.57	15.18
生产总值	亿元	4.13	10.73	14.34	16.00	20.05	22.63
第一产业	亿元	1.11	1.78	1.98	2.39	3.18	3.33
第二产业	亿元	1.10	3.25	4.19	5.59	8.30	9.53
第三产业	亿元	1.92	5.70	8.17	8.02	8.57	9.77
# 工业增加值	亿元	0.82	2.13	2.82	3.47	5.90	7.47
人均生产总值	元	2565	6916	9246	10307	12890	14609
生产总值指数	上年=100	119.2	110.8	112.4	113.9	116.9	114.6
全社会固定资产投资	万元	13400	31408	47555	66100	123500	228800
地方财政收入	万元	2010	2218	3069	4068	5829	7506
地方财政支出	万元	6238	13188	17938	28156	39902	51792
农村居民人均可支配收入	元	919	1373	1506	1734	2380	2995
城镇居民人均可支配收入	元	4180	6860	7613	8755	10555	12708
常用耕地面积	公顷	8110	7956	7895	7746	7901	8059
粮食产量	吨	50050	43470	43612	45007	41627	45849
农林牧渔业总产值	万元	16876	29465	33126	40015	52026	55772
社会消费品零售总额	万元	12080	23770	26100	30300	37000	43500
普通小学专任教师数	人	862	872	708	887	913	893
普通小学在校学生数	人	23000	16000	12000	16000	15600	15000
普通中学专任教师数	人	375	501	533	527	529	560
普通中学在校学生数	人	5000	9000	9000	9000	8000	8000
卫生机构床位数	张	255	265	274	460	394	422
卫生技术人员	人	376	367	375	385	412	425
# 执业(助理)医师	人	232	199	202	267	218	224
注册护师、护士	人	73	75	76	116	85	100

社会主要指标

2010年	2011年	2012年	2013年	2014年	2015年	2016年	2017年
15.35	15.30	15.34	15.37	15.43	15.47	15.66	15.72
29.97	40.48	51.10	60.34	63.73	66.17	72.27	69.03
4.22	4.91	5.28	6.20	6.05	6.30	6.63	6.62
14.56	22.72	31.59	39.18	40.39	41.53	45.68	40.22
11.19	12.85	14.23	14.96	17.28	18.34	19.96	22.19
9.01	18.24	26.43	34.11	34.67	35.21	41.41	32.49
19351	26412	33351	39693	41675	42831	48052	43994
115.5	116.3	116.0	113.0	110.9	111.6	110.5	110.0
330100	296020	437700	543400	700400	903500	1152900	1371900
10689	14868	21616	26385	27519	30698	24003	18552
66230	89255	120330	130799	134277	146775	175435	176416
3597	4580	5446	6306	7168	7622	8277	9070
14898	17459	20128	22362	24822	23236	25141	27328
8301	8467	8481	8481	8481	8481	8667	8684
46551	39615	41839	42253	35792	40946	41450	42561
70782	87920	93320	109728	116521	126000	131341	139276
51654	60039	69784	78957	88503	100012	112920	124551
883	866	879	794	847	803	765	714
14389	13907	13374	12641	9406	9765	10177	10353
760	806	800	819	785	787	763	735
11076	11295	11581	12108	7343	6862	6635	6400
567	471	479	501	545	545	617	607
441	491	504	537	608	747	749	739
194	181	191	179	187	175	385	414
156	148	172	191	221	225	237	248

十四、杨凌示范区

资料整理：王淑红　张伟琴

14-1 杨凌示范区

指　　标	单 位	2000年	2005年	2006年	2007年	2008年	2009年
年底总人口	万人	13.27	15.51	15.68	16.02	16.11	20.08
人口自然增长率	‰	4.75	4.16	4.20	4.15	4.24	4.22
年底总户数	万户	2.88	3.42	3.68	4.72	3.97	4.62
生产总值	亿元	6.20	17.36	20.75	26.66	30.32	35.59
第一产业	亿元	0.83	1.42	1.83	2.21	2.78	3.01
第二产业	亿元	2.06	8.05	9.46	12.73	13.16	15.45
第三产业	亿元	3.31	7.89	9.46	11.72	14.38	17.13
# 工业增加值	亿元	0.61	5.75	7.00	9.53	12.20	14.66
人均生产总值	元	4941	11193	13233	16642	18873	19670
生产总值指数	上年=100	117.7	115.1	113.4	119.4	113.2	112.9
第一产业	上年=100	105.3	114.2	114.8	106.7	107.1	106.7
第二产业	上年=100	110.9	117.6	108.2	117.9	105.3	113.3
第三产业	上年=100	125.0	112.9	118.4	122.9	120.3	113.4
# 工业增加值	上年=100	135.8	116.3	110.3	115.9	114.0	109.1
人均生产总值指数	上年=100	113.4	112.8	112.1	116.8	112.5	111.4
非公有制经济增加值	亿元		7.61	9.33	12.20	16.01	18.72
文化产业增加值	亿元						
能源消费总量	万吨标准煤						
单位GDP能耗比上年增长	%			-2.10	-3.65	-6.22	-5.00
城镇单位就业人员	万人	1.60	2.54	2.56	2.74	2.83	2.96
# 国有单位	万人	1.49	1.28	1.29	1.28	1.27	1.28
集体单位	万人	0.03	0.04	0.04	0.04	0.04	0.02
# 在岗职工人数	万人	1.58	2.51	2.52	2.71	2.79	2.86
城镇单位就业人员平均工资	元						
城镇单位在岗职工平均工资	元	9323	14684	17544	21579	26312	29253
全社会固定资产投资	亿元	6.95	10.88	8.61	11.46	16.05	22.26
# 房地产开发	亿元	0.18	1.48	1.87	2.17	1.96	2.39
商品房销售面积	万平方米	6.41	15.04	11.44	10.88	18.71	17.76
# 住宅	万平方米	6.41	14.55	9.78	10.15	17.49	16.12

经济社会主要指标

2010年	2011年	2012年	2013年	2014年	2015年	2016年	2017年
20.13	20.17	20.20	20.24	20.30	20.34	20.49	20.64
3.69	4.16	4.34	4.30	4.93	4.51	5.12	5.93
4.76	4.96	4.97	5.10	5.20	5.17	5.23	5.25
47.63	61.20	68.17	85.51	97.11	105.85	119.20	136.96
3.75	5.31	5.76	6.44	6.92	7.13	7.61	7.75
23.50	31.54	34.36	46.91	53.95	54.84	63.12	74.19
20.37	24.35	28.05	32.16	36.24	43.88	48.47	55.02
16.24	22.44	23.62	34.61	39.75	39.00	45.62	53.05
23689	30373	33771	42290	47910	52093	58386	66600
115.5	116.5	114.7	114.0	112.5	112.2	110.1	109.5
108.0	108.1	106.9	105.2	104.9	104.9	104.3	104.4
119.1	120.4	119.9	117.2	114.5	112.6	112.8	113.9
113.9	113.6	109.8	111.1	110.8	112.9	107.5	104.5
121.6	122.3	122.3	119.0	114.9	112.2	113.7	114.5
115.3	116.3	114.5	113.8	112.2	112.0	109.6	108.7
23.05	29.68	32.43	43.08	49.17	56.78	66.15	78.94
				1.16	1.30	1.45	1.69
						50.69	54.39
-2.48	-3.20	-2.62	-2.60	-3.68	-2.10	-2.04	-2.01
3.23	3.42	3.84	4.43	4.40	4.52	4.67	4.76
1.41	1.52	1.58	1.45	1.55	1.76	1.67	1.64
0.04	0.04	0.01	0.02	0.001	0.001	0.003	0.003
3.19	3.35	3.65	4.13	4.13	4.27	4.33	4.50
		42063	46710	50915	52999	51086	54422
32900	37626	42332	47515	52006	54096	52505	55586
36.33	55.01	76.08	91.37	115.31	144.25	178.97	206.12
3.25	6.60	21.95	19.77	7.99	9.37	11.00	20.25
24.21	37.01	49.36	44.80	40.50	39.67	40.40	49.61
22.40	36.61	48.90	44.38	40.50	38.56	38.26	48.43

14-1 续表 1

指　　标	单 位	2000年	2005年	2006年	2007年	2008年	2009年
地方财政收入	亿元	0.37	0.98	1.14	1.39	1.70	2.02
地方财政支出	亿元	1.86	1.94	2.98	3.62	5.04	6.18
金融机构人民币各项存款余额	亿元	13.97	26.28	31.27	37.27	46.16	64.65
金融机构人民币各项贷款余额	亿元	7.44	15.26	15.56	16.05	14.91	16.23
农村居民人均纯收入	元	1805	3526	3820	4210	4736	5744
城镇居民人均可支配收入	元			11640	13200	15866	19372
城市人均公园绿地面积	平方米						
城市人均道路面积	平方米						
城市用水普及率	%						
城市用气普及率	%						
常用耕地面积	千公顷	5.04	4.84	4.35	4.25	4.16	6.25
农林牧渔业总产值	亿元	1.29	2.31	2.86	3.57	4.48	4.80
农作物总播种面积	千公顷	8.22	7.31	7.35		7.06	9.86
# 粮食作物	千公顷	7.79	6.54	6.67		6.44	9.03
粮食产量	万吨	3.82	3.88	4.13	4.91	4.50	5.81
棉花产量	吨		9		1		
油料产量	吨	140	227	74	65	78	91
蔬菜产量	吨	8800	18020	18423	17117	21221	46269
水果产量	吨	8251	17191	17534	24022	24399	27121
# 苹果	吨	5178	6837	7180	7223	7480	9133
肉类产量	吨	3037	2578	2625	2696	2884	3829
# 猪牛羊肉	吨	2442	2129	2204	2855	2485	3295
奶类产量	吨	3740	15174	16756	20020	23023	24375
# 牛奶	吨	3300	14899	16143	18840	22152	24355
禽蛋产量	吨	3474	1847	1850	1831	2002	2236
水产品产量	吨						
规模以上工业企业单位数	个	27	38	43	44	42	54
规模以上工业总产值	亿元	2.07	16.53	19.57	28.17	34.74	40.30

2010年	2011年	2012年	2013年	2014年	2015年	2016年	2017年
2.51	3.54	4.91	6.37	7.93	9.26	9.32	9.91
11.12	14.49	17.67	20.09	21.52	23.58	25.13	27.06
82.23	93.59	114.51	126.91	138.86	154.14	175.60	185.78
22.10	27.55	36.00	45.15	67.17	74.76	69.35	80.07
7128	9110	10841	12435	12561	13792	14959	16344
22297	25999	29925	33007	30642	33109	35510	38336
				14.34	15.42	14.75	14.39
				18.38	18.38	18.49	18.91
				93.8	96.89	96.75	95.71
				65.89	77.79	78.48	80.53
6.13	5.79	5.67	5.56	5.46	5.45	5.44	5.19
5.99	8.77	9.97	11.05	11.86	12.47	13.13	13.45
9.14	7.31	7.02	6.14	5.70	5.88	5.81	5.62
7.88	5.16	4.72	3.69	3.15	3.29	3.22	3.04
5.24	3.05	2.95	2.24	1.93	2.11	2.06	1.96
91	54	25	128	128	128	128	128
90889	105827	120230	133368	140600	145846	147587	147460
29172	34552	36552	37599	38647	39633	39505	39590
5862	5128	7064	6895	6897	6908	6905	6910
4039	4415	4971	5158	5325	5388	5380	5371
3462	3875	4402	4588	4755	4699	4698	4689
25070	26320	23090	23547	23721	24788	24751	24739
25070	26320	23090	23547	23721	23636	23583	23571
2338	2224	2009	2079	2115	2133	2127	2125
		530	520				
64	49	61	64	94	106	115	123
40.09	60.26	79.87	88.32	110.86	133.41	159.52	183.73

14-1 续表 2

指　标	单 位	2000年	2005年	2006年	2007年	2008年	2009年
建筑业企业单位数	个	5	7	6	6	7	7
建筑业企业年末从业人员	万人	0.47	0.46	0.67	0.80	0.71	0.59
建筑业总产值	亿元	2.11	4.57	5.40	8.23	11.82	23.74
房屋建筑施工面积	万平方米	12.26	31.08	23.23	30.16	31.51	103.10
房屋建筑竣工面积	万平方米	5.35	20.81	8.62	4.10	12.84	27.43
公路里程	公里						
# 等级公路	公里						
# 高速公路	公里						
民用汽车拥有量	辆						
# 私人汽车	辆						
限额以上企业数	个						15
批发业	个						2
零售业	个						4
住宿业	个						4
餐饮业	个						5
社会消费品零售总额	亿元	1.77	3.62	3.92	4.57	5.40	6.30
进出口总额	万美元		7721	9322	17754	18650	8752
# 出口	万美元		6260	8992	16845	15787	7914
实际外商直接投资额	万美元		345	1026	1696	2242	
入境旅游人数	万人次	2.98	4.60	5.20	6.16	6.84	7.60
# 外国人	万人次	1.10	1.68	1.73	1.83	1.97	2.10
国际旅游外汇收入	万美元	387	517	588	676	751	863
国内旅游人数	万人次	109	130	147	161	183	203
国内旅游收入	万元	1.41	1.93	2.17	2.41	2.71	3.11
星级饭店数	个		5	5	6	6	6
幼儿园数	所	2	5	4	4	4	4
在园儿童数	万人	0.03	0.21	0.21	0.10	0.20	0.25
普通小学学校数	所	50	31	32	27	26	34
普通小学专任教师数	人	764	761	768	727	685	815
普通小学在校学生数	万人	1.52	1.24	1.30	1.29	1.26	1.55
普通中学学校数	所	7	8	8	8	7	8
普通中学专任教师数	人	593	846	879	843	923	969
普通中学在校学生数	万人	0.91	1.30	1.13	1.33	1.38	1.46
卫生机构数	个	11	11	11	11	9	14
卫生机构床位数	张	203	439	508	440	405	477
卫生技术人员	人	366	419	437	607	576	675
# 执业(助理)医师	人	166	234	250	252	210	254
注册护师、护士	人	73	94	109	223	260	274

2010年	2011年	2012年	2013年	2014年	2015年	2016年	2017年
7	12	19	23	31	35	36	39
0.87	0.95	1.59	1.54	1.47	1.70	3.39	2.98
36.99	50.36	65.49	79.20	92.17	96.42	112.00	129.76
86.40	83.57	129.44	182.31	79.84	123.28	172.51	195.62
41.64	29.82	37.20	129.51	51.80	35.68	50.67	56.26
		370	370	389	397	398	398
		360	360	379	387	390	390
		12	12	12	12	12	12
	32796	40531	47489	52442	56547	60225	64643
	26636	33695	40138	45116	49572	53526	58156
19	20	23	36	42	54	70	80
2	2	2	4	5	6	6	8
8	9	12	22	26	38	48	50
4	4	4	4	5	5	9	12
5	5	5	6	6	5	7	10
7.54	8.76	10.11	11.44	12.95	14.66	16.76	19.13
11527	3442	9265	8405	4.25(亿元)	3.34(亿元)	3.27(亿元)	5.68(亿元)
8770	2282	8281	7382	3.42(亿元)	1.20(亿元)	1.60(亿元)	3.17(亿元)
3416	3024	4000	1279	611	151		538
		2.39	0.55	0.31	0.36	0.22	0.23
		2.33	0.54	0.31	0.36	0.22	0.22
2016	390	670	153	86	101	62	66
236	288	304	315	389	402	420	454
2.83	4.73	5.67	6.45	8.51	10.30	11.70	13.73
6	6	6	6	6	6	6	6
21	24	23	30	38	43	35	40
0.46	0.56	0.73	0.82	0.83	0.89	0.83	0.90
31	31	28	28	24	20	20	17
714	694	720	689	616	618	612	579
1.35	1.33	1.30	1.20	1.17	1.24	1.33	1.44
8	8	7	7	8	8	8	8
818	826	671	666	698	711	719	732
1.33	1.33	1.27	1.14	0.94	0.91	0.93	0.94
16	174	166	190	191	171	170	188
667	792	967	1025	1060	1120	1340	1557
850	973	1023	1774	1761	1818	2009	2088
300	305	335	393	506	509	568	614
320	428	441	610	764	802	903	910